U1016596

职业院校学前教育专业系列教材

普通话与教师口语

（第二版）

主　　编：徐根玉　王　勤

副 主 编：刘红民　李云霄

参编人员：李云霄　刘红民　王　勤　吴晓佳

徐根玉　张　爽　张文俭

华中师范大学出版社

新出图证（鄂）字10号
图书在版编目（CIP）数据

普通话与教师口语/徐根玉，王勤主编. —2版. —武汉：华中师范大学出版社，2020. 10（2022. 8重印）
（职业院校学前教育专业系列教材）
ISBN 978-7-5622-9144-2

Ⅰ. ①普…　Ⅱ. ①徐…　②王…　Ⅲ. ①普通话—口语—教材　②教师—口语—教材　Ⅳ. ①H102②H193. 2

中国版本图书馆CIP数据核字（2020）第193261号

普通话与教师口语（第二版）
Ⓒ 徐根玉　王　勤　主编

编辑室：幼教与职训中心　电话：027-67867317
责任编辑：向　力　责任校对：肖绪旭　封面设计：胡　灿
出版发行：华中师范大学出版社有限责任公司
社址：湖北省武汉市洪山区珞喻路152号　邮编：430079
销售电话：027-67863426(发行部)　027-67861321(邮购)　027-67863291(传真)
网址：http://press.ccnu.edu.cn　电子邮箱：press@mail.ccnu.edu.cn
印刷：武汉市籍缘印刷厂　督印：刘　敏
开本：787mm×1092mm　1/16　印张：21
字数：400千字
版次：2020年10月第2版　印次：2022年8月第2次印刷
定价：49.00元

欢迎上网查询、购书

敬告读者：欢迎举报盗版，请打举报电话027-67867353

再版说明

ZAIBANSHUOMING

本套教材初版于2012年，是由湖北省实验幼儿师范学校作为核心编写单位，联合多所中等职业学校的一线学前教育专业教师共同编写，经华中师范大学出版社精心策划与打造的一套精品教材，总计40余本。其内容涵盖中等职业学校学前教育专业的基础文化课程、专业理论课程、专业技能课程等必修课程和选修课程。本套教材一经出版就深受众多中等职业学校学前教育专业教师与学生的喜爱。

初版教材推出后的六年时间里，国家对学前教育、师范教育、学前教师教育等方面高度重视，出台了一系列重要政策、法规；国家对幼儿园教师各项素质提出了更高的要求；许多开设有学前教育专业的中等职业院校升格为高等职业院校，学前教育专业的学生对通过幼儿园教师资格考试、在技能大赛和技能高考中斩获佳绩的需求也日益增加。与此同时，信息科学技术的飞速发展，正在引发教育方式的深刻变革，这就需要我们适应新的形势，对初版教材进行修订再版，需要我们在教材定位、编写思路、撰写内容、呈现方式、信息容量等方面进行调整和优化。

新版教材由湖北幼儿师范高等专科学校（原湖北省实验幼儿师范学校）作为核心编写单位，联合多所职业院校的一线学前教育专业教师和省级示范幼儿园骨干教师共同编写，是一线教师在实际教学中探索“课岗对接、课证融合、课赛融通”课程教学模式的阶段性成果，符合教育部关于职业教育“学历证书+若干职业技能等级证书”制度的基本精神，其旨在培养适合幼儿园教育事业发展要求，德智体美等全面发展，具有高素质善保教，能胜任幼儿教育一线工作的应用型人才。

再版教材与初版教材相比，主要有以下几个方面的新特点：

1. 时代性与前瞻性，重视“课岗对接”

再版教材立足现实，放眼未来，既积极吸收当今社会政治、经济、文化和科技发展的新成果，努力贴近幼儿教师就业市场的现实需要，又着眼于学生继续深造和未来发展的需要，努力构建学生终身学习能力体系。与之相适应，再版教材重视“课岗对接”，针对幼儿园对幼儿教师的岗位要求，加强对学生的实践技能培养，从而希望借此实现学前教育专业学生毕业后的课岗无缝对接。为此，再版教材在做好知识更新这一基础性工作的同时，增加了“技能训练”等栏目，增加了一些教学音频、视频以及教学 PPT 等教学资源，帮助学生更好地学习课程，为今后走向幼教岗位打下坚实的基础。

2. 综合性与侧重性，重视“课证融合”

再版教材的编写紧扣学历教育和师范教育的双重任务要求，在强化综合素质教育、体现人文精神、注重培养基本技能的同时，侧重于对幼儿教育专业知识和技能的培养，并着力实现课程间的相互融通与整合，使学生学有专长、学有所用、一专多能。同时，适应现实的需要，再版教材十分重视“课证融合”。对于学前教育专业的学生来说，通过国家幼儿园教师资格考试，是他们今后顺利上岗的前提条件。与初版教材相比，再版教材在幼儿园教师资格考试所涉及的专业课程中，补充了近年来的相关真题，供学生进行考情分析和实战演练。此外，对于唱歌、舞蹈、钢琴等课程，再版教材通过实训练习和以二维码呈现的音频、视频等教学资源助力学生通过艺术教育的职业水平测试，提高学生的就业竞争力。

3. 理论性与实操性，重视“课赛融通”

再版教材更加强调理论性与实操性相结合，重视“课赛融通”。教材中的理论叙述都是依据国家当前政策、法规要求，反映了最新理论前沿问题。在“知识精讲”前，教材中增加了“内容树图”板块，帮助学生梳理理论知识要点，厘清知识间的逻辑关系；在进行系统的“知识精讲”的同时，适时插入“教学案例分析”和“教学活动设计”等内容，帮助学生理论联系实际，更好地理解和掌握相关知识要点和技能；在课后有“技能训练”“思维训练”试题，帮助学生夯实所学，提高实际教学技能，适应技能大赛和技能高考的相关要求。

希望再版教材继续受到职业院校学前教育专业广大师生的青睐，更好地服务于一线教师的“教”和学生的“学”。教材中仍难免有疏漏、不足之处，欢迎专家学者、广大师生批评指正。

编者

前言

QIANYAN

《普通话与教师口语》2012年版投入使用已历七年。七年间，该教材以“专业性与针对性相结合，基础性与发展性相结合，丰富性、新颖性与经典性相结合”的鲜明特色，在提升职业院校学前教育专业学生的普通话水平和职业语言技能，进而促进儿童语言学习与发展等方面，发挥了重要作用。但随着用书市场、信息技术和国家政策法规的发展变化，我们深感该教材在教材定位、编写体例、内容表述、训练设计、呈现方式等方面还存在一些不足，亟须对原教材进行改版调整，使之更符合国家关于学前教育政策法规的新要求，真正培养出适应时代新需求的专业人才。

一、新版《普通话与教师口语》的主要变化

在坚持原教材编写指导思想、保持原教材基本框架和主要特色的前提下，根据改版原则和修订要求，新版《普通话与教师口语》主要做了如下调整：

（一）以章为单位，增加教学PPT，为一线教师的专业成长提供助力。

（二）以章为单位，设定学习目标与任务，绘制知识结构导图，使理论讲授与技能训练的重难点更加突出、统一，理论体系更为清晰。

（三）调整内容表述和训练设计。精简知识阐述，更新教育案例，删减阅读资料，优化训练设计，使基于社会发展和学情变化的重难点更加突出。

（四）调整教材呈现方式。信息技术的迅猛发展改变了人类的学习方式。为顺应科技的发展趋势和学生的学习习惯，精减教材篇幅，新版教材将篇幅较长的训练材料、阅读资料、教育教学案例及幼儿教师资格证考试测试题皆放入二维码中。

二、新版《普通话与教师口语》的基本内容

本教材由上编和下编组成。

上编为普通话基础知识及训练，包括绪论、普通话语音知识、朗诵和普通话水平测前培训。讲授和训练本部分内容，旨在提高学生的普通话应用水平，并最终达到《中华人民共和国国家通用语言文字法》及各省实施办法中对幼儿教师的普通话等级要求，能够胜任幼儿园的语言活动需求。

下编为教师口语，由两部分构成。第一部分为一般性口语训练。这是面向一般性教师（不仅仅是幼儿教师）而设计的基本能力训练；第二部分为幼儿教师职业性口语训练，包括教学用语、教育用语和其他工作用语，这是面向幼儿教师并根据学前教育对象的特殊性而设计的训练内容，意在培养学生的职业语言技能。

三、教学参考建议

本教材的教学拟用两年时间完成，各校可根据自身情况灵活处理。

学　　年	学　　期	教 学 内 容	周课时	总课时
第一学年	上学期	上编：第一、二章	2	34
	下学期	上编：第三章	2	34
第二学年	上学期	上编：第四章 中编：第一、二、三章	2	34
	下学期	下编：第一、二、三章	2	34

四、教材编写人员

徐根玉，主编，高级讲师，国家级普通话水平测试员，就职于湖北幼儿师范高等专科学校，负责编写提纲、样章、前言、目录，上编第一章和第三章等内容的撰写及整部教材的统稿和审稿；

王勤，主编，高级讲师，国家级普通话水平测试员，就职于湖北幼儿师范高等专科学校，负责下编第一部分第二章第五节和第三章的撰写及下编的统稿和审稿；

刘红民，副主编，中学高级教师，国家级普通话水平测试员，就职于湖北省荆州中学，负责下编第二部分的撰写；

李云霄，副主编，中学一级教师，省级普通话水平测试员，就职于襄阳市旅游服务学校，负责上编第二章的撰写；

吴晓佳，讲师，省级普通话水平测试员，就职于湖北幼儿师范高等专科学校，负责上编第三章的撰写；

张文俭，讲师，就职于湖北幼儿师范高等专科学校，负责下编第一部分第一章的撰写；

张爽，助讲，省级普通话水平测试员，就职于湖北幼儿师范高等专科学校，负责下编第一部分第二章第一、二、三、四、六节的撰写；

由于时间仓促及作者水平有限，书中错误和疏漏在所难免，恳请有关专家和教师不吝赐教。

编者

2019 年 8 月

目录

MULU

上编　普通话基础知识及训练

下编 教师口语

第一部分 一般性口语训练

第二部分 幼儿教师职业性口语训练

上　编

普通话基础知识及训练

01 第一章 绪 论

普通话，是以北京语音为标准音，以北方话为基础方言，以典范的现代白话文著作为语法规范的现代汉民族共同语。

本章导学

学习目标

1. 了解汉语的国内国际地位及其方言分歧；明确普通话水平的等级划分、等级标准及等级要求。

2. 完整理解并掌握普通话概念的准确内涵。

3. 能依据普通话与自身方言的差异和普通话水平测试对幼儿教师的等级要求，自觉并有针对性地开展普通话训练，提升训练成效。

内容树图

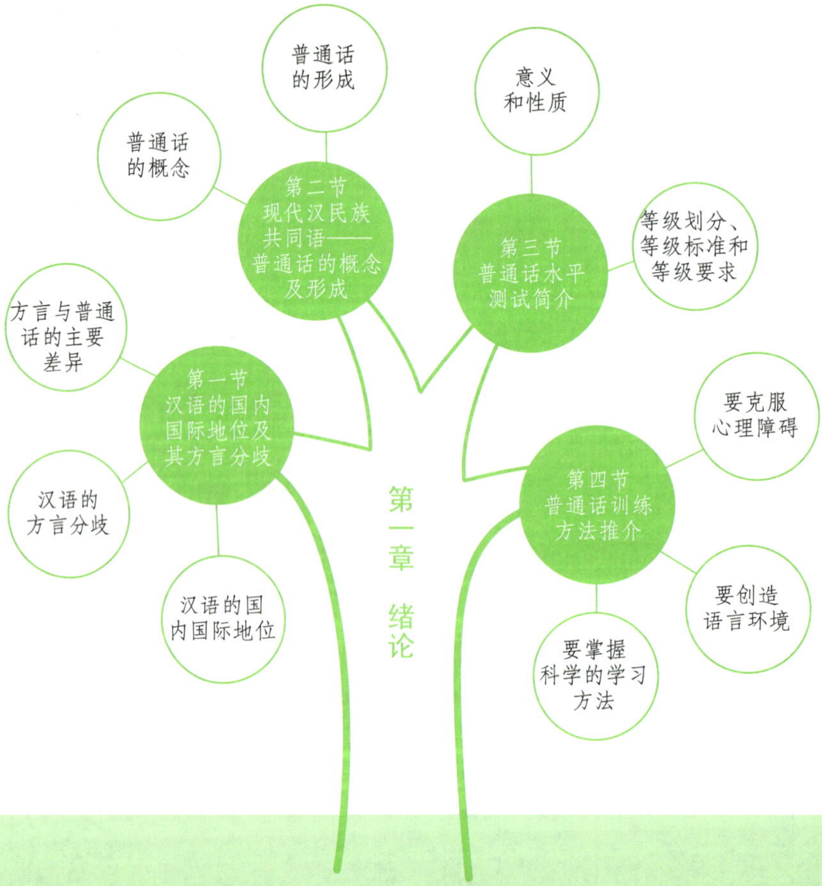

知识精讲

第一节　汉语的国内国际地位及其方言分歧

思维和交际，是语言最初最基本的功能。但随着社会的不断发展，语言的功能早已突破传统，得到大幅拓展。而今，语言已成为传承民族文化、凝聚民族精神、推进社会发展和提升国家软实力的重要载体。

2010 年，中国一跃成为仅次于美国的世界第二大经济体，汉语的国内国际地位也随之提高。

一、汉语的国内国际地位

（一）国内地位

从国内地位来看，我国是一个多民族国家，境内有汉语、藏语、蒙语、维吾尔语、壮语、苗语、彝语、布依语等几十种民族语言。由于汉民族人口最多（占全国总人口的 90%以上），分布最广，汉语就成为境内使用人口最多、通行地域最广的语言。即使在民族自治的地方，汉语也是我国各民族之间的交际用语。《中华人民共和国民族区域自治法》第三章第三十七条规定：“招收少数民族学生为主的学校（班级）和其他教育机构，有条件的应当采用少数民族文字的课本，并用少数民族语言讲课；根据情况从小学低年级或者高年级起开设汉语文课程，推广全国通用的普通话和规范汉字。”其第五章第四十九条也规定：“民族自治地方的自治机关教育和鼓励各民族的干部互相学习语言文字。汉族干部要学习当地少数民族的语言文字，少数民族干部在学习、使用本民族语言文字的同时，也要学习全国通用的普通话和规范文字。”

（二）国际地位

汉语的国际地位主要表现在以下几个方面：

1. 汉语是全球使用人数最多的语言，其使用人数约占世界人口总数的五分之一。

2. 中国是联合国五大常任理事国之一（其他四国是美国、英国、法国和俄罗斯），汉语则是联合国的六种工作语言之一（其他五种是英语、法语、俄语、西班牙语和阿拉伯语），联合国的所有会议、事务都用上述语言同声翻译，所有官方文件和会议记录均以上述语言出版或记载。

3. 形成了以中国大陆为中心的汉语言（汉语汉字）文化圈。中国是一个历史悠久的文明古国，曾经在相当长的时间里创造并延续了人类文明尤其是东方文明的辉煌。这种特殊的历史令世人瞩目，从而促进了中国文化（包括汉语汉字）的广泛传播。加上19世纪中叶以来中国社会的动荡局面造成大量华人不断漂泊、移居海外，逐渐形成了以中国大陆为中心的汉语言文化圈。大致说来，这个文化圈可分为三个层次：其一，以中国大陆为中心，包括港澳台在内的广大地区——这一地区是汉语言文化圈的母体，以汉语汉字为主要的交际工具，其他地区都是由此衍生出来的。即使同在这一层次，由于香港、澳门百年来的殖民统治屈辱史以及台湾与大陆长期的分离状态，影响了他们与祖国大陆之间的文化交流，因此，港、澳、台三地在汉语汉字的改革、规范和使用上与祖国大陆也存在一定的差异。其二，由于华人的大量移居、华人比例的不断上升和华人在所在国政治、经济等领域的地位不断提高，汉语逐渐成为所在国的官方或半官方语言，如新加坡、马来西亚、泰国、印度尼西亚、菲律宾等。其三，历史上，曾经借用汉语汉字来记录本国语言或改革本国文字的国家有朝鲜、韩国、越南和日本，这四个国家的语言都大量吸收过汉语的语词，甚至借助汉语语词作为构成新词的基础。朝鲜于公元5世纪前后，开始借用汉字记录朝鲜语，后来利用汉字的笔画创造了自己的文字，这种文字叫“谚文”，从此汉字与谚文同时或混合使用。朝鲜现在已不再使用汉字，但韩国还在继续使用。越南在我国的秦汉之际开始借用汉字，13世纪时越南人仿照汉字“六书”，创造了一些文字，叫作“喃字”。此后，越南长期把“喃字”和汉字混合起来使用，直到1945年才完全用拼音文字代替了汉字和喃字。汉字传入日本的时间最迟不会晚于公元3世纪，日本最早用汉语的书面语，接着把汉字当作记音字母来记录日语。公元7世纪，日本人利用汉字制订了自己的音节文字，叫“假名”，“假名”分“片假名”和“平假名”两种，前者采用汉字楷书的偏旁制订，后者利用汉字的草书制订。假名出现后直到现在，日本的书面语一直是假名和汉字混用的。

4. 全球性的“汉语热”方兴未艾。随着中国经济的发展和国际交往的日益广泛，世界各国对汉语学习的需求急剧增长。从2004年开始，我国在海外设立以教授汉语和传播中国文化为宗旨的非营利性公益机构——孔子学院。十余年来，孔子学院快速建设和发展，已成为世界各国人民学习汉语和了解中华文化的园地、中外文化交流的平台、加强中国人民与世界各国人民友谊合作的桥梁，受到各国人民的欢迎。截至 2019 年 9 月 30 日，全球已有 158 国家（地区）设立了 535 所孔子学院和 1134 个孔子课堂。其中，亚洲 36 国（地区）设立孔子学院 127 所，孔子课堂 113 个；非洲 46 国设立孔子学院 61 所，孔子课堂 44 个；欧洲 43 国（地区）设立孔子学院 184 所，孔子课堂 323 个；美洲 26 国设立孔子学院 143 所，孔子课堂 558 个；大洋洲 7 国设立孔子学院 20 所，孔子课堂 96 个①。

二、汉语的方言分歧

尽管汉语的地位日趋重要，尽管“双推”工作开展了几十年，普通话水平的培训测试也已走过二十多个年头，但它的实际应用仍未达到规范化、标准化的程度，方言分歧依然比较明显。为方便学习和推广普通话，我们对现代汉语中方言的分布及其大概状况作一个简要介绍。根据不同特点，现代汉语的方言大致可分为北方方言、吴方言、湘方言、赣方言、客家方言、闽方言和粤方言，即“七大方言区”。

（一）北方方言（也称“北方话”）

以北京话为代表，是普通话的基础方言，在现代汉语各方言中分布区域最广、使用人口最多（约占汉族人口总数的 70%以上）。它包括四个次方言：

1. 华北、东北方言，涵盖东北三省、北京、天津、河北、河南、山东及内蒙古的一部分。

2. 西北方言，包括山西、陕西、甘肃等省和青海、宁夏、新疆、内蒙古的一部分。

3. 西南方言，分布在四川、云南、贵州、湖北大部（湖北南部和东南部的部分地市，其他如大冶、阳新、通城、崇阳、蕲春、黄梅、武穴等属于赣方言）及广西西北部、湖南西北角的小块地区。

4. 江淮方言，覆盖安徽、江苏两省的长江以北、淮河以南地区（徐州、蚌埠属华北、东北方言），镇江以西、九江以东的长江南岸一带也属于江淮方言（如南京、镇江）。

（二）吴方言（也称“吴语”）

以苏州话或上海话为代表，使用人口约占汉族人口总数的 8.4%，包括上海，浙江省大部，江苏省长江以南、镇江以东（不含镇江）地区及长江以北沿江地带。

---

① 数据源自孔子学院总部/国家汉办 http：//www. hanban. org/。

（三）湘方言（也称“湖南话”）

以长沙话为代表，使用人口约占汉族人口总数的5%，分布于湖南省大部（西北角除外）。

（四）赣方言（也称“江西话”）

以南昌话为代表，使用人口约占汉族人口总数的2.4%，主要分布于江西省大部（东北沿江一带和南部除外）和湖北省南部、东南部的部分地市。

（五）客家方言（也称“客家话”）

以广东省梅县话为代表，使用人口约占汉族人口总数的4%，主要分布于广东、广西、福建、台湾、江西、湖南、四川七省区，集中于广东省东部和北部、福建省西部、江西省南部，包括广东省的梅县、韶关、惠州，福建省的长汀，江西省的宁都，湖南省的桂东、浏阳，台湾省的新竹、高雄。

（六）闽方言，分为闽北方言和闽南方言

1. 闽北方言（也称“闽北话”），以福州话为代表，使用人口约占汉族人口总数的1.2%，主要分布于福建省北部和台湾省少数地区。

2. 闽南方言（也称“闽南话”），以厦门话为代表，使用人口约占汉族人口总数的3%，主要分布于福建省南部、广东省东部潮汕一带、海南省部分地区和台湾省大部分地区。

（七）粤方言（也称“粤语”）

以广州话为代表，使用人口约占汉族人口总数的5%，主要分布于广东省中部和西南部、广西壮族自治区东南部。

三、方言与普通话的主要差异

现代汉语中方言和普通话的差异，体现在语音、词汇、语法三个方面，其中，语音差异最突出，词汇差异也比较明显，语法差异相对较小。

作为民族语言的地域分支，方言只能服务于局部，不能服务于全民，更不能服务于全球。在一个快速全球化的现代社会里，方言的运用不仅会给自己也会给他人带来诸多不便，不利于社会发展，制约中华文化的对外传播。因此，有必要推广现代汉民族共同语——普通话。

我们了解汉语方言，就是要找出自身方言与普通话的对应规律，更有效地学习普通话，为推广普通话和促进汉语的规范化、标准化建设贡献自己的一份力量。

第二节　现代汉民族共同语——普通话的概念及形成

一、普通话的概念

普通话，是以北京语音为标准音，以北方话为基础方言，以典范的现代白话文著作为语法规范的现代汉民族共同语。

“以北京语音为标准音”——这是从语音角度定义的，即：用北京语音系统来统一现代汉语的语音，以普通话审音委员会给每个汉字确定的北京话读音为规范的读音，并不是北京话每一个字的读音。例如北京话把“告诉”说成“gàosòng”，就使其他方言区的人难以接受。另外，北京话里儿化、轻声特别多，普通话没有必要全部吸收，因此也要加以规范。这表明，普通话实际上是规范化的现代汉语书面语的口语形式，也体现了普通话与北京话的联系与区别。

“以北方话为基础方言”——这是从词汇角度定义的，即：当各地对同一事物有不同称呼时，一般以北方方言中比较通行的词为标准。这并不是说，凡是北方话词语都可以进入普通话。有些地方性很强的词语，就不应该吸收到普通话里来，例如将“肥皂”称为“胰子”。为了丰富词汇，普通话也要从方言、古代汉语和外来语中吸收一些必需的词语。例如“忽悠”“获悉”“博客”等词已经在书面语中经常出现，早已加入普通话词汇的行列。

“以典范的现代白话文著作为语法规范”——这是从语法角度定义的。这个标准包括四个方面的意思：“典范”就是排除不典范的现代白话文著作；“白话文”就是排除文言文；“现代白话文”就是排除“五四”以前的早期白话文；“著作”就是指普通话的书面形式，它建立在口语基础上，但又不等于一般的口语，而是经过加工、提炼的语言。

二、普通话的形成

据古代文献记载，汉语早在2700多年前的春秋时代就有比较大的方言分歧。秦代以后，国家虽基本统一，但往往存在局部的封建割据，社会生产力发展迟缓，限制了不同地区的交往，逐渐形成了近代方言的分布格局。这种状况给人们的政治、经济和文化生活带来了极大不便，有必要制订一种全民族都能接受的共同语。

其实，汉民族共同语的形成早就开始了。一般来说，一个统一的民族语言是方言经过经济集中和政治集中而形成的。汉语的历史发展，表现在形成共同语的过程方面也是这样。我国古代的政治经济中心都在北方中原地区，共同语的形成就是以中原地区的方言为基础，以王朝京城所在地的地方话语音为标准音。如先秦时期以“成周”（洛阳）方言为基础的“雅言”；秦和西汉时期以关中方言秦语为基础的“通语”；东汉时期的洛阳话、唐代的长安话、宋代的汴梁（开封）话等，都曾先后成为大家都能懂能说的共同语。只是这些共同语主要通行在官僚士大夫之间，并没有推广到全国各地各阶层人民中去。到了明清两代，社会生产力发展了，出现了比较发达的商品交换，社会政治经济有了进一步的集中，官吏和商人往来南北各地，北方话不断向西南和东北扩展，使用人口不断增加，逐渐发展成为汉民族共同语的基础方言，成为号称“官话”的全国性的交际工具。同时，在这种“官话”的基础上出现了大量的白话文学作品，如吴承恩的《西游记》、曹雪芹的《红楼梦》等，丰富了汉民族共同语的文学语言，促进了北方话的传播。金、元、明、清四代相继定都燕京（北京），为汉民族共同语的标准语言提供了稳固的方言基础。

新中国成立后，在中央政府的直接领导下，《汉语拼音方案》的拟定工作从建国初期就开始进行。1955 年，中央有关部门召开全国文字改革会议和现代汉语规范问题学术会议，明确了现代汉语的规范，指出汉民族共同语已经形成，那就是以北京语音为标准音、以北方话为基础方言、以典范的现代白话文著作为语法规范的普通话，并大力提倡说普通话。

普通话是在以北京话为代表的北方方言的基础上形成和发展起来的，但它不等于北京话或北方方言，因为它不仅规范了北京话和北方方言自身存在的一些分歧，使之更加明确、更加一致，而且还吸收了其他方言以及古代汉语、外来语中的有用成分。因此，普通话比任何方言都更丰富、更完善。

第三节　普通话水平测试简介

一、意义和性质

普通话是以汉语授课的各级各类学校的教学语言；是以汉语传送的各级广播电台、电视台的规范语言，是汉语电影、电视剧、话剧必须使用的规范语言；是全国党政机关、团体、企事业单位干部在公务活动中必须使用的工作语言；是不同方言区及国内不同民族之间的通用语言。掌握并使用一定水平的普通话是社会各行各业人员，特别是教师、播音员、节目主持人、演员等专业人员必备的职责素养。推广普通话，不仅是社会主义精神文明建设的重要内容，也是发展社会主义市场经济和革新语言文字信息处理技术的迫切需要。根据《中华人民共和国宪法》第十九条规定，国务院在批转国家语言文字工作委员会关于当前语言文字工作请示的通知（国发〔1992〕63号文件）中强调指出，推广普通话对于改革开放和社会主义现代化建设具有重要意义，必须给予高度重视。为加快普及进程，不断提高全社会的普通话水平，国家语言文字工作委员会、国家教育委员会和广播电影电视部决定“在一定范围内对某些岗位的人员进行普通话水平测试，并逐步实行普通话等级证书制度”。

1994年10月30日，国家语言文字工作委员会、国家教育委员会、广播电影电视部联合发布《关于开展普通话水平测试工作的决定》，同时颁布《普通话水平测试实施办法（试行）》《普通话水平测试等级标准（试行）》及《普通话水平测试大纲》，并自颁布之日起实施。从此，普通话水平测试逐步展开。

“普通话水平测试”是依据国家语委颁布的《普通话水平测试等级标准》和《普通话水平测试大纲》，评价个人掌握普通话规范程度和运用普通话能力的一种语言考试。凡以普通话作为工作语言的岗位，其工作人员应当具备说普通话的能力。播音员、节目主持人、影视话剧演员、教师、国家机关工作人员以及师范专业和其他与口语表达密切相关的专业的毕业生的普通话水平应当分别达到国家规定的等级标准；对尚未达到国家规定的普通话等级标准的，分情况进行培训。

普通话水平测试不是普通话系统知识的考试，不是文化水平的考核，也不是对口才的评估。普通话水平测试是对应试人员运用普通话所达到的标准程度的测试，它是以标准的普通话为参照，通过测试来检测、评定应试人员所达到的普通话水平等级，为教师、播音员、节目主持人、国家公务员等从业人员实行持证上岗服务。所以，它实际上也是一种资格证书的考试。

《中华人民共和国教育法》规定：“学校应当推广使用全国通用的普通话”，“实施义务教育的学校在教育教学和各种活动中，应当推广使用全国通用的普通话。师范院校的教育教学和各种活动应当使用普通话”。《幼儿园管理条例》规定：“幼儿园应当使用全国通用的普通话。”幼儿教师的语言应该成为幼儿学习语言的典范。幼儿处于语言发展的关键时期，幼儿教师有责任、有义务教会幼儿说比较标准的普通话。幼儿教师必须以普通话为职业语言，普通话水平应达到二级甲等及以上水平。

二、等级划分、等级标准和等级要求

（一）等级划分

普通话是现代汉语的标准语。由国家语言文字工作委员会和国家教育委员会、广播电影电视部联合颁布的《普通话水平测试等级标准（试行）》（国语〔1994〕43号）把普通话水平分为三个级别（一级可称为标准的普通话，二级可称为比较标准的普通话，三级可称为一般水平的普通话），每个级别内划分甲、乙两个等次。三级六等是普通话水平测试中评定应试人普通话水平等级的依据。

（二）等级标准

一　　级

甲等　朗读和自由交谈时，语音标准，词语、语法正确无误，语调自然，表达流畅。测试总失分率在3%以内。

乙等　朗读和自由交谈时，语音标准，词语、语法正确无误，语调自然，表达流畅。偶然有字音、字调失误。测试总失分率在8%以内。

二　　级

甲等　朗读和自由交谈时，声韵调发音基本标准，语调自然，表达流畅。少数难点音有时出现失误（平翘舌音、前后鼻尾音、边鼻音等）。词语、语法极少有误。测试总失分率在13%以内。

乙等　朗读和自由交谈时，个别调值不准，声韵母发音有不到位现象。难点音失误较多（平翘舌音、前后鼻尾音、边鼻音、fu—hu 、z—zh—j、送气不送气、i—ü 不分、保留浊塞音、浊塞擦音、丢介音、复韵母单音化等）。方言语调不明显。有使用方言词、方言语法的情况。测试总失分率在20%以内。

三　　级

甲等　朗读和自由交谈时，声韵母发音失误较多，难点音超出常见范围，声调调值多不准。方言语调较明显。词语、语法有失误。测试总失分率在30%以内。

乙等　朗读和自由交谈时，声韵调发音失误多，方音特征突出。方言语调明显。词语、语法失误较多。外地人听其谈话有听不懂的情况。测试总失分率在40%以内。

（三）等级要求

依据《中华人民共和国国家通用语言文字法》，各省依据自身实际制定了相应的实施办法，对行业的等级要求各有不同。《湖北省实施〈中华人民共和国国家通用语言文字法〉办法》第十五条（二）明确规定：教师应当达到二级以上水平，其中语文教师、幼儿园教师和对外汉语教学教师应当达到二级甲等以上水平，普通话教师和语音教师应当达到一级水平，学校其他人员应当达到三级甲等以上水平。

（1-1　附录一　《中华人民共和国国家通用语言文字法》）

（1-2　附录二　《湖北省实施〈中华人民共和国国家通用语言文字法〉办法》）

第四节　普通话训练方法推介

学好普通话，不能盲目地练习。只有注意一定的方法和技巧，才会让你事半功倍。

一、要克服心理障碍

普通话并不难学，难的是调整心理状态，改善心理品质。许多同学在学习普通话时或害怕出丑，或畏惧困难，这些心理障碍常常会阻碍学习的步伐。若想取得切实进步，必须及时调节心态，放下包袱，大胆开口。如果一味地退避畏缩，即使付出了时间和精力也收效甚微，还容易产生心理阴影，加重今后学习和生活的负担。总之，调整好心理状态，克服心理障碍，是学好普通话的重要前提。

二、要创设良好的语言环境

任何语言都离不开具体的语言环境。它直接影响和制约着语言的学习和应用。在学习普通话的过程中，我们一定要克服本地方言环境的负面影响，尽可能为自己创造一个有利的普通话环境。要做到这一点，关键在于主观认识的加强。如果我们有了学好普通话的迫切要求，自然就容易对普通话产生特别的兴趣和高度的自觉性，寻找各种机会接触普通话，养成用普通话阅读、思维和表达的良好习惯。

三、要掌握科学的学习方法

学习普通话的目的是能听、说标准的普通话。这就要求我们改变多年的方言听说习惯，形成一种全新的普通话听说习惯。这并非一朝一夕的易事。一方面我们要花大力气、下苦功夫，老老实实地学习；另一方面也应该采用恰当的学习方法。

（一）知识指导

有针对性地学习普通话语音、词汇、语法知识，以正确的理论指导训练，是学好普通话的基础。掌握了语音知识就能知道每个声、韵、调以及每个字词的正确发音，了解语音之间、字词之间的发音差别以及它们之间的正误关系，从而提高辨别和判断语音的能力，掌握正确的发音方法；在普通话的学习中一定要用好汉语拼音这个工具，运用它来认读、标记、查考读音，矫正方音；勤查字典，不懂就查，字典是我们很好的老师。理论和实践紧密结合，互相支持，是学习普通话必须遵循的原则。

（二）正确模仿

模仿专业普通话教师的语音语调，是纠正方音最为直接有效的学习方法。另外还可广泛利用普通话学习资源，例如网络在线学习资料，中央电视台、中央人民广播电台新闻节目和优秀的电影电视剧、相声、小品、歌曲等，录音、录像等音像电子资料（MP3、光盘等），模仿正确的语音进行学习。

（三）反复实践

具体方法有用标准音熟读、背会一些名篇佳作，积极参加朗读朗诵、演讲辩论、讲故事、说快板、说相声、歌唱、话剧、播音、主持等语言艺术训练比赛活动，做到学以致用。

实战演练

思考与练习一

1. 名词解释：普通话（要求：不增字、不减字、不改字）。

2. 简述普通话的形成过程。

3. 汉语的国内国际地位分别表现在哪些方面？

4. 你的方言属于哪一个方言区？在语音、词汇、语法三方面，它与普通话存在哪些分歧？请举例说明。

5. 普通话水平等级是如何划分的？结合所学专业，根据《湖北省实施〈中华人民共和国国家通用语言文字法〉办法》的规定，你的普通话水平应达到怎样的等级？如何使自己的普通话水平达到相应的等级？

真题再现

一、基础知识填空

1. 现代汉民族共同语就是以________为标准音，以________为基础方言，以________为语法规范的普通话。

2. 联合国的六种工作语言是：英语、法语、汉语、________、________、________。

3. 现代汉语七大方言是：①北方方言（以北京话为代表）、②________（以苏州话或上海话为代表）、③________（以长沙话为代表）、④________（以南昌话为代表）、⑤________（以广东省梅县为代表）、⑥________（以福州话、厦门话为代表）、⑦________（以广州话为代表）。

4. 汉语方言与普通话的差别，主要表现在________、________、语法三方面。

二、选择题

1. 语音选择：下列注音，完全正确的一组是（　　）

A. 察 cá　　峙 zhì　　债 zhài　　令 lìng

B. 宁 níng　　邻 líng　　悭 jiān　　您 níng

C. 恃 shì　　渍 zì　　铿 kēng　　恨 hèn

D. 擦 cā　　寺 sì　　责 zì　　拎 līn

2. 词汇选择：下列句子的词汇运用，完全符合普通话规范的一句是（　　）

A. 今天太冷了，只穿秋衣不行，得穿袄子。

B. 今天太热了，买根冰棒吃。

C. 下了火车，我先坐城际铁路到葛店南站，再坐一辆麻木回学校。

D. 下了武昌火车站，我先坐地铁到光谷，再坐 301 公交车到葛店南站，最后叫了一辆出租回学校。

3. 语法选择：下列句子的语法运用，完全符合普通话规范的一句是（　　）

A. 我过紧张了！

B. 我太紧张了！

C. 我忒紧张了！

D. 我太过紧张了！

三、朗读普通话测试作品 1 号，检测一下自己目前的普通话水平等级

（1-3　普通话测试朗读作品 1 号）

（1-4　幼儿教师资格证考试测试题参考答案）

02

第二章 普通话语音知识

语音有其本身的性质，语音的性质包括自然属性和社会属性两方面。

本章导学

学习目标

1. 理解并掌握普通话语音的理论体系(声母、韵母、声调、声韵拼合规律、语流音变等)。

2. 在完整掌握普通话语音体系的基础上，以舌尖前音和舌尖后音(z、c、s 和 zh、ch、sh、r)、鼻音和边音(n 和 l)、前鼻韵母和后鼻韵母(en 和 eng、in 和 ing)的辨正及轻声、儿化为训练重难点。

3. 掌握普通话语音知识，为说话、朗读、普通话水平测试打好基础。

内容树图

知识精讲

第一节　语音概说

一、语音的性质

语音是语言的物质外壳。语音是由人类发音器官发出的用以交际的声音，它传达一定的意义。语音有其本身的性质，语音的性质包括自然属性和社会属性两方面。

（一）自然属性

1. 物理属性

根据物理学的观点，自然界的一切音波都来源于物体的振动，语音也是一种声音，与其他声音一样，有着产生、传递和被感知的过程，即产生于物体的振动——产生音波——作用于人耳——刺激听觉神经——产生声音的感觉。

语音同自然界其他声音一样，具有音高、音强、音长、音色四大物理要素。

音高指声音的高低，它取决于发音体振动的快慢。振动得快音高就高，反之音高就低。物体振动的快慢由发音体的形状决定，其表现如下：大的、粗的、厚的、长的、松的物体，振动慢，音高低；小的、细的、薄的、短的、紧的物体，振动快，音高高。一般来说，儿童和女性的声带比较小，比较薄，所以发音比较高；而成年男性的声带比较大，比较厚，所以发音比较低。

音强是指声音的强弱，它取决于发音体振动幅度（即振幅）的大小。幅度大则声音强，振幅小则声音弱。而振幅的大小是由发音时用力的大小决定的，用力大则振幅大，音强就强；用力小则振幅小，音强就弱。

音长是指声音的长短，它由发音时物体振动持续时间的长短所决定。发音体振动时间长，则音长越长，否则就越短。汉语中一般不用音长作为主要的区别意义的手段，但音长作为发音中的一个自然属性，经常以伴随性的特征出现。

音色也叫音质，是指声音的本质特征，是一个音区别于其他音的最根本的特征。它取决于发音时的音波形式，音波形式不同，音质就不同。

2. 生理属性

语音由人的发音器官发出，因而语音同时也具有生理属性，发音器官及其活动决定了语音的区别。人的发音器官可以分为三大部分：

（1）肺和气管：这是语音产生的原动力，它为发音体提供动力。

（2）喉头和声带：这是发音体，当气流从肺和气管呼出时，振动声带产生声音。气管的上部接着喉头，喉头是由四块软骨构成的圆筒，圆筒的中部附着声带。声带是两片富有弹性的肌肉薄膜，两片薄膜中间的空隙是声门，声门是气流的通道。声带可以放松或拉紧，可使声门打开或关闭。声门打开时，气流可以自由通过；关闭时，气流可以从声门的窄缝里挤出，使声带颤动发出响亮的声音。所以，声带是主要的发声器官。

（3）口腔、鼻腔、咽腔：这是发音体的共鸣器，声带发的音都是单一的，人通过调整口腔的形状来控制声音的特点。

喉头上面是咽腔。咽腔是个三岔口，下连喉头，前通口腔，上连鼻腔。呼出的气流由喉头经过咽腔到达口腔和鼻腔。口腔、鼻腔、咽腔都是共鸣器，对发音来说口腔最重要。构成口腔的组织，上面的叫上腭，下面的叫下腭。上腭包括上唇、上齿、齿龈、硬腭、软腭和小舌，硬腭在前，是固定的，软腭在后，可以上下升降，软腭后面是小舌。下腭包括下唇和下齿，舌头也附着在下颚上。舌是口腔中最灵活的器官。舌头又分为舌尖、舌面和舌根。舌头的前端是舌尖，自然平伸时，相对着牙齿的部分是舌叶，舌叶后面的部分是舌面，舌面后面的部分是舌根。上腭上面的空腔是鼻腔，软腭和小舌处在鼻腔和口腔的通道上。软腭上升时，鼻腔关闭，气流从口腔通过，这时发出的声音叫口音。软腭下垂时，口腔中的某一部位关闭，气流从鼻腔通过，这时发出的声音叫鼻音或纯鼻音。如果口腔内无阻碍，气流从鼻腔和口腔同时呼出，这时发出的音同时在口腔和鼻腔中共鸣，叫鼻化音（也叫半鼻音或口鼻音）。

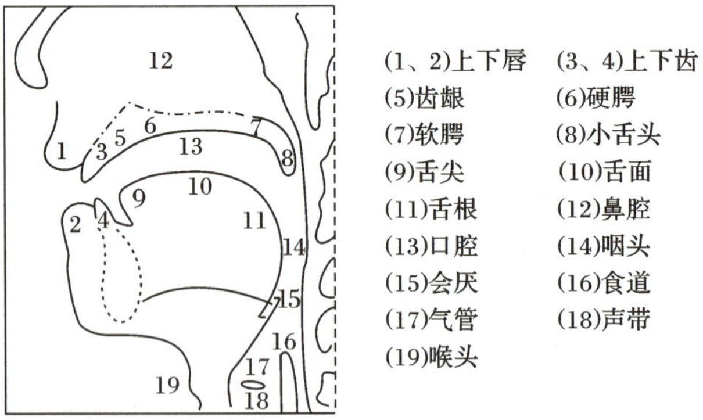

图 2-1　发音器官示意图

（二）社会属性

因为语言是人类社会特有的现象，作为语言物质外壳的语音具有其他声音所不具备的社会属性。语音的社会属性是它的本质属性。

语音的社会属性主要表现在以下几个方面：

（1）语音语义相结合的约定俗成性。这是指什么样的意义与什么样的语音相结合，不是由个人决定的，而是由使用该语言的社会全体成员约定俗成的。如都是表示“用木头或玻璃等制成的可以在上面用粉笔写字的黑色平板”，汉语用“hēibǎn”，英语中却用“blackboard”，这就是不同民族约定俗成的结果。

（2）系统性。不同民族的语言有各自不同的语音系统，不同的语音系统中所包含的音素及其数目都是各不相同的。人们对母语中没有的音就常常发不准或分不清，如俄语的舌尖颤音［r］，中国人学起来就很困难，同样外国人学汉语语音也会遇到种种困难。其实人类发音器官的构造基本上是相同的，为什么不同的人对同一个音的敏感程度和发音能力会有差异呢？其原因只能归结为不同民族不同地域人们的语言习惯不同。

二、语音的基本概念

（一）音节和音素

1. 音节

音节是最自然、最容易分辨的语音单位。一般来说，一个汉字的读音代表一个音节。如“飘（piāo）”，是一个音节，而“皮袄（pí’ǎo）”，虽与“飘”的音素完全相同，但发音时中间有短暂间隔，因而是两个音节。

但也有例外情况，如普通话儿化词“花儿（huār）”“球儿（qiúr）”等则是两个汉字表示一个音节，这也是普通话区别于其他语言的一个显著特点。

2. 音素

音素是构成音节的最小的语音单位，它是从音色的角度划分出来的。一个音节，如果按音色的不同进一步划分，就会得到一个个最小的各有特色的单位，这就是音素。例如：“爸（bà）”从音色的角度可以划分出“b”和“a”两个不同的音素，“刊（kān）”可以划分出“k”“a”“n”三个音素。

表 2-1 普通话音素表

书写办法	音素符号
一个字母代表一个音素	a o e u b p m f d t n l g k h j q x r z c s
一个字母代表几个音素	i（ti 的 i、zi 的 i、zhi 的 i）
两个字母代表一个音素	er ng zh ch sh
一个字母加一个符号代表一个音素	ê ü

（二）元音和辅音

概括发音的状况，可以将音素分为元音音素和辅音音素两大类。

元音，也叫母音。发元音时，气流振动声带，气流经过口腔时不受任何阻碍。普通话中有 10 个元音：ɑ、o、e、i、u、ü、ê、er、-i（前）、-i（后）。

辅音，也叫子音。发辅音时，气流在口腔、鼻腔和咽腔总会受到这样或那样的阻碍。普通话中有 22 个辅音：b、p、m、f、d、t、n、l、g、k、h、j、q、x、zh、ch、sh、r、z、c、s、ng。

元音与辅音的主要区别是：

（1）发辅音时，气流通过喉头、口腔时受到某个部位的阻碍；发元音时，气流通过喉头、口腔时不受阻碍。这是元音和辅音最主要的区别。

（2）发辅音时，发音器官成阻的部位特别紧张；发元音时，发音器官各部位保持均衡的紧张状态。

（3）发辅音时，气流较强；发元音时，气流较弱。

（4）发辅音时，声带不一定振动，声音一般不响亮；发元音时，声带振动，声音比辅音响亮。

（三）声母、韵母、声调

按照汉语传统的分析方法，把一个音节分解为声母、韵母和声调三个部分。

声母，是音节开头的辅音。22 个辅音中除“ng”不能当声母外，其余的都可以作声母，也就是说，普通话共有 21 个辅音声母：b、p、m、f、d、t、n、l、g、k、h、j、q、x、zh、ch、sh、r、z、c、s。

此外，有的音节开头的音素不是辅音，这类音节的声母为零，语音学上称为“零声母”音节，如“藕 ǒu”“肮 āng”“优 yōu”“伟 wěi”等。

韵母，是音节中除了声母、声调以外的部分。

声调，是音节音高的升降起伏变化。例如“老 lǎo”，读起来先降低平然后再上升，这种先降后升的音高变化就是音节“老”的声调。普通话有四种声调：阴平、阳平、上声、去声。

三、汉语拼音方案

（一）内容

《汉语拼音方案》是根据普通话语音系统制订的一个给汉字注音和拼写普通话语音的方案，由五个部分组成。

1. 字母表

表 2-2 字母表

字母	Aa	Bb	Cc	Dd	Ee	Ff	Gg
名称	ㄚ	ㄅㄝ	ㄘㄝ	ㄉㄝ	ㄜ	ㄝㄈ	ㄍㄝ
字母	Hh	Ii	Jj	Kk	Ll	Mm	Nn
名称	ㄏㄚ	ㄧ	ㄐㄧㄝ	ㄎㄝ	ㄝㄌ	ㄝㄇ	ㄋㄝ
字母	Oo	Pp	Qq	Rr	Ss	Tt	Uu
名称	ㄛ	ㄆㄝ	ㄑㄧㄡ	ㄚㄦ	ㄝㄙ	ㄊㄝ	ㄨ
字母	Vv	Ww	Xx	Yy	Zz		
名称	ㄪㄝ	ㄨㄚ	ㄒㄧ	ㄧㄚ	ㄗㄝ		

其中，V 只用来拼写外来语、少数民族语言和方言。

字母的手写体依照拉丁字母的一般书写习惯。

《字母表》有三个用处：一是按国际通用的顺序规定了汉语拼音字母的排列顺序，既便于记诵，又便于按音序编制索引、资料、名单等；二是规定了汉语拼音字母的大写与小写；三是规定了每个汉语拼音字母的名称，便于称呼。

2. 声母表

表 2-3 声母表

声母	b	P	m	f	d	t	n	l
呼读音	ㄅ玻	ㄆ坡	ㄇ摸	ㄈ佛	ㄉ得	ㄊ特	ㄋ讷	ㄌ勒
声母	g	k	h		j	q	x	
呼读音	ㄍ哥	ㄎ科	ㄏ喝		ㄐ基	ㄑ欺	ㄒ希	
声母	zh	ch	sh	r		z	c	s
呼读音	ㄓ知	ㄔ蚩	ㄕ诗	ㄖ日		ㄗ资	ㄘ雌	ㄙ思

在给汉字注音的时候，为了使拼式简短，zh、ch、sh 可以省作 ẑ、ĉ、ŝ。

3. 韵母表

表 2-4 韵母表

开口呼	齐齿呼	合口呼	撮口呼
	i ㄧ 衣	u ㄨ 乌	ü ㄩ 迂
ɑ ㄚ 啊	iɑ ㄧㄚ 呀	uɑ ㄨㄚ 蛙	

续表

开口呼	齐齿呼	合口呼	撮口呼
o ㄛ 喔		uo ㄨㄛ 窝	
e ㄜ 鹅			
ê ㄝ 欸	ie ㄧㄝ 耶		üe ㄩㄝ 约
er ㄦ 儿			
-i（前）			
-i（后）			
ai ㄞ 哀		uai ㄨㄞ 歪	
ei ㄟ 诶		uei ㄨㄟ 威	
ao ㄠ 熬	iao ㄧㄠ 腰		
ou ㄡ 欧	iou ㄧㄡ 忧		
an ㄢ 安	ian ㄧㄢ 烟	uan ㄨㄢ 弯	üan ㄩㄢ 冤
en ㄣ 恩	in ㄧㄣ 因	uen ㄨㄣ 温	ün ㄩㄣ 晕
ang ㄤ 昂	iang ㄧㄤ 央	uang ㄨㄤ 汪	
eng ㄥ 亨的韵母	ing ㄧㄥ 英	ueng ㄨㄥ 翁	
ong ㄨㄥ 轰的韵母	iong ㄩㄥ 雍		

通过上表分析可知：

（1）知、蚩、诗、日、资、雌、思七个音节的韵母用 i，即知、蚩、诗、日、资、雌、思字拼作 zhi、chi、shi、ri、zi、ci、si。

（2）韵母儿写成 er，用作韵尾的时候写成 r。例如："儿童" 拼作 ertong，"花儿" 拼作 huar。

（3）韵母ㄝ单用的时候写成 ê。

（4）i 行的韵母，前面没有声母的时候，写成：yi（衣）、ya（呀）、ye（耶）、yao（腰）、you（忧）、yan（烟）、yin（因）、yang（央）、ying（英）、yong（雍）。

u 行的韵母，前面没有声母的时候，写成 wu（乌）、wa（蛙）、wo（窝）、wai（歪）、wei（威）、wan（弯）、wen（温）、wang（汪）、weng（翁）。

ü 行的韵母，前面没有声母的时候，写成 yu（迂）、yue（约）、yuan（冤）、yun（晕）。

ü 行的韵母跟声母 j、q、x 拼的时候，写成 ju（居）、qu（区）、xu（虚），ü 上两点也省略；但是跟声母 l、n 拼的时候，仍然写成 lü（吕）、nü（女）。

（5）iou、uei、uen 前面加声母的时候，写成 iu、ui、un。例如 niu（牛）、gui（归）、lun（论）。

4. 声调符号

阴平	阳平	上声	去声
ˉ	ˊ	ˇ	ˋ

声调符号标在音节的主要母音上，轻声不标调号。

例如：

妈 mā	麻 má	马 mǎ	骂 mà	吗 ma
阴平	阳平	上声	去声	轻声

5. 隔音符号

a、o、e 开头的音节连接在其他音节后面的时候，如果音节的界限发生混淆，用隔音符号（’）隔开，例如 pi’ao（皮袄）。

（二）汉语拼音字母

汉语拼音字母采用的是拉丁字母。拉丁字母原是古代罗马人所使用的拉丁文的字母，后来有所补充，成为现在的样子（拉丁，是英文 Latin 的音译）。这种字母笔画简单，构形清楚，便于书写和阅读。目前已有 120 多个国家和地区的文字采用拉丁字母，它是世界上最通用的字母，也是现代科技领域中广泛使用的符号。这套字母用于汉语注音已有很长历史，在我国有一定的群众基础。实践证明，拉丁字母能够比较精确地记录普通话音素的实际读音，比过去使用的注音字母优越。国际化和音素化正是《汉语拼音方案》的两个明显的优点。

汉语拼音字母即拉丁字母，汉语拼音字体就可以使用国际上已经约定俗成的拉丁字母的各种字体。

每个字母所代表的音叫“本音”，它是用来拼音的。字母除了有“本音”之外，还有它的名称。名称是为了便于称呼，是字母的“姓名”。二十六个字母当中，元音字母只有 a、o、e、i、u 五个，其他都是辅音字母。元音发音响亮，所以元音字母就以“本音”为名称。辅音不响亮，听不清楚，因此为了便于称呼，辅音字母必须附加元音作为名称，这种读音即为“名称音”。

f（êf）、l（êl）、m（êm）、s（ês），是本音前加元音为名称。

b（bê）、c（cê）、d（dê）、g（gê）、h（ha）、j（jie）、k（kê）、n（nê）、p（pê）、q（qiu）、t（tê）、v（vê）、x（xi）、z（zê），是本音后附加元音为名称

音（读作 wa、ya 的 w、y，按语音学解释属“半元音”，也是辅音）。

《字母表》分四行排列，称说时要用普通话的阴平声调读。由于行末的字母押韵，好像一首诗歌，读起来十分顺口。念的时候，四行分四句念：第一句念完 a、b、c、d 后稍顿，再念 e、f、g；第二句念完 h、i、j、k 后稍顿，再念 l、m、n；第三句念完 o、p、q 后稍顿，再念 r、s、t；第四句念完 u、v、w 后稍顿，再念 x、y、z。用汉语拼音字母标下来的名称音是这样：

a	bê	cê	dê，	e	êf	gê；
ha	i	jie	kê，	êl	êm	nê；
o	pê	qiu，		ar	ês	tê；
u	vê	wa，		xi	ya	zê。

拼音字母歌

1=C　4/4

3 ·2 3 1 | 5 6 5 — | 6 ·5 3 5 | 2 3 2 — |
a　b c d　e f g，　h　i j k　l m n，
5 3 5 0 | i 5 6 0 | 5 60 3 — | 2 30 1 — ‖
o　p q　r s t，　u　v w　x y z.

声母的本音多不响亮，为了便于教学，在每个声母的本音后面，分别配上不同的元音，这样发出来的音叫“呼读音”。《汉语拼音方案》声母表中的声母都是注的呼读音。

（三）用途

《汉语拼音方案》不仅是我国法定的方案，也是给汉字注音的工具。注音读物对儿童识字、成人扫盲、少数民族和外国朋友学习汉语都有很大的帮助。汉语拼音方案的用途表现为：

（1）学习普通话的工具。学普通话光靠口耳传授，容易忘记。掌握了汉语拼音方案，就可以随时查考，反复练习，矫正方音，加速普通话学习的进程。

（2）作为我国少数民族创造和改革文字的共同基础。目前，我国已有十几个少数民族以汉语拼音方案为基础，创造或改革了本民族的文字。

（3）用于聋哑人的“汉语手指字母”。

（4）用于中文信息处理。

（5）用于拼写中国人名、地名和一些科技术语。

（6）用于索引，用于电报、旗语、灯光通信，用于工业产品代号、商标等。

思考与练习二

1. 语音的四要素是什么？

2. 什么是音节？什么是音素？音节和音素有哪些区别和联系？

3.《汉语拼音方案》包括哪几部分？

4. 下面这段话，有多少音素、多少音节？哪些是声母？哪些是韵母？请根据拼音写出汉字。

Zài nà ge shí · hou，rénlèi yòng tā de shǒu qù chuàngzào wànshì-wànwù，yě yòng nà shǒu qù zhǐ diǎnle tiānshang de xīngchén，ránhòu，kāishǐ yǒule xǔduō de gù · shi，zài rénjiān liúchuán.

5. 朗读下面这篇作品，读准声、韵、调。

（2-1　作品《达瑞的故事》）

第二节　声　　母

一、声母概述

声母是音节开头的辅音。普通话里有 21 个声母，要准确地发好每一个声母，必须从 4 个方面去把握。

（一）找准发音部位

所谓发音部位，就是声母发音时气流受阻的地方。如发 b 时，上下唇紧闭，阻碍气流。因此，b 的受阻部位或发音部位就是上下唇，我们称之为“双唇音”。

根据声母发音部位的不同，可将声母分为 7 类。

1. 双唇音：b　p　m

b 发音时，双唇闭合，软腭上升，堵塞鼻腔通路，声带不颤动，较弱的气流冲破双唇的阻碍，迸裂而出，爆发成音。如“辨别”“标本”的声母。

p 发音的状况与 b 相近，只是发 p 时冲出的气流较强。如“乒乓”“批评”的声母。

m 发音时，双唇闭合，软腭下降，气流振动声带从鼻腔通过。如“美妙”“弥漫”的声母。

2. 唇齿音：f

f 发音时，下唇接近上齿，形成窄缝，气流从唇齿间摩擦出来，声带不颤动。如“丰富”“芬芳”的声母。

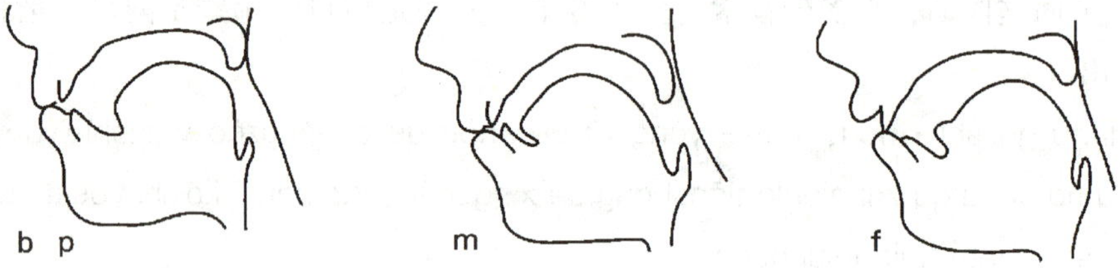

图 2-2

3. 舌尖前音：z　c　s

z 发音时，舌尖稍下伸，抵住上齿背，软腭上升，堵住鼻腔通路，声带不颤动，较弱的气流把阻碍冲开一条窄缝，从窄缝中挤出，摩擦成声。如“总则”“自在”的声母。

c 和 z 的发音区别不大，不同的地方在于 c 气流较强。如“粗糙”“参差”的声母。

s 发音时，舌尖接近上齿背，气流从窄缝中挤出，摩擦成声，声带不颤动。如“思索”“松散”的声母。

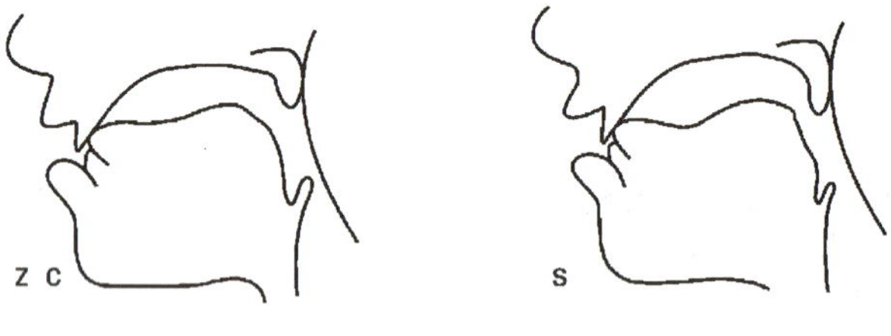

图 2-3

4. 舌尖中音：d　t　n　l

d 发音时，舌尖抵住上齿龈，软腭上升，堵塞鼻腔通路，声带不颤动，较弱的气流冲破舌尖的阻碍，迸裂而出，爆发成声。如“等待”“定夺”的声母。

t 发音的状况与 d 相近，只是发 t 时气流较强。如“淘汰”“团体”的声母。

n 发音时，舌尖抵住上齿龈，软腭下降，打开鼻腔通路，气流振动声带，从鼻腔通过。如“能耐”“泥泞”的声母。

l 发音时，舌尖抵住上齿龈，软腭上升，堵塞鼻腔通路，气流振动声带，从舌头两边通过。如“玲珑”“嘹亮”的声母。

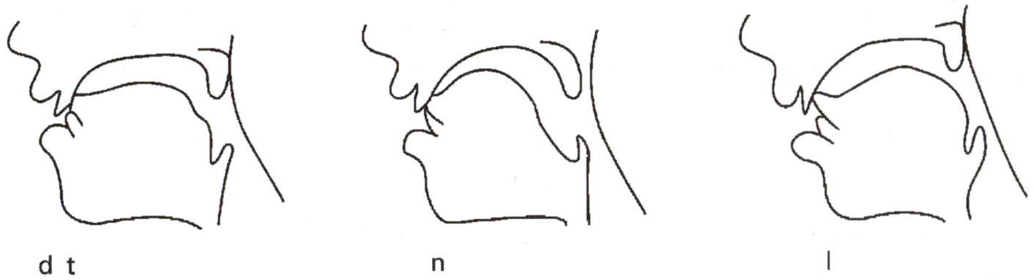

图 2-4

5. 舌尖后音：zh　ch　sh　r

zh 发音时，舌尖上翘，抵住硬腭前部，软腭上升，堵塞鼻腔通路，声带不颤动。较弱的气流把阻碍冲开一条窄缝，从窄缝中挤出，摩擦成声。如“庄重”“主张”的声母。

ch 发音的状况与 zh 相近，只是气流较强。如“车床”“长城”的声母。

sh 发音时，舌尖上翘接近硬腭前部，留出窄缝，气流从缝间挤出，摩擦成声，声带不颤动。如“闪烁”“山水”的声母。

r 发音状况与 sh 相近，只是声带不颤动。如“容忍”“柔软”的声母。

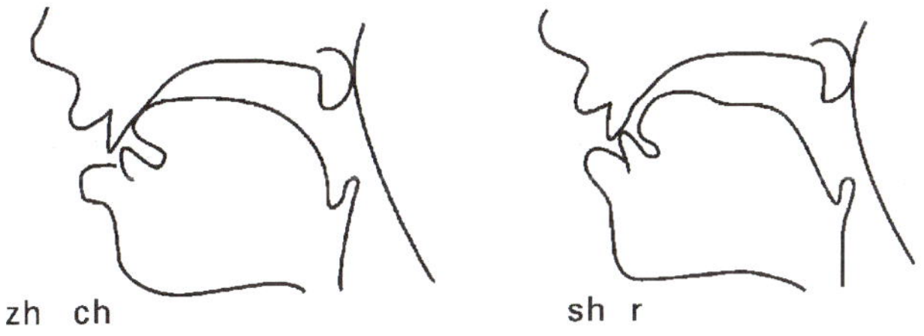

图 2-5

6. 舌面音：j　q　x

j 发音时，舌面前部抵住硬腭前部，软腭上升堵塞鼻腔通路，声带不颤动，较弱的气流把阻碍冲开，形成一条窄缝，气流从窄缝中挤出，摩擦成声。如“境界”“将就”的声母。

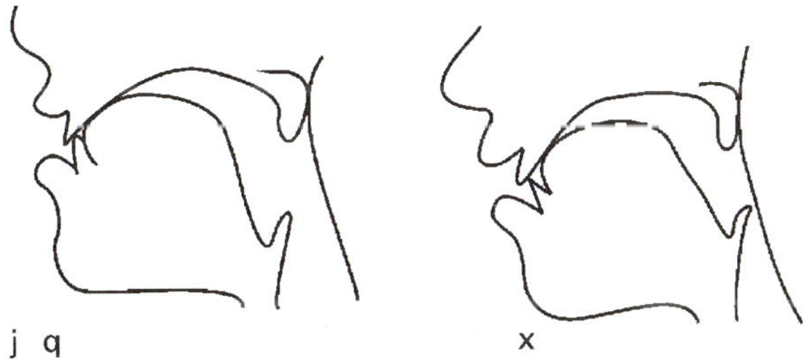

图 2-6

q 发音的状况与 j 相近，只是气流较强。如“秋千”“亲切”的声母。

x 发音时，舌面前部接近硬腭前部，留出窄缝，软腭上升，堵塞鼻腔通路，声带不颤动，气流从窄缝中挤出，摩擦成声。如“形象”“虚心”的声母。

7. 舌根音：g　k　h

g 发音时，舌根抵住软腭，软腭后部上升，堵塞鼻腔通路，声带不颤动，较弱的气流冲破舌根的阻碍，爆发成声。如“巩固”“改革”的声母。

k 发音的状况与 g 相近，只是气流较强。如“宽阔”“刻苦”的声母。

h 发音时，舌根接近软腭，留出窄缝，软腭上升，堵塞鼻腔通路，声带不颤动，气流从窄缝中摩擦出来。如“欢呼”“辉煌”的声母。

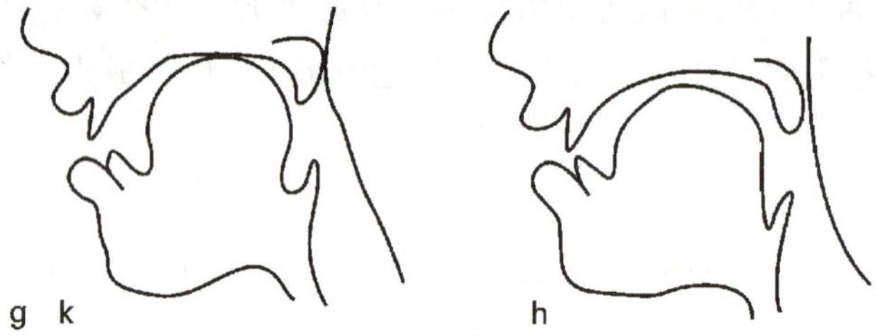

图 2-7

（二）掌握发音方法

所谓发音方法，就是声母发音时气流受阻的方式，按气流受阻和克服阻碍的方式分为 3 个阶段：

成阻（音首）：阻碍的形成。发音部位开始闭合或接近，这是作势阶段。

持阻（音干）：阻碍的持续。发音器官紧张，气流受阻。发音器官保持紧张，呼气不停，阻碍就一直持续。这是构成辅音的主要阶段。

除阻（音尾）：阻碍的消除。发音部位阻碍消除，紧张消除，发音结束。

根据形成阻碍和消除阻碍方式的不同，可以把声母分为塞音、擦音、塞擦音、鼻音、边音 5 类。

1. 塞音（6 个）：b　p　d　t　g　k

塞音成阻时，发音器官的 2 个部位闭合；持阻时，保持这种状态，阻塞住气流；除阻时，气流突然冲破阻塞，迸裂而出，爆破成声。所以塞音又叫破裂音或爆破音。

2. 擦音（6 个）：f　h　x　s　sh　r

擦音成阻时，发音器官的两个部位接近，形成一条窄缝；持阻时，气流从窄缝中挤出，摩擦成声；除阻时，发音结束。所以，擦音也叫摩擦音。

3. 塞擦音（6个）：j　q　z　c　zh　ch

塞擦音是塞音和擦音两种发音方法结合而发出的音。成阻时，发音器官的两个部位闭合；持阻时，继续保持阻塞；除阻时，气流先冲破阻塞，但不完全解除，成为擦音的持阻状态，即稍稍放松阻碍，形成窄缝，气流逐渐挤出而成声。这样发出的音既有破裂音的特点，又有摩擦音的特点。所以，塞擦音又叫破擦音。

4. 鼻音（2个）：m　n

鼻音成阻时，发音器官的两个部位闭合而构成阻塞；持阻时，声带振动，同时软腭下垂，打开鼻腔通道，使气流从鼻腔通过而成声；除阻时，发音结束。

5. 边音（1个）：l

边音成阻时，舌尖和上齿龈稍后的部位接触，阻塞口腔中间的通道；持阻时，声带振动，气流从口腔里阻塞部位的两边泄出而成声；除阻时，解除阻塞，发音结束。

（三）控制气流强弱

根据发音时气流强弱的不同，声母可分为送气音和不送气音。送气音和不送气音只存在于塞音和塞擦音的对照比较中。

1. b 不送气 p 送　气	2. d 不送气 t 送　气	3. g 不送气 k 送　气
4. j 不送气 q 送　气	5. z 不送气 c 送　气	6. zh 不送气 ch 送　气

（四）体会声带动静

根据发音时声带是否颤动，声母可分为清音和浊音2大类。

（1）浊音：发音时声带颤动的音，有4个，即m、n、l、r。

（2）清音：发音时声带不颤动的音，有17个，即b、p、f、d、t、g、k、h、j、q、x、z、c、s、zh、ch、sh。

这样，根据声母的发音部位、发音方法、气流强弱、声带动静，就可以将每个声母的发音归纳如下：

b　双唇　不送气　清　塞音	p　双唇　送气　清　塞音
m　双唇　浊　鼻音	f　唇齿　清　擦音
d　舌尖中　不送气　清　塞音	t　舌尖中　送气　清　塞音
n　舌尖中　浊　鼻音	l　舌尖中　浊　边音
g　舌根　不送气　清　塞音	k　舌根　送气　清　塞音
h　舌根　清　擦音	j　舌面　不送气　清　塞擦音

q　舌面　送气　清　塞擦音
x　舌面　清　擦音
zh　舌尖后　不送气　清　塞擦音
ch　舌尖后　送气　清　塞擦音
sh　舌尖后　清　擦音
r　舌尖后　浊　擦音
z　舌尖前　不送气　清　塞擦音
c　舌尖前　送气　清　塞擦音
s　舌尖前　清　擦音

二、重点声母的辨正和训练

（一）分辨 zh、ch、sh 和 z、c、s

汉语方言中，能分清翘舌音和平舌音的地方不多，主要集中在北京官话区、中原官话区、兰银官话区、冀鲁官话区一带。多数汉语方言区平、翘舌音不分或混淆。如西南官话区、江淮官话区的绝大多数地方，只有平舌音 z、c、s，没有翘舌音 zh、ch、sh，即翘舌音混入平舌音，武汉话、成都话等会把“主力”读作“阻力”，把“教师”读作“教司”。还有极少数方言区只出现 zh、ch、sh，没有 z、c、s，如湖北钟祥的旧口、胡集，湖北荆门的子陵、仙居，因而这些地方的人讲普通话，会把“粗布”说成“初步”。方言区的人学习普通话，分辨 zh、ch、sh 和 z、c、s 是一个很突出的问题。

分辨这两组声母的办法是：

1. 把握发音要领

这两组声母发音的主要差异是：zh、ch、sh 是舌尖上翘接触或接近硬腭前部，z、c、s 是舌尖前伸接触或接近上齿背。

2. 掌握记忆方法

（1）直接记翘舌字。由于汉语方言中平、翘不分的地方主要是 zh、ch、sh 混入 z、c、s，所以直接记翘舌音字是区分平舌音、翘舌音的好办法。可先记住一部分最常用的翘舌音字，如“中”“张”“吃”“床”“说”“十”“水”“是”“上”等，使记忆的 zh、z 两组声母的字有所区别，然后再逐步扩大记忆翘舌音字的数量和范围。

（2）根据偏旁进行类推。例如：

翘舌音字　者——诸、猪、煮、著、奢、署、暑
　　　　　正——政、征、证、怔、症、整
平舌音字　次——瓷、茨、姿、咨、恣
　　　　　采——菜、踩、睬、彩

有些独体字是翘舌音，但由它们作声旁的字是平舌音；有些独体字是平舌音，但由它们作声旁的字又是翘舌音，这样的字是少数，需要个别记忆。例如：

ch 察——（镲、嚓）——c 擦　zh 占——（沾、毡、粘、站、战）——z 钻

z 责——（啧、箦）——zh 债　z 宗——（棕、综、踪、粽、淙）——ch 崇

s 寺——zh 痔、峙，ch 持，sh 诗、恃、侍

s 叟——（嫂、艘、搜、嗖、馊、飕）——sh 瘦

（3）借助声韵配合规律来分辨。例如 ua、uai、uang 只与翘舌声母相拼，所以“抓”“拽”“庄”“窗”“双”等字只能是翘舌音。普通话只有 song，没有 shong，所以“松”“耸”“宋”“诵”“送”“颂”等字只能是平舌音。

（二）分辨 n 和 l

在汉语方言中，n、l 混读的现象相当普遍。如西南官话区的大部分地区（如成都话、武汉话）都是 n、l 混读。湖北江汉平原地区 l 一般都混入 n，但是有的 n 有边音的动作，而边音则又有鼻化色彩。

分辨这两个声母的方法是：

1. 训练听辨能力

能从听觉上分辨出鼻音 n 和边音 l 的差异，是区分鼻音 n 和边音 l 的前提。

2. 掌握发音要领

这两个声母发音的主要区别是：发 n 时，气流从鼻腔通过；发 l 时，气流从舌头两边出来。

为了区分 n 和 l，也可以在发音部位和发音方法方面做一些调整：

（1）发边音 l 时，舌尖轻抵上齿齿龈，连续发 le—le—le，la—la—la，li—li—li。

（2）发鼻音 n 时，可以尝试改变发音部位，让舌尖抵住下齿背，舌面前部抵住上齿龈（以此来与边音 l 的发音部位相区别），气流从鼻腔通过，发 ne—ne—ne，na—na—na，ni—ni—ni。

至于在已经能发出比较纯正的 n 和 l 后，是否再恢复 n 的传统的发音方法，可依发音习惯来决定。

3. 记住一部分n 、l 声母的字

汉语普通话中，鼻音 n 的字很少，边音 l 的字比较多。因此，可直接记常用的鼻音字，其余一般为 l 声母字。常用的鼻音字可以分成两类记忆：

（1）一类是能用声旁类推的（括号内为同韵母的边音字）。例如：

乃——奶　奈（赖）——捺　倪（梨）——霓　你（李）——您

聂（列）——蹑 念（练）——捻　南（兰）——喃楠　奴（卢）——努怒

那（辣）——哪挪娜　农（龙）——浓脓哝　内（类）——纳呐衲钠尼

尼（梨）——妮呢泥昵　宁（零）——咛拧狞柠泞　囊（狼）——攮囔

脑（老）——恼垴

(2) 另一类是不能类推的（括号内为同韵母的边音字）。例如：

男（蓝）、女（吕）、牛（刘）、闹（涝）、拗（六）、耐（籁）、尿（料）、溺（丽）、凝（玲）、馁（磊）、挠（劳）、难（拦）、能（棱）、拟（理）、年（连）、腻（力）、逆（利）、暖（卵）、嫩（论）、碾（脸）、黏（廉）、娘（良）、酿（亮）、拿（拉）

（三）舌面音 j、q、x 的尖音问题

在发 j、q、x 音时，要注意舌尖向前不能靠得太近，如果舌尖抵住齿背后面，就有了 z、c、s 音的色彩，或成了尖音。尖音是指 z、c、s 与 i、ü 类韵母拼合的音，普通话中没有尖音。湖北有尖音的地方集中在鄂东南的咸宁、大冶、通山、武穴、阳新一带，例如把“将”“墙”“祥”的声母读作 z、c、s。同时，由于湖北许多地方的翘舌音混入 z、c、s，也会给尖音的出现提供方便。一些湖北人由于发 j、q、x 时舌尖靠上齿龈太紧，常会出现“尖音色彩”。这就应当注意，发 j、q、x 时，舌尖不要靠得太紧，尤其是要注意下列字的读音：煎、将、降、积、井、绩、酒、尖、妻、七、千、寝、尽、墙、就、集、渐、线、先、小、些、想、心、醒、叙、羡、邪、谢、详、象、席、习等。

（四）分辨声母 j、q、x 和 g、k、h

在普通话里，声母 j、q、x 与 g、k、h 的词语分类非常清楚，但武汉、天门、仙桃等地常把普通话中一些 j、q、x 声母的字读成了 g、k、h 声母的字。例如：

jiē—gāi（街道）	qiāo—kāo（敲门）	xié—hái（皮鞋）

这些声母在普通话和湖北方言中并不是一一对应的关系，而是呈现出一对多或多对一的复杂情况，学习时应注意区分。

普通话 j、q、x 与齐齿呼 ia、iao、ian、iang、ie 相拼的部分字，在湖北方言中读成了 g、k、h 声母，这种误读带有普遍性。湖北人说普通话时要注意改读成 j、q、x 声母，否则就是语音错误。例如：

地窖（jiào）	豇（jiāng）豆	戒（jiè）指
角（jiǎo）落	世界（jiè）	解（jiě）决
螃蟹（xiè）	皮鞋（xié）	敲（qiāo）打
项（xiàng）链	苋（xiàn）菜	飞翔（xiáng）

课堂训练

1. 读准下列词语的声母。

z—c	再次 zàicì	左侧 zuǒcè	总裁 zǒngcái
z—s	自私 zìsī	赠送 zèngsòng	阻塞 zǔsè
c—z	存在 cúnzài	才子 cáizǐ	错综 cuòzōng
c—s	沧桑 cāngsāng	参赛 cānsài	从速 cóngsù
s—z	色泽 sèzé	嗓子 sǎng · zi	塑造 sùzào
s—c	色彩 sècǎi	随从 suícóng	颂词 sòngcí

2. 读准下列词语的声母。

zh—z	重灾 zhòngzāi	追踪 zhuīzōng	职责 zhízé
z—zh	自传 zìzhuàn	资助 zīzhù	阻滞 zǔzhì
ch—c	揣测 chuǎicè	船舱 chuáncāng	冲刺 chōngcì
c—ch	参禅 cānchán	操持 cāochí	促成 cùchéng
sh—s	深思 shēnsī	失散 shīsàn	输送 shūsòng
s—sh	松树 sōngshù	私塾 sīshú	宿舍 sùshè

3. 平翘舌字词练习。

撤出—测出	战时—暂时	志愿—自愿	找到—早到	新春—新村
山区—三区	争光—增光	收集—搜集	诗人—私人	申述—申诉
纸花—紫花	插手—擦手	草虫—草丛	治理—自理	下账—下葬
主力—阻力	商业—桑叶	树立—肃立	初步—粗布	赤子—次子
鱼翅—鱼刺	专营—钻营	摘花—栽花	主持—组词	实质—识字

4. 读准下列词语的声母。

l—n	凌虐 língnüè	留难 liúnàn	辽宁 Liáoníng
l—l	履历 lǚlì	来临 láilín	联络 liánluò
n—n	牛奶 niúnǎi	泥泞 nínìng	能耐 néngnài
n—l	能量 néngliàng	年龄 niánlíng	暖流 nuǎnliú

5. 边鼻音字词练习。

无赖—无奈	水牛—水流	男裤—蓝裤	旅客—女客

脑子—老子	连夜—年夜	留念—留恋	浓重—隆重
南部—蓝布	烂泥—烂梨	牛黄—硫磺	大娘—大梁

6. 读准下列词语的声母。

j—q	尽情 jìnqíng	截取 jiéqǔ	奖券 jiǎngquàn
j—x	觉醒 juéxǐng	继续 jìxù	惊喜 jīngxǐ
q—j	契机 qìjī	亲近 qīnjìn	前景 qiánjǐng
q—x	倾心 qīngxīn	群星 qúnxīng	曲线 qūxiàn
x—j	胸襟 xiōngjīn	学籍 xuéjí	戏剧 xìjù
x—q	序曲 xùqǔ	稀缺 xīquē	性情 xìngqíng

7. 容易误读的词语辨读。

同仇敌忾 kài	恪 kè 守	纨 wán 绔 kù	罹 lí 难
鸟瞰 kàn	铿 kēng 锵 qiāng	青睐 lài	阴霾 mái
联袂 mèi	静谧 mì	拘泥 nì	耄 mào 耋 dié
模 mú 样	木讷 nè	霓 ní 虹灯	滂 pāng 沱 tuó
否 pǐ 极泰来	心宽体胖 pán	纰 pī 漏	媲 pì 美
癖 pǐ 好 hào	劈 pǐ 叉 chà	瞥 piē 见	收讫 qì
悭 qiān 吝	讥诮 qiào	翘 qiáo 首	引擎 qíng
掮 qián 客	惬 qiè 意	黢 qū 黑	证券 quàn
商榷 què	妊 rèn 娠 shēn	冗 rǒng 长	歃 shà 血
潸 shān 然泪下	禅 shàn 让	赡 shàn 养	讪 shàn 笑
稍 shào 息 xī	折 shé 耗	莘 shēn 莘学子	嗜 shì 好
吮 shǔn 吸	囤 tún 积	饕 tāo 餮 tiè	暴殄 tiǎn 天物
倜 tì 傥 tǎng	挟 xié 持	纤 xiān 维	垂涎 xián
狡黠 xiá	楔 xiē 子	省 xǐng 亲	枭 xiāo 雄
绮 qǐ 丽	戏谑 xuè	骁 xiāo 勇	瑰 guī 丽
酗 xù 酒	殷 yān 红	揶 yé 揄 yú	游弋 yì
揠 yà 苗助长	笑靥 yè	摇曳 yè	自怨自艾 yì
肄 yì 业	向隅 yú 而泣	刈 yì 除	良莠 yǒu 不齐
栅 zhà 栏 lan	砧 zhēn 板	玷 diàn 污	饮鸩 zhèn 止渴
拈 niān 轻怕重	缜 zhěn 密	对峙 zhì	拽 zhuài 倒
日臻 zhēn 完善			

8. 读下列绕口令，注意读准声母。

（1）蓝教练是女教练，吕教练是男教练，蓝教练不是男教练，吕教练不是女教练。蓝南是男篮主力，吕楠是女篮主力，吕教练在男篮训练蓝南，蓝教练在女篮训练吕楠。

（2）黑化肥发灰，灰化肥发黑。黑化肥发黑不发灰，灰化肥发灰不发黑。

（3）对门儿有堵白粉墙，白粉墙上画凤凰。先画一只粉黄粉黄的黄凤凰，后画一只绯红绯红的红凤凰。黄凤凰看红凤凰，红凤凰看黄凤凰，黄凤凰，红凤凰，两只都像活凤凰。

（4）四是四，十是十，十四是十四，四十是四十。要想说好四和十，得靠舌头和牙齿。谁说四十是“寺死”，谁的舌头没翘起；谁说四十是“适时”，谁的舌头没伸直。认真听，常练习，十四、四十、四十四。

（5）石小四，史肖石，一同来到阅览室。石小四年十四，史肖石年四十。年十四的石小四爱看诗词，年四十的史肖石爱看报纸。年四十的史肖石发现了好诗词，忙递给年十四的石小四，年十四的石小四见了好报纸，忙递给年四十的史肖石。

（6）司小四和史小世，四月十四日十四时四十上集市，司小四买了四十四斤四两西红柿，史小世买了十四斤四两细蚕丝。司小四要拿四十四斤四两西红柿换史小世十四斤四两细蚕丝。史小世十四斤四两细蚕丝不换司小四四十四斤四两西红柿。司小四说我四十四斤四两西红柿可以增加营养防近视，史小世说我十四斤四两细蚕丝可以织绸织缎又抽丝。

思考与练习三

1. 读准下列各组字词，给每个字标上声母。

① 涝　拈　虐　偏　拎　馁　捺　酪　腻　栗　遴　券　眷　弦

② 狰狞　褴褛　纯粹　凛冽　奢侈　棕榈　伶俐　操纵　罹难　莅临　牛腩

③ 流连忘返　逆水行舟　踌躇满志　削足适履　筚路蓝缕　垂涎三尺　舐犊情深

2. 听读下列词语，注意辨析它们的声母。

疏远 shūyuǎn　　苏州 sūzhōu	蜷缩 quánsuō　　卷尺 juǎnchǐ
吉祥 jíxiáng——起航 qǐháng	座席 zuòxí——桌椅 zhuōyǐ
辍学 chuòxué——挫折 cuòzhé	骨髓 gǔsuǐ——关税 guānshuì
酿造 niàngzào——谅解 liàngjiě	醉酒 zuìjiǔ——追求 zhuīqiú
吹嘘 chuīxū——催问 cuīwèn	损失 sǔnshī——瞬时 shùnshí

3. 读绕口令，练习 zh、ch、sh，z、c、s，n、l 的发音。

（1）师部司令部指示：四团十连石连长带四十人在十日四时四十四分按时到达师部司令部，师长召开誓师大会。

（2）石、斯、施、史四位老师，天天和我在一起。石老师教我大公无私，斯老师给我精神食粮，施老师叫我遇事三思，史老师送我知识钥匙。我感谢石、斯、施、史四位老师。

（3）紫瓷盘，盛鱼翅，一盘熟鱼翅，一盘生鱼翅。迟小池拿了一把瓷汤匙，要吃清蒸美鱼翅。一只鱼翅送到嘴，鱼刺刺进齿缝里，疼得小池拍腿挠牙齿。

（4）牛郎恋刘娘，刘娘恋牛郎，牛郎年年念刘娘，刘娘年年恋牛郎，郎念娘来娘恋郎。

（5）牛牛要吃河边柳，妞妞赶牛牛不走。妞妞护柳扭牛头，牛牛扭头瞅妞妞。妞妞扭牛牛更拗，牛牛要顶小妞妞，妞妞捡起小石头，吓得牛牛扭头走。

4. 朗读下列两篇作品，读准声母。

（2-2　作品《差别》《赠你四味长寿药》）

（2-3　附录三　zh 和 z、ch 和 c、sh 和 s 代表字类推表）

（2-4　附录四　n 和 l 代表字类推表）

第三节　韵　母

一、韵母概述

（一）韵母的内部结构

根据音素的组成不同，韵母内部可分为韵头、韵腹和韵尾 3 部分。

韵头，又称介音，是在韵腹前面、起前导作用的部分，发音比较模糊，往往迅速带过。能做韵头的音素有：i、u、ü。

韵腹，又称主要元音，是一个韵母发音的关键，是韵母发音过程中口腔肌肉最紧张、发音最响亮的部分。能做韵腹的音素有：ɑ、o、e、ê、i、u、ü、-i（前）、-i（后）、er。

韵尾，既可由元音音素充当，也可由辅音音素充当。辅音韵尾有两个：n、ng，元音韵尾有 3 个：i、o、u。

表 2-5　韵母内部结构分析表

内部结构 韵母	韵头	韵腹	韵尾
a		a	
o		o	
e		e	
i		i	
u		u	
ü		ü	
ê		ê	
er		er	
-i（前）		-i（前）	
-i（后）		-i（后）	
ia	i	a	
ie	i	ê	
ua	u	a	
uo	u	o	
üe	ü	ê	
ai		a	i
ei		e	i
ao		a	o
ou		o	u
uai	u	a	i
uei	u	e	i
iao	i	a	o
iou	i	o	u
an		a	n
en		e	n
ian	i	a	n
in		i	n
uan	u	a	n
uen	u	e	n

续表

内部结构 韵母	韵头	韵腹	韵尾
üan	ü	a	n
ün		ü	n
ang		a	ng
eng		e	ng
ong		o	ng
iang	i	a	ng
ing		i	ng
iong	i	o	ng
uang	u	a	ng
ueng	u	e	ng

从以上分析表可以看出：在普通话中，并非每个韵母都有韵头、韵腹、韵尾3部分。从韵母的内部构成看，只有少数韵母是完整的，多数韵母是不完整的：有的韵母有韵腹、韵尾，却没有韵头；有的韵母有韵头、韵腹，却没有韵尾；有的韵母只有韵腹，却没有韵头和韵尾。但无论怎样不完整，韵腹都是不可缺少的。

（二）韵母的分类

标准不同，韵母的分类则不同。

1. 根据音素组成的不同，韵母可以分为单韵母、复韵母和鼻韵母

（1）单韵母：由单元音构成的韵母，也叫单元音韵母。单韵母共有10个：a、o、e、i、u、ü、ê、er、-i（前）、-i（后）。即舌面元音韵母7个：a、o、e、i、u、ü、ê；舌尖元音韵母2个：-i（前）、-i（后）；卷舌元音韵母1个：er。

（2）复韵母：由2个或3个元音复合而成的韵母，也叫复元音韵母。复韵母共有13个：ai、ei、ao、ou、ia、ie、ua、uo、üe、iao、iou、uai、uei。根据韵腹所处位置不同，这13个复韵母又可分为3类，即前响复韵母4个：ai、ei、ao、ou；中响复韵母4个：iao、iou、uai、uei；后响复韵母5个：ia、ie、ua、uo、üe。

（3）鼻韵母：由1个或2个元音带上作韵尾的鼻辅音结合而成的韵母。鼻韵母共有16个：an、ian、uan、üan、en、in、uen、ün、ang、iang、uang、eng、ing、ueng、ong、iong。根据鼻尾音的不同，这16个鼻韵母又可分为2类，即前鼻韵母8个：an、en、ian、in、uan、uen、üan、ün；后鼻韵母8个：ang、eng、ong、iang、ing、uang、ueng、iong。

2. 根据开头元音的口型不同，韵母可分成四类，即传统音韵学所说的“四呼”

（1）开口呼：韵头不是 i、u、ü，韵腹也不是 i、u、ü 的韵母。共 16 个：ɑ、o、e、ê、er、-i（前）、-i（后）、ɑi、ei、ɑo、ou、ɑn、en、ɑng、eng、ong。

（2）齐齿呼：韵头或韵腹是 i 的韵母。共 10 个：i、iɑ、ie、iɑo、iou、iɑn、in、iɑng、ing、iong。

（3）合口呼：韵头或韵腹是 u 的韵母。共 9 个：u、uɑ、uo、uɑi、uei、uɑn、uen、uɑng、ueng。

（4）撮口呼：韵头或韵腹是 ü 的韵母。共 4 个：ü、üe、ün、üɑn。

上述韵母的分类可用下表来概括：

表 2-6　韵母四呼分类表

韵母＼四呼	开口呼	齐齿呼	合口呼	撮口呼
单韵母		i	u	ü
	ɑ			
	o			
	e			
	ê			
	er			
	-i（前）			
	-i（后）			
复韵母		iɑ	uɑ uo	
		ie		üe
	ɑi		uɑi	
	ei		uei	
	ɑo	iɑo		
	ou	iou		
鼻韵母	ɑn	iɑn	uɑn	üɑn
	en	in	uen	ün
	ɑng	iɑng	uɑng	
	eng	ing	ueng	
	ong	iong		

（三）韵母的发音

1. 单韵母

单韵母有10个，是由单元音构成的。根据发音时舌头的不同部位和状态，单韵母可以分为舌面单韵母、舌尖单韵母和卷舌单韵母。

（1）舌面单韵母。舌面单韵母有7个：ɑ、o、e、ê、i、u、ü。舌面单韵母的发音是由舌位的前后、舌位的高低和唇形的圆展决定的。

舌位的前后，是指舌头的前伸后缩。如由ü到u，明显的变化是舌头由前边缩到后边去了。这说明ü和u发音的不同，主要是因舌位前后位置的不同。根据舌位的前后，可以把舌面单韵母分为前韵母、央韵母和后韵母3类。

舌位的高低，是指舌面与上颚距离的远近。舌面离上腭近，叫舌位高；离上腭远，叫舌位低。如发i音时，舌位就高一些；发ê音时，舌位就低一些。舌位的高低同口腔的开闭有关。口开得越大，舌位就越低；口闭得越小，舌位就越高。根据舌位的高低，可把单韵母分为高韵母、半高韵母、中韵母、半低韵母和低韵母。

嘴唇的圆展。圆，指两唇拢成圆形；展，指两唇舒展成扁平形或自然状态。如发i音时，两唇展开，成扁平形状；发ü音时，两唇撮成圆形。根据唇形的圆展，可把单韵母分成圆唇音和不圆唇音。

图2-8是依照上面3种情况绘制的普通话舌面元音图。图中横线表示舌位的高低，图中竖线表示舌位的前后。

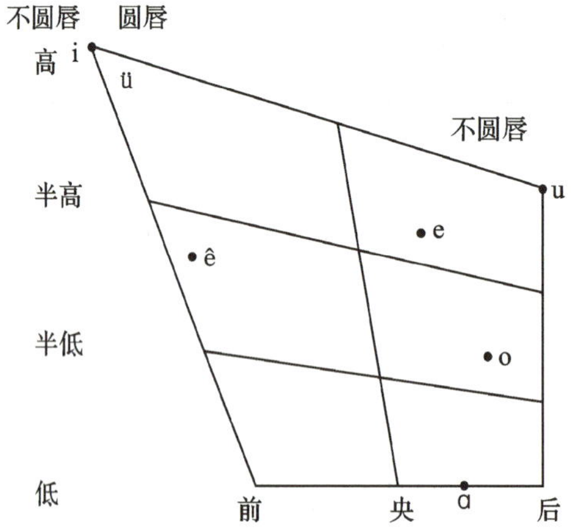

图2-8　普通话舌面元音图

下面将分别分析各个舌面元音的发音情况。

ɑ——舌面、央、低、不圆唇

口大开，舌面中央略微隆起，舌面前部下降到最低程度，唇形呈自然状态，舌

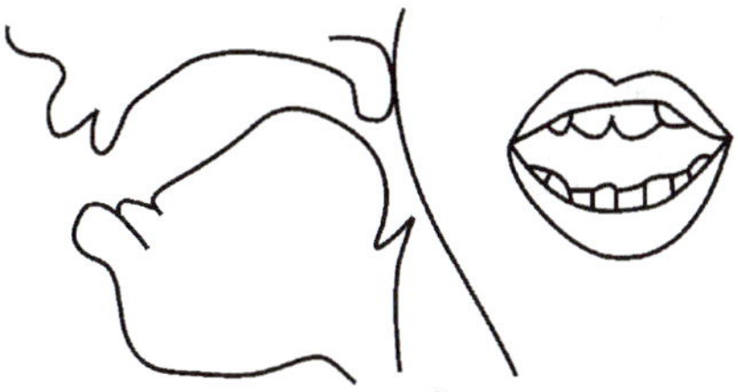

图 2-9

位居中偏后，声带振动。例如：

发达 fādá　　　　大妈 dàmā　　　　哪怕 nǎpà

o——舌面、后、中、圆唇

口半开，舌头后缩，舌面后部升起，上下唇拢圆，舌位于半高半低之间，声带振动。例如：

薄膜 bómó　　　　泼墨 pōmò　　　　婆婆 pó · po

e——舌面、后、半高、不圆唇

比 o 的舌位略高而偏前，嘴唇向左右展开，唇不拢圆。例如：

割舍 gēshě　　　　隔阂 géhé　　　　色泽 sèzé

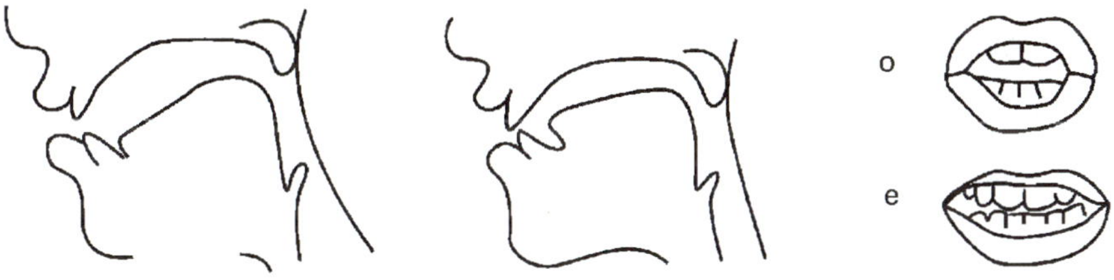

图 2-10

ê　舌面、前、中、不圆唇

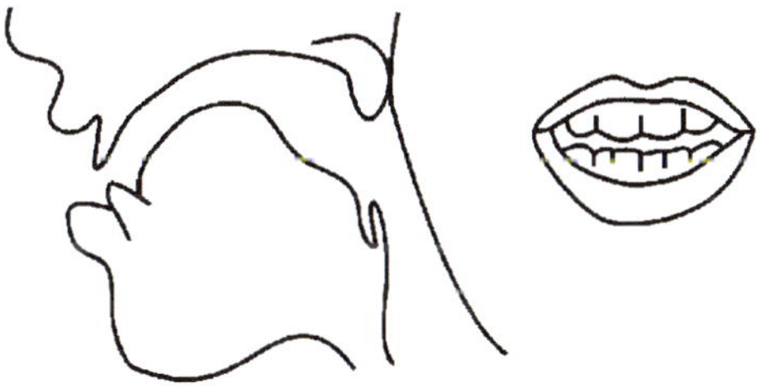

图 2-11

口半开，舌头前伸，舌面前部升至中间的程度，嘴角向左右稍展开，舌位前中，声带振动。ê 除了单独注音叹词“欸”外，不单独使用。ê 的主要用途是与 i、ü 组成复韵母。它与 i、ü 组成复韵母后，可以把头上的“^”去掉，写成 ie、üe，因为 i、ü 不同单韵母 e 组合，所以 e、ê 不会相混。例如，biē 憋，piē 瞥，quē 缺，xuē 靴。

i——舌面、前、高、不圆唇

口微开，舌头前伸，舌面前部尽量升高，接近硬腭，气流通过窄缝，但不发生摩擦，嘴角尽量向左右展开，成扁平状，舌位前高，声带振动。例如：

集体 jítǐ　　激励 jīlì　　立即 lìjí

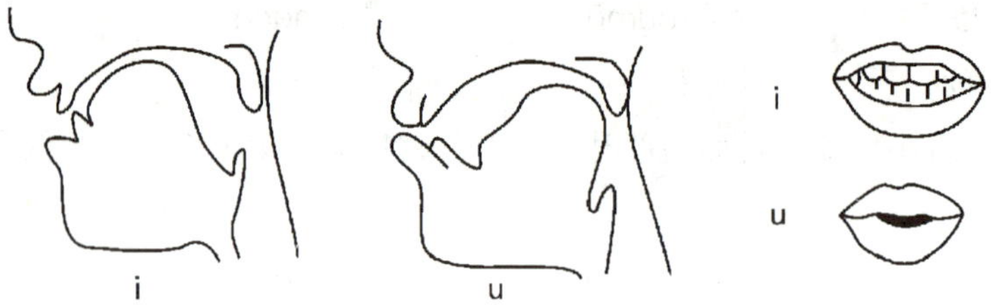

图 2-12

u——舌面、后、高、圆唇

舌头后缩，舌根尽量升高，接近软腭，气流通过窄缝，但不发生摩擦，舌位后高，嘴唇拢成小圆孔，声带振动。例如：

督促 dūcù　　互助 hùzhù　　鼓舞 gǔwǔ

ü——舌面、前、高、圆唇

舌头前伸，舌面前部尽量向硬腭升起，舌位前高，嘴唇前撮，拢成小圆孔。声带颤动。ü 和 i 发音情况基本相同，区别只在于嘴唇的圆展。例如：

区域 qūyù　　女婿 nǚ · xu　　序曲 xùqǔ

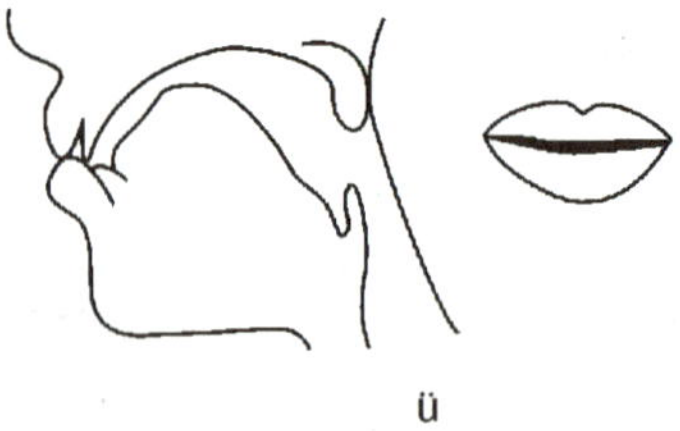

图 2-13

（2）舌尖单韵母。这种韵母发音时，舌尖起主要作用，所以叫舌尖韵母。普通话语音中有两个舌尖韵母，一个是 zi、ci、si 音节的韵母，叫舌尖前韵母，即-i（前）；一个是 zhi、chi、shi、ri 音节的韵母，叫舌尖后韵母，即-i（后）。

-i（前）——舌尖、前、不圆唇

舌尖前伸，靠近上齿背，中留窄缝，气流通过时不发生摩擦，嘴唇向左右展开，声带振动。例如：

自私 zìsī　　此次 cǐcì　　孜孜 zīzī　　字词 zìcí

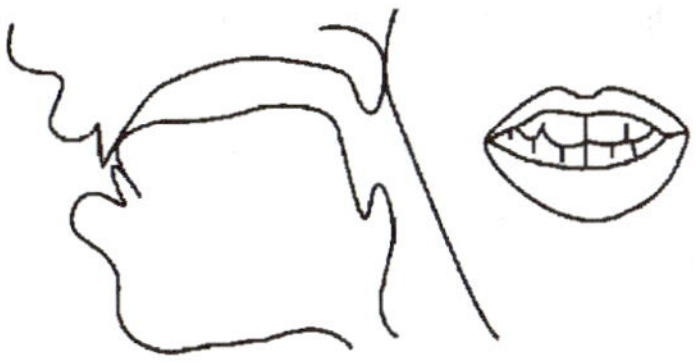

-i(前)

图 2-14

-i（后）——舌尖、后、不圆唇

舌尖微微后缩并翘起，对着硬腭前部，中留窄缝，气流通过时不发生摩擦，嘴唇向左右展开，声带振动。例如：

史诗 shǐshī　　指示 zhǐshì　　实质 shízhì　　知识 zhī · shi

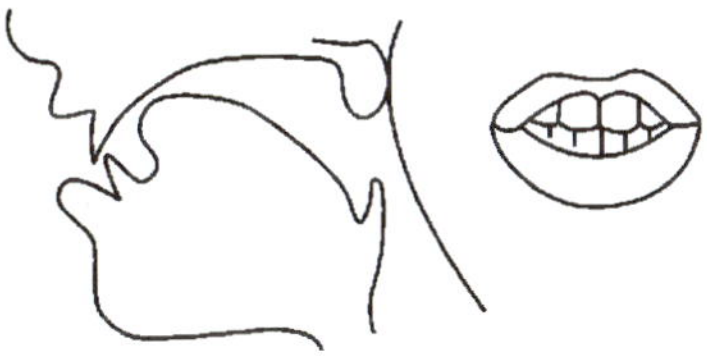

-i(后)

图 2-15

（3）卷舌单韵母。

er——卷舌、央、中、不圆唇元音

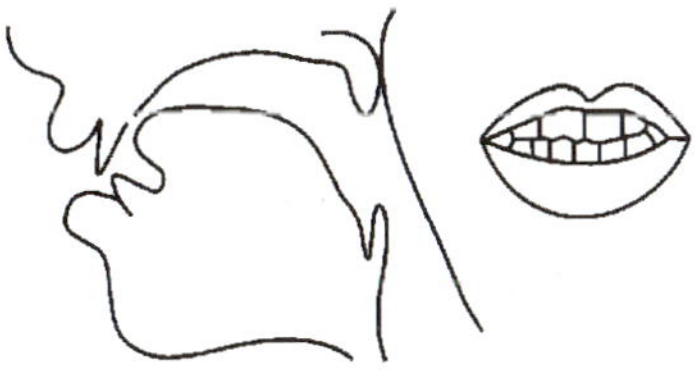

er

图 2-16

er 是个带有卷舌动作的央元音 e［ə］，称卷舌元音。发音时，口应稍开，舌位居中，舌头稍后缩，嘴唇稍微展开，在发 e［ə］的同时，舌尖向硬腭卷起。《汉语拼音方案》中“er”的“r”不代表音素，只是表示卷舌动作的符号，所以 er 虽然用两个字母表示，仍是单韵母。由于它形式上与复韵母相似，所以小学拼音教学中把它放在复韵母中一起教学。卷舌韵母 er 不与声母相拼，只能自成音节，表示“儿、而、尔、二”等音节。此外，er 在历史的演进过程中与另一个音节融合，使该音节末尾的音素带上卷舌动作，这就是“儿化”，如 zhèr（这儿），hér（盒儿）。

根据上面的解说，可以列出下面这个单韵母舌位图表。

表 2-7　单韵母舌位图表

类别 / 舌位前后 / 唇形 / 舌位高低	舌面元音					舌尖元音		卷舌元音
	前		央	后		前	后	央
	不圆	圆		不圆	圆			
高	i	ü			u	-i（前）	-i（后）	
半高				e				
中	ê		(e)		o			er
低	(a)		a		(a)			

2. 复韵母

普通话中复韵母有 13 个：ai、ei、ao、ou、ia、ie、ua、uo、üe、iao、iou、uai、uei。

复韵母的发音和单韵母不同。单韵母发音时，舌位、唇形、口腔开度的大小，在整个发音过程中基本没有什么变化。而复韵母在发音过程中，不管是舌位、唇形，还是口腔开合程度都是有变化的。因此，学习复韵母必须掌握它的发音特点。

复韵母发音的第一个特点是：它虽然由 2 个或 3 个元音组成，可它并不是几个元音的简单相加，而是几个元音复合在一起，也就是舌位由一个元音舌位向另一个元音舌位滑动的结果。如 ai，是舌位从 a 的位置向 i 的方向滑动而发出来的音。人们听起来是一个浑然的整体，两者之间没有清楚的界限。

复韵母发音的第二个特点是：它虽然由 2 个或 3 个元音组成，可是每个元音在韵母整体中的分量并不相等，其中只能有 1 个元音是这个韵母的重心，在韵母以至在整个音节中声音比较响亮、清晰，占的时间长一些，读起来也重一些，这个起重心作用的元音，叫主要元音，也就是韵腹。

根据主要元音在韵母中位置的不同，可以把复韵母分为 3 类：前响复韵母、中响复韵母和后响复韵母。前响复韵母和后响复韵母都是由 2 个元音构成的，又叫“二合元音韵母”；中响复韵母是由 3 个元音构成的，又叫“三合元音韵母”。

（1）前响复韵母：ai、ei、ao、ou。前响复韵母是由 2 个元音复合成的。前面的 a、o、e 发音清晰响亮，后面的 i、o、u 发音轻短，所以它们的发音特点是前响后轻。

ai 是由元音 a 和 i 合成的，a 的起点是前低舌位，i 比单发时口腔稍开，甚至只表示舌头移动的方向，终点不太稳定。例如：

开采 kāicǎi　　买卖 mǎi · mai　　海带 hǎidài

ei 是由元音 e 和 i 合成的，e 的起点是接近尖元音的舌位，i 比单发时口腔稍开。例如：

非得 fēiděi　　配备 pèibèi　　蓓蕾 bèilěi

ao 是由元音 a 和 o 合成的，a 的起点是后低舌位，o 比单发的 u 口腔稍开。例如：

高烧 gāoshāo　　稻草 dàocǎo　　抄报 chāobào

ou 是由元音 o 和 u 合成的，o 的起点是比单发时靠前的舌位，u 比单发时口腔稍开。例如：

收购 shōugòu　　喉头 hóutóu　　透漏 tòulòu

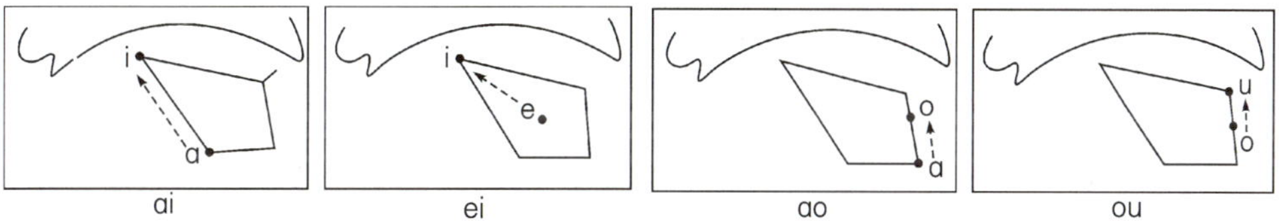

图 2-17

（2）后响复韵母：ia、ie、ua、uo、üe。后响复韵母是由 2 个元音复合成的。前面的 i、u、ü 发音轻短，后面的 a、o、ê 发音清晰响亮，所以它们的发音特点是前轻后响。

ia 是由元音 i 和 a 合成的，但 a 比单发时舌位稍靠前。例如：

加压 jiāyā　　假牙 jiǎyá　　恰恰 qiàqià

ie 是由元音 i 和 ê 合成的。例如：

节烈 jiéliè　　趔趄 liè · qie　　歇业 xiēyè

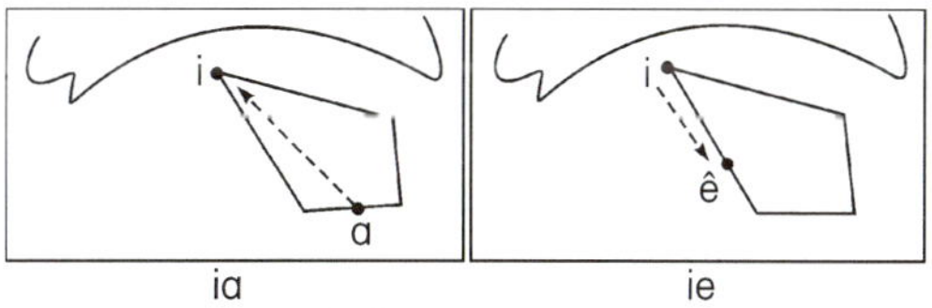

图 2-18

ua 是由元音 u 和 a 合成的，但 a 比单发时舌位稍靠前。例如：

挂花 guàhuā　　花袜 huāwà　　耍滑 shuǎhuá

uo 是由元音 u 和 o 合成的。例如：

硕果 shuòguǒ　　哆嗦 duō · suo　　国货 guóhuò

üe 是由元音 ü 和 ê 合成的。例如：

约略 yuēlüè　　雀跃 quèyuè　　决绝 juéjué

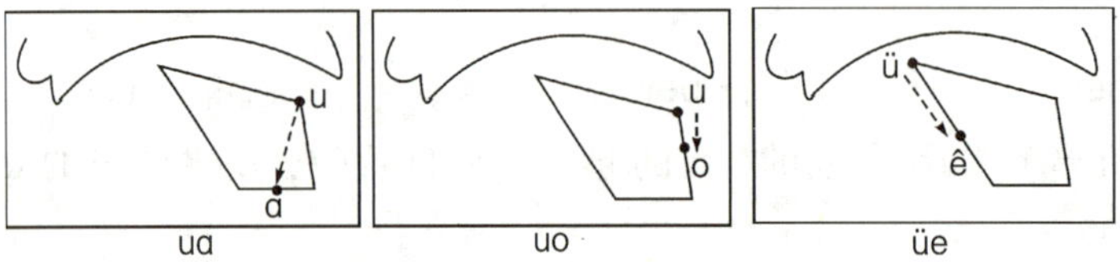

图 2-19

（3）中响复韵母：iao、iou、uai、uei。中响复韵母是由 3 个元音复合成的。发音特点是中间一个元音发音清晰响亮，是韵母的主干。

iao 是由元音 i、a、o 合成的，即舌位动势由 i 降到 a，再由 a 升向 o。例如：

娇小 jiāoxiǎo　　逍遥 xiāoyáo　　飘渺 piāomiǎo

iou 是由元音 i、o、u 合成的，即舌位动势由 i 降到 o，再由 o 升向 u。例如：

悠久 yōujiǔ　　优秀 yōuxiù　　求救 qiújiù

uai 是由元音 u、a、i 合成的，即舌位动势由 u 降到 a，再由 a 升向 i。例如：

摔坏 shuāihuài　　乖乖 guāiguāi　　外踝 wàihuái

uei 是由元音 u、e、i 合成的，即舌位动势由 u 降到 e，再由 e 升向 i。例如：

汇兑 huìduì　　归队 guīduì　　追随 zhuīsuí

iou、uei 同声母相拼时，中间的 o、e 省略，分别简写为 iu、ui。

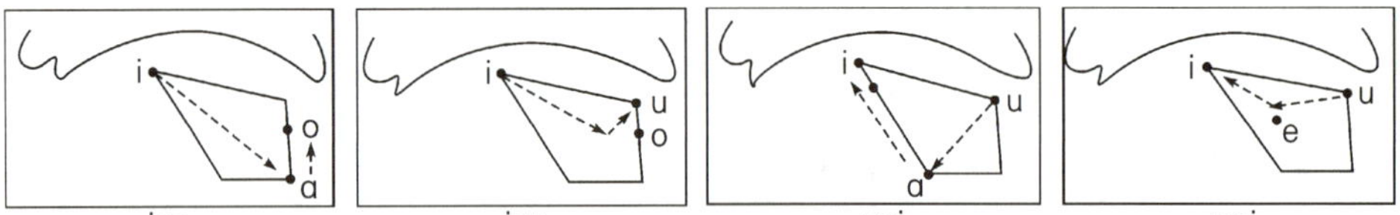

图 2-20

3. 鼻韵母

在普通话里，鼻韵母有 16 个。由前鼻尾音 n 同元音组成的鼻韵母有 an、en、ian、in、uan、uen、üan、ün 共 8 个，n 是舌尖中音，和 ng 相比，n 的发音部位靠前（舌尖抵住上齿龈），所以把 n 同元音组成的韵母叫做前鼻韵母。由后鼻尾音 ng 和元音组成的鼻韵母有 ang、eng、ong、iang、ing、iong、uang、ueng 共 8 个，

ng 是舌面后音。其发音部位靠后（舌根抵住软腭），所以把 ng 同元音组成的韵母叫做后鼻韵母。

发鼻韵母时，先发元音，然后由元音的发音状态向鼻辅音的发音状态过渡，最后阻碍部位完全堵塞，形成鼻辅音。

（1）前鼻韵母。

an、en、in、ün：先发元音，接着软腭下降，打开鼻腔通道，舌面前部逐渐抵住上齿龈，气流从鼻腔透出成声。例如：

灿烂 cànlàn　　深沉 shēnchén　　振奋 zhènfèn

拼音 pīnyīn　　辛勤 xīnqín　　逡巡 qūnxún

ian、uan、üan、uen：先发元音，从轻而短的元音（韵头）滑到较响亮的韵腹，然后软腭下降，打开鼻腔通道，舌面前部逐渐抵住上齿龈，气流从鼻腔透出成声。例如：

颠连 diānlián　　贯穿 guànchuān　　婉转 wǎnzhuǎn

温顺 wēnshùn　　春笋 chūnsǔn　　源泉 yuánquán

uen 同声母相拼时，简写为 un。

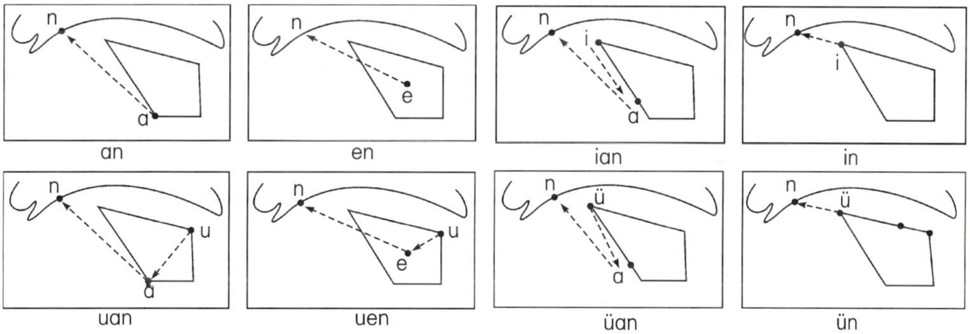

图 2-21

（2）后鼻韵母。

ang、eng、ong、ing：先发元音，接着软腭下降，打开鼻腔通道，舌根往软腭移动发 ng，气流从鼻腔透出成声。例如：

沧桑 cāngsāng　　更正 gēngzhèng　　整风 zhěngfēng

隆重 lóngzhòng　　评定 píngdìng　　姓名 xìngmíng

iang、uang、ueng、iong：先发韵头元音，轻而短，接着舌位滑向 ang 或 eng。例如：

响亮 xiǎngliàng　　装潢 zhuānghuáng　　状况 zhuàngkuàng

嗡嗡 wēngwēng　　熊熊 xióngxióng　　汹涌 xiōngyǒng

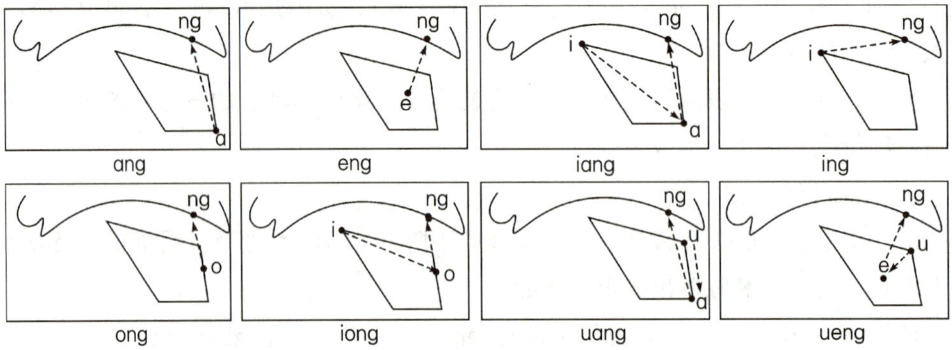

图 2-22

二、重点韵母的辨正和训练

（一）韵母 eng、ing 和 en、in

1. 辨音

后鼻韵母发音要领：元音发完后，舌体向后缩，软腭下降与舌面后部构成阻碍。

后鼻韵母发音错误：元音发完后，舌体未向后缩，发成了前鼻韵母。

后鼻韵母发音缺陷：元音发完后，舌体后缩不够或后缩过度。

前鼻韵母发音要领：元音发完后，舌体向前、向上，舌面前部接触齿龈后。

前鼻韵母发音缺陷：元音发完后，舌体向前不够，舌面接触硬腭中部。

2. 记字

后鼻韵母和前鼻韵母在许多方言中是不区分的，掌握了发音要领后，还要分辨哪些字是后鼻韵母，哪些字是前鼻韵母，具体有以下一些方法。

（1）利用形声字声旁类推。

独体字是后鼻韵母或前鼻韵母，以其作声旁的形声字一般也是如此。例如：

正（eng）——整、证、征、症、政、怔、惩（此外还有登、更、争、成、生、曾等字）；

申（en）——神、伸、审、绅、婶、砷、呻、胂（此外还有本、门、分、艮、真、刃、辰等）；

青（ing）——清、情、请、晴、氰、鲭、蜻、精、静、睛、靖、菁、婧（此外还有并、丙、平、名、冥、丁、定、亭、廷、宁、令、麦、京、竟、英、婴等）；

斤（in）——近、靳、芹、新、薪、欣、忻、昕（此外还有宾、民、林、奔、今、堇、心、因等）。

（2）利用声韵配合规律。

普通话声母 d、t、n、l 与韵母 eng 相拼，一般不与韵母 en 相拼（“扽 dèn”“嫩 nèn”除外）。如灯、登、等、邓、瞪、凳、疼、腾、藤、滕、誊、能、棱、冷、愣。

普通话声母 d、t、n 与韵母 ing 相拼，一般不与韵母 in 相拼（“您 nín”除外）。如丁、钉、盯、叮、顶、鼎、定、订、听、厅、亭、停、婷、廷、庭、蜓、霆、挺、艇、宁、拧、咛、狞、柠、凝、泞。

（3）记特殊常用字。

普通话中韵母 en 与声母 g 相拼的只有“跟、根”2 个常用字，与 h 相拼的只有“很”“狠”“恨”“痕”4 个常用字。

普通话韵母 in 与声母 n 相拼的只有一个常用字“您”；与声母 l 相拼且用“令”作声旁的只有两个常用字“邻”和“拎”。

（二）u 韵头的丢失

湖北部分地域 uei、uan、uen 等韵母与声母拼合时，部分字往往丢失韵头 u，如“最”读作“zei”，“团”读作“tan”，“吨”读作“den”。例字：堆、对，推、退，嘴、醉、最，催、脆，虽、随、岁，端、短、段、断，湍、团，暖，乱，钻，窜，酸、算，吨、蹲、炖、顿，吞、屯、臀，抡、轮、论，尊、遵，村、存、寸，孙、笋、损等。

课堂训练

1. 读准下列词语，注意前鼻韵母和后鼻韵母的读音。

（1）an—ang

暗访 ànfǎng　　繁忙 fánmáng　　返航 fǎnháng　　站岗 zhàngǎng

（2）ang—an

防范 fángfàn　　长衫 chángshān　　商谈 shāngtán　　糖丸 tángwán

（3）en—eng

本能 běnnéng　　问政 wènzhèng　　神圣 shénshèng　　人生 rénshēng

（4）eng—en

风尘 fēngchén　　登门 dēngmén　　缝纫 féngrèn　　称臣 chēngchén

（5）in—ing

品行 pǐnxíng	银杏 yínxìng	聘请 pìnqǐng	民营 mínyíng

（6）ing—in

听信 tīngxìn	倾心 qīngxīn	迎亲 yíngqīn	领巾 lǐngjīn

2. 读准下列词语，注意读准韵母 ing、eng、ueng、ong、iong。

叮咛 dīngníng	曾经 céngjīng	风筝 fēng · zheng	丰盛 fēngshèng
更正 gēngzhèng	逞能 chěngnéng	平静 píngjìng	承蒙 chéngméng
臃肿 yōngzhǒng	通用 tōngyòng	澄清 chéngqīng	零星 língxīng
冷静 lěngjìng	盛行 shèngxíng	平等 píngděng	平衡 pínghéng
行程 xíngchéng	行政 xíngzhèng	性能 xìngnéng	名声 míngshēng
情景 qíngjǐng	恒星 héngxīng	师生 shīshēng	失声 shīshēng
生冷 shēnglěng	楼层 lóucéng	耕耘 gēngyún	从重 cóngzhòng
公共 gōnggòng	总统 zǒngtǒng	轰动 hōngdòng	雄厚 xiónghòu
兄弟 xiōng · di	通融 tōngróng	中庸 zhōngyōng	共用 gòngyòng
供奉 gòngfèng	风行 fēngxíng	省城 shěngchéng	渔翁 yúwēng

瓮中捉鳖 wèngzhōng-zhuōbiē　　风起云涌 fēngqǐ-yúnyǒng

迥然不同 jiǒngrán-bùtóng

3. 读准下列词语，注意不要丢失韵头 u。

端午 duānwǔ	端庄 duānzhuāng	短信 duǎnxìn	锻炼 duànliàn
断绝 duànjué	队伍 duì · wu	轮胎 lúntāi	乱套 luàntào
酸奶 suānnǎi	随便 suíbiàn	损耗 sǔnhào	团队 tuánduì
外孙 wàisūn	钻石 zuànshí	嘴唇 zuǐchún	追随 zhuīsuí

4. 容易误读的词语辨读。

白桦 huà	包庇 bì	背 bèi 包	比较 jiào
秘 bì 鲁	蝙 biān 蝠	濒 bīn 临	摈 bìn 除
不禁 jīn	刹 chà 那	参与 yù	抄袭 xí
鲜 xiǎn 为人知	称 chèn 职	乘 chéng 车	成绩 jì
处 chǔ 理	揣度 duó	创 chuāng 伤	从 cóng 容
痤 cuó 疮	谙 ān 习	谄 chǎn 媚	裨 bì 益
刚愎 bì 自用	瞠 chēng 目结舌	啜 chuò 泣	辍 chuò 学
拾掇 duo	伺候 cì · hou	伺 sì 机	蹉 cuō 跎 tuó
提 dī 防	逮 dài 捕	档 dàng 案	句读 dòu
罢黜 chù	笨拙 zhuō	咄 duō 咄逼人	氛 fēn 围
引吭 háng 高歌	高亢 kàng	果脯 fǔ	供 gōng 应

飞来横 hèng 祸	佝 gōu 偻 lóu	发酵 jiào	咀 jǔ 嚼 jué
狙 jū 击	歼灭 jiān	信笺 jiān	缄 jiān 默
木讷 nè	泥泞 nìng	憎 zēng 恨	呕 ǒu 心沥血 xuè
滂 pāng 沱 tuó	潜 qián 能	荏 rěn 苒 rǎn	

5. 读儿歌、绕口令，注意读好韵脚。

（1）十字路口红绿灯，红黄绿灯分得清，红灯停，绿灯行，黄绿灯亮向左行，行停停行看灯明。

（2）小芹手脚灵，轻手擒蜻蜓。小青人精明，天天学钢琴。擒蜻蜓，趁天晴，小芹晴天擒住大蜻蜓。学钢琴，趁年轻，小青精益求精练本领。你想学小青，还是学小芹？

（3）老彭捧着一个盆，路过老庞干活儿的棚，老庞的棚碰了老彭的盆。棚倒盆碎棚砸盆。盆碎棚倒盆撞棚。老彭要赔老庞的棚，老庞要赔老彭的盆。老庞陪着老彭去买盆，老彭陪着老庞来修棚。

（4）小陈和小文，两人最勤奋。一个打飞蚊，一个扫灰尘；一个用烟熏，一个用水喷；一个除草根，一个用火焚。飞蚊和灰尘，定无处藏身。

（5）长扁担，短扁担，长扁担比短扁担长半扁担，短扁担比长扁担短半扁担。长扁担捆在短板凳上，短扁担捆在长板凳上。长板凳不能捆比短扁担长半扁担的长扁担，短板凳也不能捆比长扁担短半扁担的短扁担。

思考与练习四

1. 读准并默写 13 个复韵母。
2. 读准并默写 16 个鼻韵母。
3. 读下列词语，并注上拼音。

傀儡	缥缈	蓓蕾	兜售	号召	诚恳	兴奋
婉转	约略	窈窕	堕落	沧桑	遵循	辛酸
进行	澎湃	愤懑	张狂	双簧	春运	倾盆

4. 朗读下面这首古诗，读准韵脚。
5. 下面是一首同声诗，注意读准韵母。

（2-5 村居）

（2-6 同声诗）

6. 读绕口令，读准韵母。

（1）高高山上一条藤，藤条顶上挂铜铃，风吹藤动铜铃响，风停藤定铜铃静。

（2）陈庄程庄都有城，陈庄城通程庄城。陈庄城和程庄城，两庄城墙都有门。陈庄城进程庄人，陈庄人进程庄城。请问陈程两庄城，两庄城门都进人，哪个城进陈庄人，程庄人进哪个城？

（3）小金到北京看风景，小京到天津买纱巾。看风景，用眼睛，买纱巾，用现金。京、津、景、睛、巾、金要分清。

（4）出南门，面正南，有一个面铺面冲南。面铺门口挂着一个蓝布棉门帘。摘了蓝布棉门帘，看了看，面铺面冲南，挂上蓝布棉门帘，瞧了瞧，面铺还是面冲南。

（5）扁担长，板凳宽，扁担没有板凳宽，板凳没有扁担长。扁担绑在板凳上，板凳不让扁担绑在板凳上，扁担偏要绑在板凳上。

7. 朗读下面的作品，注意鼻韵母。

（2-7　作品《繁星》）

（2-8　附录五　en 和eng 、in 和ing 代表字类推表）

第四节　声　　调

一、声调概述

声调，是指音节在音高上的高低升降变化，也叫字调。

在汉语里，声调是音节结构中不可缺少的组成部分，它同声母、韵母一样有区别意义的作用。例如，tōngzhī（通知）和 tóngzhì（同志），kànshū（看书）和 kǎnshù（砍树），其词意的不同，主要靠声调的不同来区别。在汉语里，一个音节可以没有声母，但韵母和声调是不可缺少的。如 ao 这个韵母，依不同的声调读出，就可以成为不同的音节，表示不同的意义（凹、熬、袄、奥）。有声调，是汉语语音的一个特点。

（一）普通话声调的调型

普通话的调型一般来说有“平、升、曲、降”四种。普通话的调类有“阴平、阳平、上声、去声”四类，分别归于“平、升、曲、降”四种调型中。

（二）普通话声调的调类

调类是声调的种类。一种语言或方言有几个不同的声调，就有几个不同的调类。阴平是高平调，声音高而平；阳平是中升调，由中音升到高音；上声是降升调，由半低音先降到低音，再升到半高音；去声是全降调，由最高音降到最低音。图 2-23 是用五度标记法记录的普通话中四个声调的调型。普通话的这些调型可以简单地用“-、ˊ、ˇ、ˋ”四种调号来标记。“-”表示高平调，“ˊ”表示高升调，“ˇ”表示降升调，“ˋ”表示全降调。

（三）普通话声调的调值

1. 调值是声调的实际发音

为了把调值描写得具体、形象，一般用“五度标记法”来表示（如图 2-23）。具体标法是：先画一条竖线作为音高比较线，分成四格五点，从下到上分别用 1、2、3、4、5 表示低音、半低音、中音、半高音和高音。再在比较线的左边用横线、斜线、折线表示声调的调型。然后，根据这些横线、斜线或曲折线两端或转折点达到的音高等级，标出各个声调的调值。由图 2-23 可以看出，普通话阴平的音高变化范围是从 5 度到 5 度，所以它的调值就是 55；阳平的音高变化范围是从 3 度升到 5 度，调值是 35；上声的音高变化范围是由 2 度降到 1 度，再升到 4 度，调值是 214；去声的音高变化范围是由 5 度降到 1 度，调值是 51。

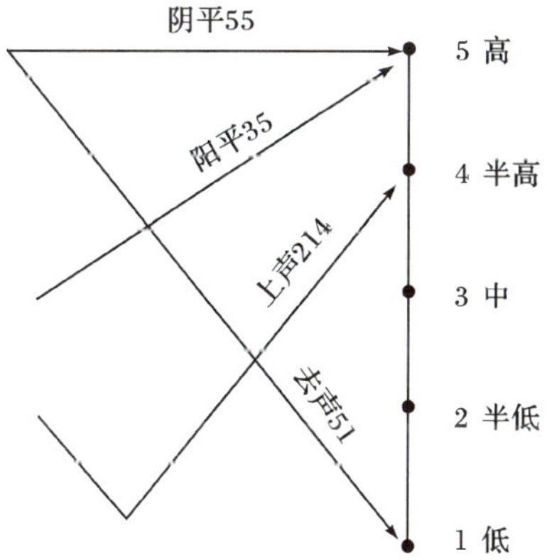

图 2-23

把调类、调型和调值结合起来分析，可以制成下面的普通话声调表。

表 2-8　普通话声调表

调类	调型	调值	调号	调值描写	例字
阴平	高平	55（˥）	ˉ	起音高高一路平	山 shān
阳平	高升	35（˧˥）	ˊ	由中到高往上升	明 míng
上声	降升	214（˨˩˦）	ˇ	先降低平后升起	水 shuǐ
去声	全降	51（˥˩）	ˋ	高起猛降到底层	秀 xiù

2. 普通话声调的标调方法

《汉语拼音方案》规定声调符号应标在主要元音上。主要元音是指韵母中发音最响亮的那个元音音素。例如：

学校 xuéxiào　　　　优等 yōuděng
兄长 xiōngzhǎng　　　　积肥 jīféi
垂柳 chuíliǔ　　　　春光 chūnguāng

元音中发音最响亮的是 a，其余依次是 o、e、i、u、ü。一个音节有 a，调号就标在 a 上，如 dāo、kuài、jiāo；没有 a，就标在 o 或 e 上，如 chōu、méi；碰到 iu、ui 组成的音节，就标在最后一个元音上，如 niú、tuī；调号如标在 i 上，i 上的点要省去。下面一首顺口溜可以帮助我们记住标调的方法：

a、o、e，i、u、ü，
标调时，按顺序；
i 上标调去掉点，
i、u 并排标后边。

普通话的轻声是一种语流音变现象。轻声不是一个独立的调类，我们将在本章的第六节中介绍。轻声均不标调号。如 wěi · ba（尾巴）的 ba，zěn · me（怎么）的 me。

二、声调辨正

（2-9　声调辨正）

课堂训练

1. 同声韵四声音节练习。

包 雹 饱 鲍	坡 婆 叵 破	孵 福 斧 覆	绯 肥 斐 废
低 敌 底 弟	妞 牛 扭 拗	酣 含 喊 汉	居 局 举 据
青 情 请 庆	知 职 止 至	称 成 逞 秤	申 神 沈 甚
猜 才 采 菜	虽 随 髓 岁	亲 勤 寝 沁	些 斜 写 泻
窗 床 闯 创	蛙 娃 瓦 袜	薛 学 雪 穴	圈 全 犬 劝

2. 读准下列词语。

阴—阴：	安心 ānxīn	炊烟 chuīyān	诗歌 shīgē
	青春 qīngchūn	冰川 bīngchuān	芳香 fāngxiāng
阴—阳：	奔驰 bēnchí	精华 jīnghuá	超级 chāojí
	清闲 qīngxián	生活 shēnghuó	端详 duānxiáng
阴—上：	丰满 fēngmǎn	篝火 gōuhuǒ	深海 shēnhǎi
	花蕊 huāruǐ	飘洒 piāosǎ	清爽 qīngshuǎng
阴—去：	鞭策 biāncè	雕塑 diāosù	威信 wēixìn
	称赞 chēngzàn	颠覆 diānfù	刚毅 gāngyì
阳—阴：	崇高 chónggāo	良师 liángshī	情操 qíngcāo
	恒心 héngxīn	迎接 yíngjiē	阳光 yángguāng
阳—阳：	纯洁 chúnjié	繁荣 fánróng	潮流 cháoliú
	红茶 hóngchá	常识 chángshí	儿童 értóng
阳—上：	昂首 ángshǒu	柔美 róuměi	拂晓 fúxiǎo
	船长 chuánzhǎng	传统 chuántǒng	磁场 cíchǎng
阳—去：	辽阔 liáokuò	肥沃 féiwò	和睦 hémù
	明净 míngjìng	融洽 róngqià	旋律 xuánlǜ
上—阴：	感激 gǎnjī	惋惜 wǎnxī	老师 lǎoshī
	美观 měiguān	友邦 yǒubāng	冷敷 lěngfū
上—阳：	演员 yǎnyuán	晚霞 wǎnxiá	彩虹 cǎihóng
	皎洁 jiǎojié	胆识 dǎnshí	解决 jiějué
上—上：	总统 zǒngtǒng	酩酊 mǐngdǐng	法理 fǎlǐ
	龋齿 qǔchǐ	给予 jǐyǔ	反省 fǎnxǐng

上—去：	哺育 bǔyù	翡翠 fěicuì	访问 fǎngwèn
	宝贝 bǎobèi	琐碎 suǒsuì	苦难 kǔnàn
去—阴：	刺激 cìjī	诞生 dànshēng	气氛 qìfēn
	乐章 yuèzhāng	冠军 guànjūn	簇新 cùxīn
去—阳：	沸腾 fèiténg	腊梅 làméi	热情 rèqíng
	贺词 hècí	挫折 cuòzhé	现实 xiànshí
去—上：	碧海 bìhǎi	信仰 xìnyǎng	奋勇 fènyǒng
	授予 shòuyǔ	记者 jìzhě	谅解 liàngjiě
去—去：	倡议 chàngyì	告诫 gàojiè	伴奏 bànzòu
	干劲 gànjìn	魅力 mèilì	替换 tìhuàn

3. 朗读下列成语。

光明磊落 guāngmíng-lěiluò　　风调雨顺 fēngtiáo-yǔshùn
翻云覆雨 fānyún-fùyǔ　　班门弄斧 bānmén-nòngfǔ
心领神会 xīnlǐng-shénhuì　　双管齐下 shuāngguǎn-qíxià
身体力行 shēntǐ-lìxíng　　孤陋寡闻 gūlòu-guǎwén
语重心长 yǔzhòng-xīncháng　　车载斗量 chēzài-dǒuliáng
箪食瓢饮 dānsì-piáoyǐn　　先入为主 xiānrù-wéizhǔ
集思广益 jísī-guǎngyì　　南征北战 nánzhēng-běizhàn
刻骨铭心 kègǔ-míngxīn　　和风细雨 héfēng-xìyǔ
别有天地 biéyǒu-tiāndì　　桴鼓相应 fúgǔ-xiāngyìng
言简意赅 yánjiǎn-yìgāi　　别有用心 biéyǒu-yòngxīn
梁上君子 liángshàng-jūnzǐ　　明目张胆 míngmù-zhāngdǎn
头重脚轻 tóuzhòng-jiǎoqīng　　挥洒自如 huīsǎ-zìrú
举足轻重 jǔzú-qīngzhòng　　等闲视之 děngxián-shìzhī
感激涕零 gǎnjī-tìlíng　　虎背熊腰 hǔbèi-xióngyāo
卧薪尝胆 wòxīn-chángdǎn　　不拘小节 bùjū-xiǎojié
抱残守缺 bàocán-shǒuquē　　浩如烟海 hàorú-yānhǎi
豁然开朗 huòrán-kāilǎng　　万紫千红 wànzǐ-qiānhóng
弄巧成拙 nòngqiǎo-chéngzhuō　　眉飞色舞 méifēi-sèwǔ

4. 绕口令练习。

（1）圆圆和团团，双双逛公园。路途远，车马喧，圆圆嫌气短，团团把气喘；圆圆要划船，团团要看猿；圆圆想看泉，团团到处窜；一个软，一个倦，一个冤，一个怨，怨来怨去没人劝。

（2）大胖二胖两人抬缸。大胖要抬到上房，二胖要抬到下房；大胖说上房好放缸，二胖说下房缸好放；缸好放好放缸，二人抬缸成抬杠。抬抬缸，抬抬杠，抬到下房抬上房，抬到上房抬下房，忽听咣当响，抬缸抬杠打破缸。打破缸，怨抬杠，大胖怨二胖，二胖怨大胖，两个胖子泪汪汪。

（3）一班有个黄贺，二班有个王克，黄贺、王克二人搞创作，黄贺搞木刻，王克写诗歌。黄贺帮助王克写诗歌，王克帮助黄贺搞木刻。由于二人搞协作，黄贺完成了木刻，王克写好了诗歌。

思考与练习五

1. 给下列词语标上声调符号（标在汉字上边），然后念准、熟读这些词语。

（1）世外桃源　　安居乐业　　迎刃而解　　运筹帷幄

（2）生龙活虎　　得陇望蜀　　千奇百怪　　脍炙人口

（3）捉襟见肘　　琳琅满目　　璞玉浑金　　励精图治

（4）鞠躬尽瘁　　摩肩接踵　　按图索骥　　高屋建瓴

2. 读下列音节，注意它们的声调，然后写出汉字。

（1）Zhōngxīn xiàngěi zǔguó，àixīn xiàngěi shèhuì，xiàoxīn xiàngěi fùmǔ，guānxīn xiàngěi tārén，xìnxīn liúgěi zìjǐ.

（2）Nǐ bùcéng gěi wǒ yí cì huímóu，wǒ què shǐzhōng zài duì nǐ wēixiào.

（3）Xìngfú jiù xiàng nǐ shēnhòu de yǐng · zi，nǐ zhuībúdào，dànshì zhǐyào nǐ wǎng qián zǒu，tā jiù huì yìzhí gēn · zhe nǐ.

3. 朗读下面的诗词，注意读准字音。

（2-10　望洞庭湖赠张丞相）　　（2-11　青玉案·元夕）

4. 读绕口令，注意读准字音。

5. 给下面的作品标出声调，然后进行表情朗读。

（2-12　绕口令）　　（2-13　作品《二十美金的价值》）

第五节　音　　节

一、普通话音节的结构

音节是最自然、最容易分辨的语音单位。通常，一个汉字的读音就是一个音节。

在普通话中，结构最完整的音节由声母、韵母和声调三部分构成，最简单的音节由韵母和声调构成；最完整的韵母由韵头（又称介音）、韵腹（又称主要元音）和韵尾三部分构成，最简单的韵母由一个音素——韵腹构成。因此，结构最完整的音节由声母、韵头、韵腹、韵尾四个音素和声调组成，最简单的音节由一个音素——韵腹和声调组成。这就是说，普通话音节可以没有声母、韵头和韵尾，但必须有韵腹和声调。普通话音节的结构类型可以用下表来概括。

表 2-9　普通话音节结构类型表

结构成分 例字	音节	声母	韵母				声调
			韵头（介音）	韵腹（主要元音）	韵尾（元音）	韵尾（辅音）	
吴	wú	（零）		u			阳平
蛙	wā	（零）	（u）	a			阴平
爱	ài	（零）		a	i		去声
游	yóu	（零）	（i）	o	u		阳平
允	yǔn	（零）		ü		n	上声
用	yòng	（零）	（i）	o		ng	去声
度	dù	d		u			去声
学	xué	x	ü	ê			阳平
昆	kūn	k	u	（e）		n	阴平
拜	bài	b		a	i		去声
归	guī	g	u	（e）	i		阴平
庄	zhuāng	zh	u	a		ng	阴平
苗	miáo	m	i	a	o		阳平

注：为便于看清音节的成分，表中未用省略式和改写式。

从上表可以看出，汉语音节的结构有以下几个特点：

（1）韵腹和声调是每个音节不可缺少的部分。

（2）一个音节最少有一个音素，必定是元音，例如 ú（吴）；最多有四个音素，其中元音占优势；最多有三个元音音素，例如 niǎo（鸟）。多数音节由两个或三个音素构成，例如 tī（梯）、xué（学）、lèi（类）等等。

（3）除零声母外，作声母的都是辅音。音节中没有辅音相连的情况。

（4）韵头都由高元音 i、u、ü 充当。

（5）韵腹一般都由 ɑ、o、e、i、u、ü 充当。

（6）元音韵尾由 i、o、u 充当，辅音韵尾只由 n、ng 充当。

二、普通话声韵母配合规律

普通话中声母和韵母拼合成为音节有一定的规律，并不是任何一个声母都可以同任何一个韵母拼合的。例如，普通话中的 n、l 跟开、齐、合、撮四呼的韵母都能拼合成音节，f 只能跟开口呼、合口呼相拼，不能跟齐齿呼、撮口呼相拼；而上海话里 f 可以跟齐齿呼韵母相拼，如 fi（飞）。普通话中 t 不能跟撮口呼相拼，而广州话却可以，如 tün（团）。因此，学习普通话，要掌握普通话声韵拼合的规律，找出其同自己方音的对应关系，排除方言干扰。

表 2-10 普通话声韵母配合表

四呼 / 声母	开口呼	齐齿呼 i	合口呼 u	撮口呼 ü
双唇音 b p m	+	+	+（限于 u）	−
唇齿音 f	+	−	+（限于 u）	−
舌尖中音 d t	+	+	+	−
舌尖中音 n l	+	+	+	+
舌根音 g k h	+	−	+	−
舌尖后音 zh ch sh r	+	−	+	−
舌尖前音 z c s	+	−	+	−
舌面音 j q x	−	+	−	+
零声母	+	+	+	+

注：表中的“+”表示普通话里有的音节，“−”表示普通话里没有的音节。b、p、m、f 同合口呼韵母相拼合，只限于单韵母 u，表中用汉字外加括号的办法来表示。

从《普通话声韵拼合表》中可以看出下列四条基本规律：

（1）双唇音和舌尖中音 d、t 能跟开口呼、齐齿呼、合口呼韵母相拼，不能跟撮口呼韵母相拼，但双唇音与合口呼韵母相拼时只限于“u”。

（2）舌根音、舌尖前音、舌尖后音和唇齿音这四组声母能跟开口呼、合口呼韵母相拼，不能跟齐齿呼、撮口呼韵母相拼，但唇齿音与合口呼韵母相拼时只限于“u”。

（3）与上述四组声母相反，舌面音能跟齐齿呼、撮口呼韵母相拼，不能跟开口呼、合口呼韵母相拼。

（4）舌尖中音 n、l 和零声母能跟四呼相拼。

除此以外，还有三条补充规律：

（1）韵母 o 专同唇音声母 b、p、m、f 相拼，不同其他声母相拼。韵母 uo、e 专同非唇音声母相拼，不同唇音声母相拼。两部分形成互补局面。

（2）舌尖前韵母-i（前）只和 z、c、s 相拼，舌尖后韵母-i（后）只和 zh、ch、sh、r 相拼，单韵母 i 只和其他声母相拼，形成互补局面。

（3）ueng 只和零声母相拼，ong 只和零声母以外的声母相拼，形成互补局面。

三、普通话声韵母配合关系辨正

1. 不要把bo、po、mo、fo 读成be、pe、me、fe

普通话中双唇音 b、p、m 和唇齿音 f，只与 o 拼，不与 e 拼。有的方言中却只与 e 拼，不与 o 拼。学习普通话，必须把 be、pe、me、fe 音节的韵母改为圆唇元音 o，读准 bo、po、mo、fo 四个音节。

（1）bo

播撒 bōsǎ	波澜 bōlán	搏击 bójī	博客 bókè
簸荡 bǒdàng	跛足 bǒzú	薄荷 bò · he	簸箕 bò · ji

（2）po

泼墨 pōmò	湖泊 húpō	鄱阳 Póyáng	笸箩 pǒ · luo
婆娑 pósuō	叵测 pǒcè	魄力 pòlì	琥珀 hǔpò

（3）mo

抚摸 fǔmō	临摹 línmó	磨蹭 mó · ceng	膜拜 móbài
抹煞 mǒshà	阡陌 qiānmò	蓦然 mòrán	厉兵秣马 lìbīng-mòmǎ

（4）fo

佛教 fójiào

2. 不要把beng、peng、meng、feng读成bong、pong、mong、fong，普通话中b、p、m、f不跟ong相拼

（1）beng

绷带 bēngdài	崩裂 bēngliè	甭管 béngguǎn	绷脸 běngliǎn
水泵 shuǐbèng	蹦跶 bèng·da	迸发 bèngfā	蚌埠 Bèngbù

（2）peng

膨胀 péngzhàng	蓬松 péngsōng	篷车 péngchē	捧场 pěngchǎng
碰巧 pèngqiǎo	烹饪 pēngrèn	怦然心动 pēngrán-xīndòng	

（3）meng

蒙骗 mēngpiàn	空蒙 kōngméng	蒙蔽 méngbì	懵懂 měngdǒng
蒙古族 měnggǔzú	舴艋 zéměng	梦魇 mèngyǎn	梦寐 mèngmèi

（4）feng

烽燧 fēngsuì	枫树 fēngshù	逢迎 féngyíng	缝补 féngbǔ
讽喻 fěngyù	奉承 fèngcheng	俸禄 fènglù	奉养 fèngyǎng

3. 不要把ji、qi、xi读成gi、ki、hi，普通话中g、k、h不跟i拼

（1）g—j

检查 jiǎnchá	晶莹 jīngyíng	洁白 jiébái
感觉 gǎnjué	距离 jùlí	娟秀 juānxiù

（2）k—q

悄声 qiǎoshēng	轻盈 qīngyíng	乔装 qiáozhuāng
缺陷 quēxiàn	曲目 qǔmù	泉源 quányuán

（3）h—x

羞涩 xiūsè	提携 tíxié	显著 xiǎnzhù
信息 xìnxī	旭日 xùrì	熏陶 xūntáo

四、音节的拼读和拼写

（一）音节的拼读

拼读就是将声母和带声调的韵母急速连读，合成一个音节。

1. 两拼法

“前音轻短后音重，两音相连猛一碰”，这是一句关于拼音方法的口诀，讲了两拼法的要点。两拼法，即声母与韵母相拼，就是把整个音节分成声母和韵母两部分。读法是：先读声母（把声母读得轻而短，即“前音轻短”），再读韵母（重而长，即“后音重”），快速连续，然后读出音节。如 p—a→pa，f—u→fu。目前，小学拼音教学主要采用“两拼法”，即韵母定调两拼法。在两拼时，韵母带调拼读，如 sh—àng→shàng（上），r—én→rén（人），zh—òng→zhòng（种），k—ǒu→kǒu（口）。

2. 三拼法

“声轻介快韵母响，三音连读很顺当。”三拼法在拼音时，把音节分成声母、韵头、韵身（韵腹或韵腹+韵尾）三部分进行连接，也叫“三拼连读法”。如 j+i+ao→jiào（教），n+u+an→nuǎn（暖）。

3. 声介合母和韵母拼读法

声介合母和韵母拼音法，适用于有介音 i、u、ü 的音。把声母同介音结合成声介合母作为整体认读，再用声介合母去跟不带韵头的韵母连读，从而拼成音节：gu—āng→guāng（光），hu—á→huá（华）。作为整体认读的声介合母有三十个：bi、pi、mi、di、ti、ni、li、ji、qi、xi、du、tu、nu、lu、gu、ku、hu、zhu、chu、shu、ru、zu、cu、su、nü、lü、ju、qu、xu、yu。

有一点要特别注意：ie、iu、in、ing、ui、un、üe 和 ün 这八个韵母，虽然开头是 i、u、ü，却不能用“声介合母”的办法拼音，只能用声母拼。

采用三拼法和声介合母拼音法，还要记住十六个整体认读音节：yi、yin、ying、ye、yu、yue、yun、yuan、wu、zhi、chi、shi、ri、zi、ci、si。

4. 定调法

（1）音节数调法：先把声母和韵母拼合在一起，依阴平、阳平、上声、去声的次序逐个儿数，直到要读的声调。

（2）韵母定调法：声母和带声调的韵母相拼，直接读出音节的声调。如 d+à→dà（大）。

（3）音节定调法：先把声母和韵母拼合在一起，在直接呼出音节时定调。如 ch+ang→chàng（唱）。

（二）音节的拼写

1. y、w 的用法

y、w 是起隔音作用的字母，目的是使音节界限更清楚。i、u、ü 三行韵母自成音节时，如果不用这两个字母隔开音节，可能会造成拼读歧义，如 chuandai 可读作“穿戴”或“穿大衣”，zai shangu 可读作“在山谷”或“在上午”。

y、w 的使用有两种情况：

（1）加写的有：衣 yi（i）、因 yin（in）、英 ying（ing）、无 wu（u）、鱼 yu（ü）、月 yue（üe）、元 yuan（üan）、云 yun（ün）

（2）改写的有：牙 ya（ia）、也 ye（ie）、要 yao（iao）、有 you（iou）、烟 yan（ian）、杨 yang（iang）、用 yong（iong）、挖 wa（ua）、我 wo（uo）、外

wai（uai）、威 wei（uei）、弯 wan（uan）、文 wen（uen）、汪 wang（uang）、翁 weng（ueng）

学习 y、w 的使用规则是必要的。但初学拼音的小学生掌握这些规则有困难，所以小学拼音教材一般都把 y、w 当做声母来教。

2. 隔音符号的用法

a、o、e 开头的音节，连接在其他音节后面时，如果音节的界限发生混淆，就用隔音符号“’”（弯头小撇）隔开。例如：

fān’àn（翻案）	Xī’ān（西安）
pí’ǎo（皮袄）	míng’é（名额）

有些 a、o、e 开头的音节，虽然不会和前面音节的界限发生混淆，但为了拼读方便，也可以加用隔音符号。例如：

cǎo’àn（草案）	jiāo’ào（骄傲）
mù’ǒu（木偶）	chāo’é（超额）

3. ü 上两点的省略

ü 行的韵母跟声母 j、q、x 相拼的时候，ü 上的两点可以省略。因为在普通话里，j、q、x 不能同 u 相拼，所以省去 ü 上两点也不会同 u 发生混淆。例如：

jū（居）	qū（区）	xū（虚）
jué（蹶）	quē（缺）	xuē（靴）
juān（捐）	quān（圈）	xuān（宣）
jūn（军）	qún（群）	xūn（勋）

但是，ü 行的韵母跟声母 n、l 拼的时候，ü 上两点则不能省略。因为 n、l 既能同以 ü 开头的撮口呼韵母相拼，又能同以 u 开头的合口呼韵母相拼。n、l 跟 ü 行韵母相拼时，如果省去 ü 上两点，就会发生拼读错误。例如：

nǚ（女）—nǔ（努）　　lǚ（吕）—lǔ（鲁）

4. iou、uei、uen 的省写式

iou、uei、uen 三个韵母前面加声母的时候，分别写成它们的省写式 iu、ui、un，如“谬”miù、“堆”duī、“吨”dūn。iou、uei、uen 韵母中间的音都有弱化现象，这是省写字母的语音依据。缩短拼式，对发音没有影响。小学拼音教材为了教学方便，直接教 iu、ui、un 这三个韵母，不再出现 iou、uei、uen。

5. 按词连写

给汉字注音或拼写普通话，有两种办法：一种是按字注音，一种是按词连写。

按字注音就是以汉字为单位，一个音节一个音节地分开拼写。例如：

ài zǔ guó　ài rén mín.
爱 祖 国，爱 人 民。

这样写音节界限清楚，便于初学拼音的人掌握。目前小学拼音教材都采用这种写法。这种读物叫做注音式读物。

但是普通话词汇里有单音节词，也有双音节词和多音节词。如果拼音读物都是按字注音，不仅拉长拼写的距离，不便于阅读；而且也不符合拉丁字母的书写格式，不便于草体的书写。所以，拼写句子的时候要按词连写，也就是把一个词的各音节连写在一起，词和词之间分开。

（1）拼写普通话原则上以词为连写单位。

Dàyuē zài liǎngbǎiwàn nián yǐqián, dìqiú shang chūxiànle rénlèi.

大约在两百万年以前，地球上出现了人类。

（2）表示一个整体概念的双音节和三音节结构（不论词或短语），要连写。

hǎifēng 海风　　dǎnxiǎo 胆小

pútáotáng 葡萄糖　　nǚyǎnyuán 女演员

（3）超过三音节的表示一个整体概念的名称，按词（或语节）分开写；不能按词（或语节）分开的，全部连写。

wúfèng gāngguǎn 无缝钢管

huánjìng bǎohù guīhuà 环境保护规划

hóngshízìhuì 红十字会

gǔshēngwùxuéjiā 古生物学家

在拼写中，按词连写是一种主要的拼写形式。有人把一句话拼写成一长串，如wǒmenyàowèirénmínfúwù（我们要为人民服务）。这是不对的。

在汉字旁边按词连写的拼音读物叫做对照式读物。下面是按词连写的一个句子：

Wěidà de tiānwénxuéjiā Gēbáiní shì Bōlánrén.

伟大的天文学家哥白尼是波兰人。

6. 大写字母的用法

（1）一个句子开头的第一个字母，诗歌每行的第一个字母，地名、国名等专有名词中每个词的第一个字母，都要大写。例如：

Nóngyè shì guómín jīngjì de jīchǔ. 农业是国民经济的基础。

Zhōnghuá Rénmín Gònghéguó 中华人民共和国

（2）姓和名每部分第一个字母要大写。例如：

Léi Fēng 雷锋　　Sīmǎ Xiàngrú 司马相如

（3）专有名词和普通名词连写在一起的，第一个字母要大写。例如：

Zhōngguórén 中国人　　　　Míngshǐ 明史

（4）专有名词，如地名、国名、书刊名、商标名、商店名等都可以全都大写。例如：

XINHUA SHUDIAN 新华书店　　　　XIONGMAO PAI 熊猫牌

7. 短横的用法

在汉语拼音按词连写时，常会碰到有一些语言结构其内部某些成分之间联系很紧密，然而还没有紧密到成为一个词，这时就需要有一种半连写的处理法。短横“-”就是这样一种半连写符号。

短横“-”在哪些情况下使用呢？把汉语拼音正词法基本规则中的有关内容概括起来约有以下几个方面：

（1）重叠的并列式（AABB 式）结构。如 láilái-wǎngwǎng（来来往往）、gāogāo-xìngxìng（高高兴兴）、jiājiā-hùhù（家家户户）。

（2）一些并列结构和简称。如 shísān-sì suì（十三四岁）、zhōng-xiǎoxué（中小学）、Dōng-nányà（东南亚）、huán-bǎo（环保）、rén-jī duìhuà（人机对话）。

（3）“第”加数词。如 dì-yī（第一）、dì-èrbǎi wǔshíliù（第二百五十六）。

（4）可分为两个双音节的四言成语。如 wǔcǎi-bīnfēn（五彩缤纷）、qiānqiū-wàndài（千秋万代）、píngfēn-qiūsè（平分秋色）、àizēng-fēnmíng（爱憎分明）。

（5）移行时用。移行要按音节分开，在没有写完的地方写上短横。

如：--qiántú guāng-míng（前途光明）

课堂训练

1. 读准下列词语，不要把 bo、po、mo、fo 读成 be、pe、me、fe。

拨弄 bōnòng	剥落 bōluò	博览 bólǎn	柏林 Bólín
偏颇 piānpō	破除 pòchú	强迫 qiǎngpò	糟粕 zāopò
磨练 móliàn	抹黑 mǒhēi	漠视 mòshì	佛塔 Fótǎ

2. 读准下列音节，不要把 beng、peng、meng、feng 读成 bong、pong、mong、fong。

崩溃 bēngkuì	迸裂 bèngliè	澎湃 péngpài	鹏程 péngchéng
朋友 péng · you	捧腹 pěngfù	蒙眬 ménglóng	盟友 méngyǒu

梦乡 mèngxiāng　丰硕 fēngshuò　蜂拥 fēngyōng　奉陪 fèngpéi

3. 读准下列词语，不要把 ji、qi、xi 读成 gi、ki、hi。

检验 jiǎnyàn　经济 jīngjì　杰作 jiézuò　觉悟 juéwù

巧合 qiǎohé　祈求 qíqiú　桥梁 qiáoliáng　侵权 qīnquán

拂晓 fúxiǎo　朽木 xiǔmù　歇息 xiē · xi　显然 xiǎnrán

4. 读准下列词语，不要把 fei 读成 fi。

非常 fēicháng　扉页 fēiyè　芳菲 fāngfēi　咖啡 kāfēi

蜚语 fēiyǔ　飞翔 fēixiáng　妃色 fēisè　肥壮 féizhuàng

诽谤 fěibàng　费解 fèijiě　废除 fèichú　沸热 fèirè

5. 朗读下列诗歌，注意读准音节。

6. 朗读下列语句和诗歌，注意读准音节。

7. 读下列绕口令，注意读准音节。

（2-14　诗歌）　（2-15　语句和诗歌）　（2-16　绕口令）

思考与练习六

1. 复述普通话音节的结构特点。

2. 复述普通话声母和韵母的配合规律。

3. 分析下列各音节的结构成分。

爽 shuǎng　岿 kuī　啮 niè　寥 liáo　扼 è　竣 jùn

幼 yòu　豁 huō　憧 chōng　侃 kǎn　渺 miǎo　馨 xīn

4. 拼写下列词语。

渗透　生肖　核算　篡改　锥子　洁癖

罪孽　窈窕　定额　趋势　棒槌　创伤

窟窿　累赘　诽谤　拱桥　折腾　蓦地

垦荒　始终　阐述　脑髓　荒谬　挫折

5. 检查下列音节的拼写，改正其中的错误，并说明理由。

守卫 shiǒu wuèi　缘分 yǘán fèn　坚硬 jān yìn

方案 fāng àn　潸然 shān án　隐约 yǐn yüē

阴差阳错 yīn chā yiáng cò　　　　姗姗来迟 sān sān lái chí

奋发图强 fèn fā tóu qáng　　　　美轮美奂 měi luén měi hiàn

技压群芳 jìyiā qǘn fāng　　　　平心而论 pín xīng rér lùn

6. 拼写下面几段话。

（1）世界上最宽阔的是海洋，比海洋更宽阔的是天空，比天空更宽阔的是人的胸怀。

（2）如果你因失去了太阳而流泪，那么你也失去了群星。

（3）我不去想，是否能够成功。既然选择了远方，便只顾风雨兼程。我不去想能否赢得爱情，既然钟情于玫瑰，就勇敢地吐露真诚。我不去想身后会不会袭来寒风冷雨，既然目标是地平线，留给世界的只能是背影。我不去想，未来是平坦还是泥泞，只要热爱生命，一切，都在意料之中。

7. 快速拼读下列句子，并写出汉字。

（1）Guǒshí de shìyè shì zūnguì de，huā de shìyè shì tiánměi de，dàn háishì ràng wǒ zài mòmò xiànshēn de yīnyǐngli zuò yè de shìyè ba.

（2）Shòurén méi · gui，shǒupěng yúxiāng. Yí ge rén de tàidù，juédìng tā de gāodù.

（3）Yǎn yīn duōliú lèishuǐ ér yùyì qīngchè；xīn yīn bǎojīng yōuhuàn ér yùyì wēnhòu.

8. 朗读下面的作品，读准音节。

（2-17　作品《最糟糕的发明》）

第六节　语 流 音 变

人们在说话或朗读时，不是孤立地发出一个个音节（字），而是把音节组成词、句子连续发出。在语流行进过程中，前后音节互相影响，致使某些音节的读音发生改变，这种语言现象叫做音变。普通话语音中常见的音变现象有：轻声、变调、儿化、语气词“啊”的音变等。

一、轻声

（一）轻声的概念

普通话中每一个音节都有一定的声调。可是，在语流中，有的音节失去原来的声调，读得比较轻，比较短。这种现象叫做“轻声”。如“子”本来读上声 zǐ，但在“椅子”“桌子”等词中，“子”读得比本调轻而短，是一个轻声音节。

（二）轻声的特点

轻声的主要特点有：

（1）轻声音节失去了原有的声调调型。大致说来，在阴平、阳平和去声之后的轻声变成中降调，只是去声之后的轻声的起点音高比阴平和阳平后头的稍低一些；在上声之后的轻声变成中平调或者中平微升。

（2）轻声音节的音长大大缩短。大致说来，轻声音节的音长大约为正常音节的一半左右。

（3）轻声音节的音强一般较弱，音色也比较含糊。主要表现为声母辅音的弱化和韵母元音的央化或韵尾的弱化甚至脱落。

因此，轻声总的特点是能量小，它是音高、音长、音强和音色变化的综合效应，并不一定取决于音强的大小。

（三）轻声的作用

1. 轻声可以区别词义

大意 dà · yi（疏忽）——大意 dàyì（主要意思）

地道 dì · dao（纯正的）——地道 dìdào（地下通道）

兄弟 xiōng · di（弟弟）——兄弟 xiōngdì（哥哥和弟弟）

东西 dōng · xi（物件）——东西 dōngxī（东面和西面）

2. 轻声可以区别词性

对头 duì · tou	名词：仇敌、对手（他俩是死对头）
对头 duìtóu	形容词：正确、合适（这话不对头）
利害 lì · hai	形容词：剧烈、凶猛（天热得利害）
利害 lìhài	名词：利益和损害（不计利害）

（四）普通话中，下列一些成分常常读轻声：

（1）语气助词“吧、吗、呢、啊”等。例如：

走吧　　来吗　　怎么呢　　不行啊

（2）结构助词和时态助词“的、地、得、着、了、过”等。例如：

我的书　　飞快地跑　　好得很　　说着　　走了　　吃过

(3) 名词的后缀“子、儿、头”和表示多数的“们”。例如：

桌子 石头 月儿 朋友们

(4) 个别量词，如“个”：

一个

(5) 短语中的方位词。例如：

家里 墙上 地下 这边

(6) 短语中的趋向动词。例如：

下去 冷下去 进来 拿去 出去 跑回来 看起来

(7) 重叠词语的后一个音节。例如：

宝宝 太太 姐姐 娃娃 星星 读读 看看

此外，有些双音节词，读不读轻声，其实对词性和词义都没有影响，但习惯上常将第二个音节读得比较轻，否则普通话的语调会显得比较生硬。例如：

萝卜 豆腐 耳朵 先生 踏实 工夫 招呼 便宜 客气 扫帚
丈夫 行李 动静 骆驼 钥匙 高粱 胳膊 巴结 石榴 包涵
包袱 葡萄 麻烦 玻璃 利索 庄稼 热闹 裁缝 亮堂 明白

课堂训练

1. 读准下列词语的轻声音节。

爱人 把手 巴掌 白净 帮手 报酬 辈分 本事 本子 比方 比试
避讳 鞭子 扁担 辫子 别扭 补丁 部分 步子 财主 差事 掺和
颤悠 车子 称呼 抽屉 出落 出息 锄头 畜生 窗户 窗子 伺候
刺猬 凑合 村子 耷拉 答应 打扮 打发 打量 打算 打听 耽搁
耽误 胆子 道士 灯笼 提防 地方 弟兄 点心 钉子 懂得 动弹
斗篷 嘟囔 队伍 对付 多么 恶心 儿子 奉承 福分 福气 斧子
甘蔗 膏药 稿子 告示 告诉 疙瘩 跟头 姑娘 故事 关系 官司
罐头 逛荡 规矩 闺女 果子 蛤蟆 含糊 行当 合同 和气 和尚
核桃 厚道 厚实 护士 糊涂 花哨 晃荡 馄饨 机灵 脊梁 记性
煎饼 见识 茧子 毽子 将就 讲究 搅和 交情 饺子 结巴 街坊
结实 嫁妆 觉得 咳嗽 快活 筷子 宽敞 框子 困难 阔气 老实
篱笆 力气 例子 连累 莲蓬 凉快 粮食 铃铛 菱角 马虎 码头
忙活 玫瑰 迷糊 密实 名堂 名字 模糊 蘑菇 闹腾 念叨 暖和

疟疾 盘算 脾气 漂亮 欺负 勤快 亲戚 清楚 亲家 情形 曲子
热乎 认得 认识 日子 扇子 商量 上司 勺子 少爷 舌头 生意
师傅 时候 使唤 似的 事情 收成 收拾 舒服 舒坦 疏忽 爽快
思量 算计 随和 岁数 毯子 挑剔 跳蚤 笤帚 头发 唾沫 挖苦
晚上 尾巴 委屈 位置 稳当 稀罕 喜欢 下巴 吓唬 虾米 相声
消息 小气 笑话 谢谢 心思 新鲜 行头 休息 秀才 秀气 学生
胭脂 眼睛 秧歌 养活 吆喝 椅子 义气 意思 影子 应酬 柚子
冤枉 月饼 月亮 云彩 在乎 早晨 扎实 栅栏 张罗 帐篷 这么
枕头 芝麻 妯娌 壮实 状元 祖宗 嘴巴 作坊 琢磨

2. 读准绕口令韵脚的轻声音节。

（1）天上有个日头，	Tiānshang yǒu ge rì · tou,
地下有块石头，	Dìxia yǒu kuài shí · tou,
嘴里有个舌头，	Zuǐli yǒu ge shé · tou,
手上有五个手指头。	Shǒushang yǒu wǔ ge shǒuzhǐ · tou.
不管是天上的热日头，	Bùguǎn shì tiānshang de rè rì · tou,
还是地下的硬石头，	Háishì dìxia de yìng shí · tou,
嘴里的软舌头，	Zuǐli de ruǎn shé · tou,
手上的手指头，	Shǒushang de shǒuzhǐ · tou,
反正都是练舌头。	Fǎnzhèng dōushì liàn shé · tou.

（2）小兔子，挎篮子，进林子，采果子。红果子，绿果子，装满一篮子。乐得小兔子，抖着长胡子，哼着小曲子，迈开大步子，回家分果子。

（3）房子里有箱子，箱子里有匣子，匣子里有盒子，盒子里有镯子。镯子外有盒子，盒子外有匣子，匣子外有箱子，箱子外有房子。

（2-18　附录六　普通话轻声词语表）

二、变调

由于邻近音节声调的影响，有些音节的声调往往会发生变化。这种声调变化的现象叫变调。普通话中的四个声调，当受到邻近音节声调影响的时候，或多或少都有些变化。其中阴平、阳平、去声的变化并不显著，变化最显著的是上声及一些具体词语的变调，如“一”“不”等。

（一）上声的变调

1. 上声在非上声（阴平、阳平、去声）前面变成半上，即由 214 变为 21。例如：

在阴平前：	首都	北京	始终	普通
	老师	小说	展开	产生
在阳平前：	祖国	海洋	语言	旅行
	改良	古文	拱门	赶忙
在去声前：	感谢	岗哨	翡翠	晚饭
	朗诵	准确	解放	法定

2. 上声在上声前面，前一个上声变为阳平，调值为 35。例如：

领导　　勇敢　　水果　　选举　　岛屿

打扫　　场景　　采取　　笔挺　　把守

美好　　野草　　恼火　　理想　　胆敢

三个上声字连在一起，则按语音停顿情况来变，停顿在第二个上声字后，前两个上声字变为阳平，调值为 35。例如：

展览馆　　洗脸水　　虎骨酒　　管理组

如果停顿在第一个上声字后，那么第一个上声变为半上，调值为 21；第二个上声字变为阳平，调值为 35；第三个上声字声调不变，调值为 214。例如：

好领导　　厂党委　　柳组长　　纸老虎

如果有三个以上的上声字连在一起，可先根据语义将其划分成两字结构或三字结构的词语，然后再根据前面所讲的变化规律变调。例如：

永远/友好

请你/给老李/买五碗/米酒

（二）“一”和“不”的变调

1. “一”的变调

（1）“一”在单念或在词句末以及当序数时念原调（阴平）。例如：

不管三七二十一　　全国第一　　唯一　　统一　　第一名　　县一中

（2）“一”在阴平、阳平、上声前面时，变为去声。例如：

在阴平前：	一身	一丝	一发	一空
	一包	一只	一些	一间
在阳平前：	一盘	一直	一行	一言
	一时	一人	一毛	一如

在上声前：一统　一览　一体　一起
一总　一早　一眼　一已

（3）“一”在去声前面，变为阳平。例如：

一道　一半　一并　一定　一度
一样　一再　一贯　一下　一线

（4）“一”夹在重叠动词中间念轻声。例如：

洗一洗　谈一谈　修一修　问一问　翻一翻

2.“不”的变调

（1）“不”在单念或在句末时念原调，如“不，我不”。

（2）“不”在阴平、阳平、上声前面时也念原调。例如：

在阴平前：不安　不单　不慌　不公　不屈　不惜
在阳平前：不成　不曾　不迭　不符　不及　不才
在上声前：不齿　不好　不等　不轨　不久　不朽

（3）“不”在去声前面时变为阳平。例如：

不外　不幸　不论　不肖　不逊　不屑

（4）“不”夹在词语中间时读轻声。例如：

忙不忙　冷不冷　酸不酸　用不着　差不多

课堂训练

1. 读准下列词语中上声字的变调。

（1）上声+阴平

许多 xǔduō　海关 hǎiguān　瓦斯 Wǎsī　晚餐 wǎncān
水乡 shuǐxiāng　闪光 shǎnguāng　启发 qǐfā　始终 shǐzhōng
体温 tǐwēn　口腔 kǒuqiāng　酒精 jiǔjīng　狠心 hěnxīn

（2）上声+阳平

检查 jiǎnchá　彩虹 cǎihóng　阐明 chǎnmíng　感情 gǎnqíng
导航 dǎoháng　恳求 kěnqiú　海拔 hǎibá　讲台 jiǎngtái
假如 jiǎrú　法庭 fǎtíng　启程 qǐchéng　解除 jiěchú

（3）上声+去声

美丽 měilì　　董事 dǒngshì　　海燕 hǎiyàn　　渴望 kěwàng

草地 cǎodì　　比赛 bǐsài　　想念 xiǎngniàn　　宝贵 bǎoguì

晚会 wǎnhuì　　等待 děngdài　　感谢 gǎnxiè　　访问 fǎngwèn

（4）上声+上声

美女 měinǚ　　总统 zǒngtǒng　　舞蹈 wǔdǎo　　表演 biǎoyǎn

影响 yǐngxiǎng　　管理 guǎnlǐ　　所有 suǒyǒu　　苦恼 kǔnǎo

敏感 mǐngǎn　　渺小 miǎoxiǎo　　永远 yǒngyuǎn　　洗澡 xǐzǎo

2. 读准下列词语中“一、不”的变调（为方便练习，“一、不”均标变调）。

（1）一般 yìbān　　一心 yìxīn　　一车 yìchē　　一天 yìtiān

一端 yìduān　　一边 yìbiān　　一瞥 yìpiē　　一生 yìshēng

（2）一旁 yìpáng　　一同 yìtóng　　一条 yìtiáo　　一名 yìmíng

一团 yìtuán　　一连 yìlián　　一齐 yìqí　　一头 yìtóu

（3）一口 yìkǒu　　一点 yìdiǎn　　一走 yìzǒu　　一场 yìchǎng

一手 yìshǒu　　一种 yìzhǒng　　一举 yìjǔ　　一所 yìsuǒ

（4）一律 yílǜ　　一致 yízhì　　一切 yíqiè　　一共 yígòng

一路 yílù　　一道 yídào　　一倍 yíbèi　　一概 yígài

（5）听一听 tīng · yitīng　　说一说 shuō · yishuō　　学一学 xué · yixué

尝一尝 cháng · yicháng　　等一等 děng · yiděng　　看一看 kàn · yikàn

试一试 shì · yishì　　想一想 xiǎng · yixiǎng

（6）不吃 bùchī　　不说 bùshuō　　不听 bùtīng

不多 bùduō　　不喝 bùhē　　不安 bùān

（7）不行 bùxíng　　不能 bùnéng　　不妨 bùfáng

不如 bùrú　　不容 bùróng　　不良 bùliáng

（8）不比 bùbǐ　　不管 bùguǎn　　不只 bùzhǐ

不满 bùmǎn　　不朽 bùxiǔ　　不许 bùxǔ

（9）我偏不 wǒ piānbù　　我就不 wǒ jiùbù　　我就是不 wǒ jiùshì bù

（10）不对 búduì　　不算 búsuàn　　不怕 búpà

不力 búlì　　不便 búbiàn　　不快 búkuài

（11）多不多 duō · buduō　　好不好 hǎo · buhǎo　　学不学 xué · buxué

想不想 xiǎng · buxiǎng　　去不去 qù · buqù　　分不清 fēn · buqīng

走不动 zǒu · budòng　　等不等 děng · buděng　　像不像 xiàng · buxiàng

3. 读准下列绕口令中“一、不”的变调。

（1）一个大，一个小，一件衣服一顶帽。一边多，一边少，一打铅笔一把刀。一个大，一个小，一只西瓜一颗枣。一边多，一边少，一盒饼干一块糕。一个大，一个小，一头肥猪一只猫。一边多，一边少，一群大雁一只鸟。一边唱，一边跳，大小多少记得牢。

（2）一座宝塔一座庙，一个和尚一本经，一张桌子一把椅，一个木鱼一盏灯，一个铙钹一口磬，一口金钟一颗钉。

（3）不怕不会，就怕不学。一回学不会再来一回，一直到学会，我就不信学不会。

（4）知道就说知道，不知道就说不知道。不要知道说不知道，也不要不知道说知道。

三、儿化

（一）什么是儿化

在普通话中，元音 er 可以单独成为音节。同时，在历史演变过程中，它跟在其他音节的后面，使这个音节的韵母变为卷舌韵母，这种语音现象叫“儿化”。“儿化”的韵母就叫“儿化韵”。

儿化韵中的 er 不是一个单独的音节，而是在一个音节的韵母上附加的卷舌动作，使该音节因儿化而发生音变。如“花儿”，就是在发韵母 ua 的同时加上一个卷舌动作而发出来的音。从这里可以看出，儿化的基本性质就是卷舌作用。儿化音节虽然用两个汉字表示，但并不是两个音节，读的时候仍要念成一个音节，拼写的时候在原来韵母的后面加上一个 r，如“花儿”写成 huār。

（二）儿化的规律

韵母的儿化，大致有两种情况：

一种是虽然儿化了，但原韵母不变，只是在发该韵母的同时加上卷舌动作就可以了。如“号码儿”（hàomǎr）中的“码”，虽然儿化了，但韵母还是 a，只不过使它增添了卷舌音的色彩罢了。

另一种是儿化后，原韵母发生了变化。如“树根儿”（shùgēnr）中的“根”（gēn），儿化后，它的韵尾 n 丢失，实际读成了 shùgēr。

由于儿化，有的韵母发生了变化，这样，有些音节本来是不同音的，儿化后却变成同音的了。如“针”和“枝”是两个不同音的字，儿化之后，成了“针儿”和“枝儿”，变成读音相同的了。

普通话的韵母除了单韵母 ê、er 以外，都可以儿化。变化规律见下表。

表 2-11　普通话韵母儿化表

原韵或尾音	儿化	实际读音	
韵母或尾音是 a、o、e、u	不变，加 r	号码儿（hàomǎr） 粉末儿（fěnmòr） 草帽儿（cǎomàor） 唱歌儿（chàngēr） 小猴儿（xiǎohóur）	花儿（huār） 书桌儿（shūzhuōr） 麦苗儿（màimiáor） 眼珠儿（yǎnzhūr） 打球儿（dǎqiúr）
尾音是 i、n	去 i 或 n，加 r	盖儿（gàr） 刀背儿（dāobèr） 心眼儿（xīnyǎr） 花园儿（huāyuár）	一块儿（yíkuàr） 味儿（wèr） 弯儿（wār） 窍门儿（qiàomér）
尾音是 ng	去 ng，加 r，元音鼻化	电影儿（diàn ỹǐr）	帮忙儿（bāngm ā̃r）
韵母是 i、ü	不变，加 er	玩意儿（wányìer）	毛驴儿（máolǘer）
韵母是-i	去-i，加 er	词儿（cér）	事儿（shèr）
韵母是 ui、in、un、ün	去 i 或 n，加 er	麦穗儿（màisuèr） 飞轮儿（fēilúer）	干劲儿（gànjìer） 合群儿（héqúer）

注：字母上方的“~”表示鼻化。

（三）儿化的作用

（1）儿化可以区别词义。例如：

头（脑袋）　　头儿（带头的人）

眼（眼睛）　　眼儿（小窟窿）

信（信件）　　信儿（信息）

小鞋（实指小的鞋）　　小鞋儿（虚指打击、陷害：给人穿小鞋儿）

（2）儿化可以区别词性。例如：

画（动词）　　画儿（名词）

盖（动词）　　盖儿（名词）

尖（形容词）　　尖儿（名词）

手（名词）　　手儿（量词）

堆（动词）　　堆儿（量词）

（3）儿化可以表示细小、亲切、喜爱的感情色彩。例如：

小球儿　　药丸儿　　一点儿　　纸条儿

小孩儿　　金鱼儿　　宝贝儿　　脸蛋儿

课堂训练

1. 读准下列儿化词（“>”表示儿化音节的注音，只在基本形式后面加 r，如“一点儿 yīdiǎnr”，不标语音上的实际变化）。

（1）a>ar 刀把儿 dāobàr　号码儿 hàomǎr　戏法儿 xìfǎr
在哪儿 zàinǎr　找碴儿 zhǎochár　打杂儿 dǎzár
板擦儿 bǎncār

ai>ar 名牌儿 míngpáir　鞋带儿 xiédàir　壶盖儿 húgàir
小孩儿 xiǎoháir　加塞儿 jiāsāir

an>ar 快板儿 kuàibǎnr　老伴儿 lǎobànr　蒜瓣儿 suànbànr
脸盘儿 liǎnpánr　脸蛋儿 liǎndànr　收摊儿 shōutānr
栅栏儿 zhà · lanr　包干儿 bāogānr　笔杆儿 bǐgǎnr
门槛儿 ménkǎnr

（2）ang>ar（鼻化）药方儿 yàofāngr　赶趟儿 gǎntàngr
香肠儿 xiāngchángr　瓜瓤儿 guārángr

（3）ia>iar 掉价儿 diào · jiàr　一下儿 yī · xiàr　豆芽儿 dòuyár

ian>iar 小辫儿 xiǎobiànr　照片儿 zhàopiānr　扇面儿 shànmiànr
差点儿 chàdiǎnr　一点儿 yīdiǎnr　雨点儿 yǔdiǎnr
聊天儿 liáotiānr　拉链儿 lāliànr　冒尖儿 màojiānr
坎肩儿 kǎnjiānr　牙签儿 yáqiānr　露馅儿 lòuxiànr
心眼儿 xīnyǎnr

（4）iang>iar（鼻化）鼻梁儿 bíliángr　透亮儿 tòuliàngr
花样儿 huāyàngr

（5）ua>uar 脑瓜儿 nǎoguār　大褂儿 dàguàr　麻花儿 máhuār
笑话儿 xiào · huar　牙刷儿 yáshuār

uai>uar 一块儿 yīkuàir

uan>uar 茶馆儿 cháguǎnr　饭馆儿 fànguǎnr　火罐儿 huǒguànr
落款儿 luòkuǎnr　打转儿 dǎzhuànr　拐弯儿 guǎiwānr
好玩儿 hǎowánr　大腕儿 dàwànr

（6）uang>uar（鼻化）蛋黄儿 dànhuángr　打晃儿 dǎhuàngr
天窗儿 tiānchuāngr

（7）üan>üar 烟卷儿 yānjuǎnr　手绢儿 shǒujuànr　出圈儿 chūquānr

包圆儿 bāoyuánr 人缘儿 rényuánr 绕远儿 ràoyuǎnr
杂院儿 záyuànr

（8）ei>er 刀背儿 dāobèir 摸黑儿 mōhēir
en>er 老本儿 lǎoběnr 花盆儿 huāpénr 嗓门儿 sǎngménr
把门儿 bǎménr 哥们儿 gē · menr 纳闷儿 nàmènr
高跟儿鞋 gāogēnrxié 后跟儿 hòugēnr 别针儿 biézhēnr
一阵儿 yīzhènr 走神儿 zǒushénr 大婶儿 dàshěnr
小人儿书 xiǎorénrshū 杏仁儿 xìngrénr 刀刃儿 dāorènr

（9）eng>er（鼻化）钢镚儿 gāngbèngr 夹缝儿 jiāfèngr
脖颈儿 bógěngr 提成儿 tíchéngr

（10）ie>ier 半截儿 bànjiér 小鞋儿 xiǎoxiér
üe>üer 旦角儿 dànjuér 主角儿 zhǔjuér

（11）uei>uer 跑腿儿 pǎotuǐr 一会儿 yīhuìr 耳垂儿 ěrchuír
墨水儿 mòshuǐr 围嘴儿 wéizuǐr 走味儿 zǒuwèir
uen>uer 打盹儿 dǎdǔnr 胖墩儿 pàngdūnr 砂轮儿 shālúnr
冰棍儿 bīnggùnr 没准儿 méizhǔnr 开春儿 kāichūnr
ueng>uer（鼻化）小瓮儿 xiǎowèngr

（12）-i（前）>er 瓜子儿 guāzǐr 石子儿 shízǐr
没词儿 méicír 挑刺儿 tiāocìr
-i（后）>er 墨汁儿 mòzhīr 锯齿儿 jùchǐr
记事儿 jìshìr

（13）i>i：er 针鼻儿 zhēnbír 垫底儿 diàndǐr 肚脐儿 dùqír
玩意儿 wányìr
in>i：er 有劲儿 yǒujìnr 送信儿 sòngxìnr 脚印儿 jiǎoyìnr

（14）ing>i：er（鼻化）花瓶儿 huāpíngr 打鸣儿 dǎmíngr
图钉儿 túdīngr 门铃儿 ménlíngr
眼镜儿 yǎnjìngr 蛋清儿 dànqīngr
火星儿 huǒxīngr 人影儿 rényǐngr

（15）ü>ü：er 毛驴儿 máolǘr 小曲儿 xiǎoqǔr 痰盂儿 tányúr
üe>ü：er 合群儿 héqúnr

（16）e>er 模特儿 mótèr 逗乐儿 dòulèr 唱歌儿 chànggēr
挨个儿 āigèr 打嗝儿 dǎgér 饭盒儿 fànhér
在这儿 zàizhèr

（17）u>ur 碎步儿 suìbùr 没谱儿 méipǔr 儿媳妇儿 érxí · fur
梨核儿 líhúr 泪珠儿 lèizhūr 有数儿 yǒushùr

（18）ong>or（鼻化）果冻儿 guǒdòngr　门洞儿 méndòngr
胡同儿 hútòngr　抽空儿 chōukòngr
酒盅儿 jiǔzhōngr　小葱儿 xiǎocōngr
iong>ior（鼻化）小熊儿 xiǎoxióngr
（19）ao>aor 红包儿 hóngbāor　灯泡儿 dēngpàor　半道儿 bàndàor
手套儿 shǒutàor　跳高儿 tiàogāor　叫好儿 jiàohǎor
口罩儿 kǒuzhàor　绝招儿 juézhāor　口哨儿 kǒushàor
蜜枣儿 mìzǎor
（20）iao>iaor 鱼漂儿 yúpiāor　火苗儿 huǒmiáor　跑调儿 pǎodiàor
面条儿 miàntiáor　豆角儿 dòujiǎor　开窍儿 kāiqiàor
（21）ou>our 衣兜儿 yīdōur　老头儿 lǎotóur　年头儿 niántóur
小偷儿 xiǎotōur　门口儿 ménkǒur　纽扣儿 niǔkòur
线轴儿 xiànzhóur　小丑儿 xiǎochǒur　加油儿 jiāyóur
（22）iou>iour 顶牛儿 dǐngniúr　抓阄儿 zhuājiūr　棉球儿 miánqiúr
（23）uo>uor 火锅儿 huǒguōr　做活儿 zuòhuór　大伙儿 dàhuǒr
邮戳儿 yóuchuōr　小说儿 xiǎoshuōr　被窝儿 bèiwōr
（24）（o）>or 耳膜儿 ěrmór　粉末儿 fěnmòr

2. 读下列绕口令、儿歌，注意读准儿化词。

3. 朗读下面的对话，注意读准儿化词。

（2-19　绕口令、儿歌）　（2-20　对话《老朋友相遇》）

四、语气词“啊”的音变

语气词“啊”用在句子末尾的时候，由于受到前面音节末尾音素的影响，读音会发生种种变化。其变化规律如下：

（1）前面的音素是 a、o（ao、iao 除外）、e、ê、i、ü 时读 ya，汉字写作“呀”。例如：

① 是他呀？　② 快说呀！
③ 应该注意节约呀！　④ 要认真学习呀！
⑤ 是你哥哥呀！　⑥ 好大的鱼呀！

（2）前面的音素是 u（包括 ao、iao，因为 o 实际上是稍松的 u）时，读成 wa，汉字写作“哇”。例如：

①写得多好哇！　　②他的手多巧哇！

③这是一本好书哇！　　④小李真是个多面手哇！

⑤我们激动的心潮哇！　　⑥有没有哇？

（3）前面的音素是 n 时，读成 na，汉字写作“哪”。例如：

①多好看哪！　　②加油干哪！

③你走路可要小心哪！　　④他真是个不知疲倦的人哪！

（4）前面的音素是 ng 时，读成 nga，汉字仍写作“啊”。例如：

①大家一齐唱啊！　　②下午劳动啊！

③这可不成啊！　　④歌声多好听啊！

（5）前面的音素是-i（后）、er 时读 ra，汉字仍写作“啊”。例如：

①这究竟是怎么回事啊？　　②用什么纸啊？

③看看电视啊！　　④今年六十二啊！

（6）前面的音素是-i（前）时，读成［z］a，汉字仍写作“啊”。例如：

①两个什么字啊？　　②哪个公司啊？

③多少工资啊？　　④你就去过一次啊！

“啊”的音变情况可归纳为下表。

表 2-12　“啊”的音变情况表

“啊”前面音节的韵母	“啊”前面音节末尾的音素	“啊”的变音	汉字写法
a ia ua o uo e ie üe	a o e ê	ya	呀
i ai uai ei uei ü	i ü	ya	呀
u ou iou ao iao	u	wa	哇
an ian uan üan en in uen ün	n	na	哪
ang iang uang eng ing ueng ong iong	ng	nga	啊
er -i（后）	er -i（后）	ra	啊
-i（前）	-i（前）	［z］a	啊

如果不掌握以上这些变音规律，说话和朗读的时候就往往会读错，写文章的时候，也不能正确地运用“啊、呀、哇、哪”这些语气助词。

课堂训练

1. 读准下面句子里“啊”的变音。

（1）ya 呀（在 a、o、e、ê、i、ü 音素后面时，不包括 ao、iao）

快点说啊！ 日子过得真快啊！
就等你回家啊！ 快帮我解围啊！
大家快来吃菠萝啊！ 你怎么不吃鱼啊？
都是记者啊！ 这孩子多活跃啊！
好新潮的大衣啊！
（2）wa 哇（在 u 音素后面时，包括 ao、iao）
您在哪儿住啊？ 屋顶还漏不漏啊？
他普通话说得真好啊！ 看你一身油啊！
还这么小啊！
（3）na 哪（在-n 音素后面时）
这件事儿可不简单啊！ 买这么些冷饮啊！
笑得真欢啊！ 发音真准啊！
（4）nga 啊（在-ng 音素的后面时）
小心水烫啊！ 行不行啊？
小点儿声啊！ 不管用啊！
（5）ra 啊（在舌尖后元音-i、卷舌元音 er 的后面时，在儿化韵后面时）
没法治啊！ 什么了不起的事啊！
随便吃啊！ 他是王小二啊！
这儿多好玩儿啊！
（6）[z] a 啊（在舌尖前元音-i 的后面时）
烧茄子啊！ 他就是老四啊！ 这是第几次啊？
2. 读准下列句子中“啊”的音变。
（1）这又怪又丑的石头，原来是天上的啊（ya）！
（2）嗬，好大的雪啊（ya）！
（3）家乡的桥啊（wa），我梦中的桥！
（4）唱啊（nga）唱，嘤嘤有韵……
（5）是啊（ra），我们有自己的祖国……
（6）但这是怎样一个妄想啊（nga）。
（7）这才这般的鲜润啊（na）。
（8）应该奖励你啊（ya）。
（9）这都是千金难买的幸福啊（wa）。
3. 按照语气词“啊”的音变规律，朗读下面的对话。
甲：时光过得真快啊，马上就要过年啊！
乙：是啊，真高兴啊！
甲：瞧你笑得真欢啊，多长时间没回家啊？
乙：快一年了，真想爸爸妈妈和妹妹啊！

甲：你们家在哪儿啊？
乙：湖北天门啊！
甲：那是状元乡、侨乡、棉花之乡啊！
乙：是啊，我们家乡水甜人更美啊！欢迎到天门来玩啊！

实战演练

思考与练习七

1. 什么叫轻声？轻声有什么性质和作用？

2. 什么是儿化？儿化在汉语里有什么作用？

3. 按照音变规律，下面一些词语中的“一”“不”该怎么读？

一鸣惊人　　一心一意　　一朝一夕　　一丝一毫　　不声不响　　不卑不亢
不折不扣　　不可思议　　不即不离　　不伦不类　　不经一事　　不长一智

4. 读儿歌，注意辨析其中的“头”是否读轻声。

天上日头，底下石头，嘴里舌头，手上指头，桌上笔头，床上枕头，背上斧头，爬上山头，喜上眉头，乐在心头。

5. 读下列儿歌、绕口令，注意轻声和儿化音。

6. 下面是田巍和李雷的关于儿化音的一段相声，请练习对话，说准儿化词及“啊”的音变。

（2-21　儿歌、绕口令）

（2-22　田巍和李雷的关于儿化音的一段相声）

真题再现

一、基础知识填空

1.《汉语拼音方案》的内容包括：__________、__________、__________、__________、__________。

2. 汉语拼音字母采用的是________字母，它是世界上最通用的字母。

3. 根据声母发音部位的不同，可以把声母分为：__________、__________、

________、________、________、________、________。

4. 根据形成和消除阻碍方式的不同，可以把声母分为：________、________、________、________、________。

5. 根据音素组成的不同，韵母可以分为：________、________、________。

6. 根据开头元音的口型不同，韵母可分成“四呼”，即________、________、________、________。

7. 前鼻韵母有八个，分别是：____________________。

8. 后鼻韵母有八个，分别是：____________________。

9. 普通话声调的调类分别是：________、________、________、________。

10. 普通话标调的方法是：a、o、e，i、u、ü，标调时，________；i 上标调________，i、u 并排________。

11. 结构最完整的音节由________、________、________、________四个音素和________组成，最简单的音节由一个音素——________和________组成。

12. 常见的语流音变现象包括：________、________、________、________。

二、选择题

1. 语音选择：下列注音，完全正确的一组是（　　）

A. 酗 xù　　潜 qiǎn　　召 zhāo　　蜷 quán　　柬 jiǎn

B. 鄙 bǐ　　瓮 wèng　　濒 bīn　　氛 fèn　　癣 xuǎn

C. 吮 shǔn　　眸 móu　　憎 zèng　　熠 yì　　癖 pì

D. 槐 huái　　糙 cāo　　瞥 piē　　鳗 mán　　纤 xiān

2. 词汇选择：下列句子的词汇运用，完全符合普通话的一组是（　　）

A. 这是我兄弟。

B. 昨晚我熬夜了，今天老想睡瞌睡。

C. 今天中午我骑了一辆脚踏车去上学。

D. 今天上体育课训练长跑，下课后膝盖有点疼。

3. 语法选择：下列句子的语法运用，完全符合普通话的一组是（　　）

A. 这个舞你会不会跳？　　B. 这个舞你跳得来跳不来？

C. 你跳得来这个舞不？　　D. 这个舞你跳得来不？

三、朗读普通话测试作品 5 号，检测一下自己目前的普通话水平等级

（2-23　普通话测试朗读作品 5 号）

（2-24　幼儿教师资格证考试测试题参考答案）

03

第三章 朗诵

朗诵，就是用准确清晰、流畅自然的民族共同语（汉民族以普通话为共同语），生动再现作品的情感美、重塑作品的形象美，使听众得到崇高精神享受的有声语言艺术形式。

本章导学

学习目标

1.了解朗诵的概念、要求、步骤及其与朗读的异同。

2.理解并掌握朗诵的四大基本技巧和若干辅助技巧。

3.通过朗诵实践，学会合理运用朗诵技巧，切实提升语言技能，以满足学前教育的职业需求。

内容树图

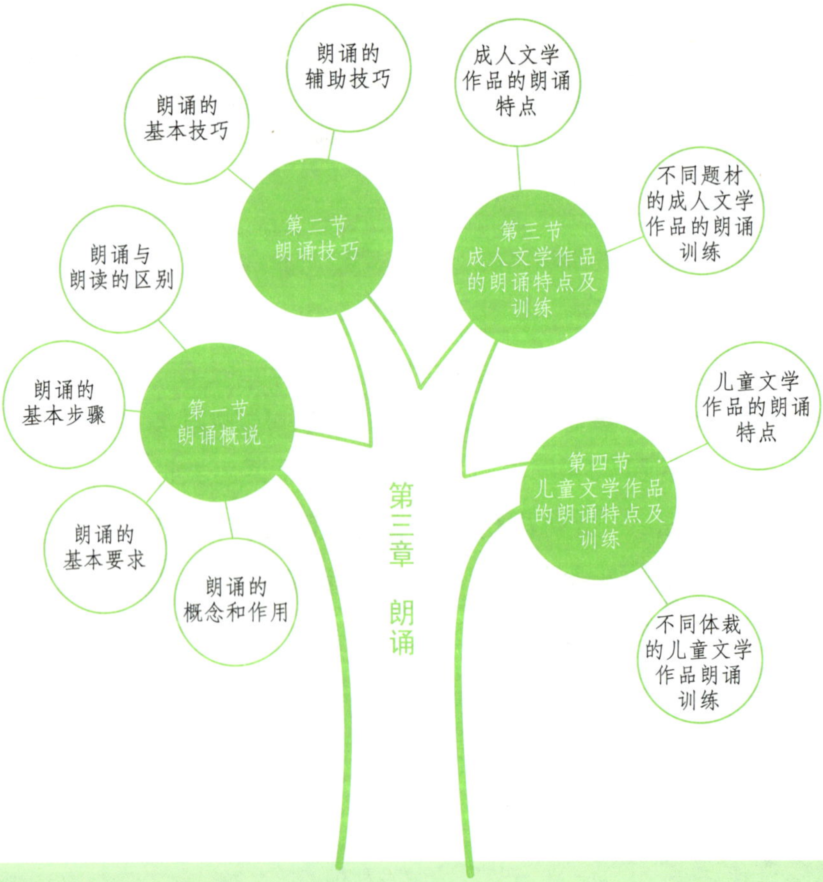

知识精讲

第一节 朗诵概说

一、朗诵的概念和作用

（一）朗诵的概念

朗诵，就是用准确清晰、流畅自然的民族共同语（汉民族以普通话为共同语），生动再现作品的情感美、重塑作品的形象美，使听众得到崇高精神享受的有声语言艺术形式。

（二）朗诵的作用

1. 朗诵可以提高听众的联想和想象能力

用于朗诵的作品，都有独特的意境美，而这种意境美，常常是难以言传的，需要听众借助联想和想象才能体悟。精彩的朗诵，通过再现作品创设的意境美，往往能将听众的联想和想象能力充分调动起来，给人以身临其境的感觉。

2. 朗诵可以陶冶美好情操，培养高尚品德

优秀的朗诵作品，往往蕴涵着美好的情操和高尚的品德，或追求自由、控诉专制，或伸张正义、惩治邪恶，或企慕桃园淡泊、厌恶世俗功名，或崇尚简单清静、反感繁缛喧闹……成功的朗诵，总能将作品蕴涵的美好情操和高尚品德生动地展示出来，达到感染人、陶冶人、教育人的目的。

3. 朗诵是语文学习的基本形式

（1）朗诵文质兼美的作品，可以加深对作品内容的理解，有利于厘清作者思路，把握作品主题。

（2）经常朗诵，可以强化记忆、丰富语汇、学习各种句式的正确运用和新颖合理的结构方法，从而提高口语和书面语的表达能力。

4. 朗诵是提高普通话运用水平的重要手段

坚持用普通话朗诵各种作品，有利于综合运用声、韵、调、语流音变等语音知识，巩固语音学习的成果；有利于消除方言干扰，提高口语的规范化水平。

二、朗诵的基本要求

（一）语音标准，吐字清晰，表达流畅，语调自然

1. 语音标准：朗诵时，一定要读准每个字的声、韵、调，读准语流音变，做到字字过关。这是朗诵成功的前提。

2. 吐字清晰：读一个音节时，声母的相关发音部位必须保持适度紧张，使声母的发音具有一定的弹射力；韵母的口形（圆唇与展唇）要正确，动程要合理，韵腹发音饱满有力，韵尾收音干净利索；声调的平、升、曲、降要到位。这样，一个音节读出来，必然是清晰、圆润、有力的。读一连串音节，要做到吐字清、口形活、不增字、不漏字、不颠倒，避免含混不清、滑音吃字的现象出现。

4. 表达流畅：语句连贯顺畅，不得出现不必要的重复和停顿。

5. 语调自然：句调的选用应与语句特定的情境相吻合，不可生硬，更不得出现方言语调。

（二）运用科学发声，合理控制气息

“气乃音之本”，“气动则声发”。朗诵的亮度、力度、清晰度以及音色的甜润、优美、持久等，主要取决于呼吸的方式和气息的控制。只有掌握并运用科学的发声方法，做到“以气托声，以声传情”，才能有效保护嗓子、美化声音，合理自如地控制气息的断连、强弱，增强朗诵效果。

（三）认真研读作品，展开适度联想

朗诵前，必须认真研读作品及相关背景材料。这是朗诵获得成功的基础。

通过研读，可深入了解作者情感的来源和流向，正确理解作品的意象、意境和情思，细致入微地体察作者的情感起伏，准确把握人物的性格和心理。在此基础上，进一步明确作品主题，厘清作品思路，理解作品的结构层次和风格特点。

对表达风格比较含蓄的作品，还必须“透过字面”领会本质，“设身处地”地产生联想，造出内心视像，使作品的每一句话都自然而然地化为形象，活灵活现地传达给听众。只有深入理解作品，才能准确驾驭和处理作品。

（四）恰如其分地运用朗诵技巧

朗诵技巧是表现作品思想感情的重要载体。缺少了它们，作品的内容就难以准确生动地传达出来。朗诵技巧包括基本技巧（如停顿、重音、语调、语速）和辅助技巧（如体态语）等。

三、朗诵的基本步骤

（一）深入研读作品

研读的目的，首先是理解作品，包括主题、结构、风格、作者的思想感情发展脉络、人物性格心理等。其次是感染自己，激发朗诵冲动。其三，为准确处理作品做准备。其四，感染听众。感染自己，方能感染听众，引发听众的情感共鸣。那种拿起作品就读，根本不对作品进行细致分析和深入研究的处理方式，根本不叫朗诵。

即便是一篇最简短的童话，也需深入研究。否则，作品内容就无法得到准确传神的表现。例如《乌鸦喝水》：

一只乌鸦口渴了，到处找水喝。

乌鸦看见一个瓶子，瓶子里有水。可是瓶子很高，瓶口又小，它喝不着。怎么办呢？

乌鸦看见旁边有许多小石子儿，它想出办法来了。

乌鸦把小石子儿一个一个地衔来，放进瓶子里。瓶子里的水渐渐升高了，乌鸦就喝着水了。

全文仅110字左右，围绕“找水”，表现了乌鸦的聪明才智。情节虽短，却揭示了乌鸦“两伏两起”的心理情绪变化：找水喝——发现水——喝不着——想办法。只有深入分析作品，才能把握乌鸦的心理情绪变化，并努力将之传达出来。

（二）确定表现方法

朗诵的第二步，就是针对作品确定表现方法，即进行技术处理。表现方法应体现朗诵者对作品的理解。

另外，还应根据作品的不同特点，采取不同的读法。体裁、作者、受众不同，作品的特点则不同。因此，朗诵技巧的运用也应因人因文而有所区别。

以《乌鸦喝水》一文中强调重音的确定为例：

若想准确界定本文的强调重音，必须明白四个问题：（1）乌鸦为什么到处找水？因为“口渴”。（2）看到瓶子，乌鸦为什么很高兴？因为瓶子里有“水”。（3）乌鸦为什么喝不着瓶子里的水？因为瓶“高”口“小”。（4）如何才能解决问题？借助“小石子儿”。

因此，本文第一段中的“渴”，第二段中的“水”“高”“小”，第三段中的“小石子儿”等字词，必须读强调重音。

（三）反复练习，不断修改（朗诵实践）

表现方法初步确定后，应据之反复练习。在反复练习中，你可能会发现原定的某些表现方法不合适，需要调整；或者对作品又产生了不同的理解，表现方法自然也应随之改变。在不断修改中，朗诵就会逐渐趋于定型、完善。

四、朗诵与朗读的区别

（一）朗诵与朗读的相同点

1. 从语言形式上看，都属于把书面文字转换成有声语言的语言表述活动，都是由念读发展而来的。

2. 从语言选择上看，都要求使用民族共同语（汉民族以普通话为共同语）。

3. 从声音上看，都要求清晰响亮。

4. 从目的上看，都要求准确明晰。

（二）朗诵与朗读的不同点

1. 表述目的有所不同。朗读追求的是听众对文字准确明晰的理解，重在以义喻人；而朗诵除了追求准确明晰，还呼唤听众的情感共鸣，重在以情动人。

2. 表现手段不同。朗读的任务是传达而不是表演，所以一般是“念读”式表达，可以手拿文稿进行。它对朗诵者的体态，如形体、手势、眼神、表情等，均无明确要求。而朗诵属于艺术表演，它要求朗诵者的体态与朗诵内容和谐统一，烘托并强化作品的艺术感染力。因此，朗诵一般应脱稿站立表达，因为手持文稿不利于体态与朗诵内容的协调配合，过多地看稿还会限制朗诵者的体态与听众之间的交流。此外，为了增强表演效果，朗诵往往还需借助化妆、服装、音乐、美术、灯光等技术手段。

3. 风格特点不同。朗读接近自然化、本色化，语调平稳，语速适度，但比日常口语更准确、更生动、更具美感。它要求做到“不温不火、恰到好处”。过于夸张，容易给人装腔作势、假情假意的感觉；过于平淡，像“拉家常”一样，又显得乏味。朗诵作为一种表演形式，具有个性化甚至戏剧化的风格。它要求朗诵者用优美的嗓音、生动的语调和简练、贴切、优雅的体态，来表现自己对作品丰富而独特的理解，牢牢吸引和打动听众，产生撼人心魄的力量。这就要求朗诵者必须掌握一定的声音技巧，运用语调的跌宕起伏、强弱疾徐，加强语言的表现力和感染力。当然，语调的艺术夸张必须适度。如果情感的体验没有达到一定的真切度，而一味追求声情的起落强弱，就只会给人矫揉造作之感。

4. 选材范围不同。朗读的选材范围较广，凡是文字读物都可以朗读。无论是诗、词、曲、赋，还是散文、小说、戏剧；无论是记叙文、议论文、说明文，还是社论、新闻、家信、招聘广告、寻人启事，无一不可读。朗诵的选材范围相对较窄，对文稿有相对严格的要求，只有辞美、意美的文学精品，才适合朗诵。朗诵文稿一般以诗歌、散文为主，优秀的童话、小说和戏剧也可以朗诵。

第二节 朗诵技巧

朗诵技巧是朗诵过程中熟练运用声音表情达意的技术手段，它是朗诵成功的必要条件。没有技巧的朗诵，不能准确生动地表达文字作品的内涵，让人听了索然无味，达不到感染人、教育人和愉悦人的目的。

朗诵技巧包括基本技巧和辅助技巧。基本技巧有停顿、重音、语调和语速，辅助技巧主要指体态语的运用。

一、朗诵的基本技巧

（一）停顿（无标点处用竖线“｜”表示）

停顿是指朗诵时段与段、句与句、词语与词语之间出现的语气或声音上的间歇。

停顿可分为生理停顿、结构停顿和强调停顿。

1. 生理停顿

生理停顿，是指朗诵者根据生理上换气的需要，在不影响语义完整的地方所做的短暂停歇，一般用于结构比较复杂的长句子。例如：

中国西部｜我们通常是指黄河与秦岭相连一线以西，｜包括西北和西南的十二个省、市、自治区。

这句话由37个字构成。对于朗诵初学者而言，一口气读下来，会感觉呼吸比较困难。若在“中国西部”之后和“包括”之前作短暂停顿，就不会产生这样的感觉，且不会影响语义表达的完整性。

生理停顿必须服从语句结构和情意表达的需要，否则就会割裂语义、误传情感，影响作品表达的效果。

2. 结构停顿

结构停顿，又称语法停顿。它是依据篇章和句子的语言结构关系来确定的停顿。语言单位越大，停顿越长；语言单位越小，停顿越短。一般来说，段与段之间的停顿较长；句群内各句之间的停顿稍短；句子内部成分之间的停顿则更短。

（1）有标点处停顿

有标点处的停顿，就按标点所表示的间歇进行处理。但停顿的时间不确定，一般情况是：段落之间的停顿时间长于句子（句子以“句号、问号、感叹号、省略号、破折号”为标志）之间；句子之间的停顿时间长于分号、冒号；分号、冒号的停顿时间长于逗号；逗号的停顿时间长于顿号。例如：

① 大雪整整下了一夜。‖∨今天早晨，天放晴了，太阳出来了。‖推开门一看，嗬！好大的雪啊！‖山川、河流、树木、房屋，全都罩上了一层厚厚的雪，‖∨万里江山，变成了粉妆玉砌的世界。

朗诵这段文字，应在句号、感叹号处作稍长停顿，并可快速换气；在逗号、顿号处稍作停顿，但声气不断，几乎是连着读出来的。“万里江山”前虽是逗号，但“山川、河流、树木、房屋，全都罩上了一层厚厚的雪”与“万里江山，变成了粉妆玉砌的世界”之间存在承接关系，因此，可在“万里江山”前作稍长停顿，并快速换气。

② 对于一个在北平住惯的人，像我，冬天要是不刮风，便觉得是奇迹；‖济南的冬天是没有风声的。‖∨对于一个刚由伦敦回来的人，像我，冬天要能看得见日光，便觉得是怪事；‖济南的冬天是响晴的。

本段分两个层次：第一层，从刮风的角度，将北平与济南作比较；第二层，从日光的角度，将伦敦与济南作比较。因此，“济南的冬天是没有风声的”后应有一个较长时间的停顿，可换气；两处分号的停顿稍短，可换气也可不换气；逗号处停顿更短，不能换气。

③ 这些石狮子，有的母子相抱，有的交头接耳，有的像倾听水声，‖∨千姿百态，惟妙惟肖。

本句先分（“有的……有的……有的……”）后总（“千姿百态，惟妙惟肖”）。朗诵时，应在三个“有的”后作短暂停顿，不能换气；在“千姿百态，惟妙惟肖”前作较长时间停顿，可换气。

④ 人们从《论语》中学得智慧的思考，｜从《史记》中学得严肃的历史精神，｜∨从《正气歌》中学得人格的刚烈，｜从马克思学得人世的激情，｜∨从鲁迅学得批判精神，｜从托尔斯泰学得道德的执着。

本句的谓语部分由六个短语排比而成，各短语之间应作短暂停顿。由于句子比较长，朗诵时可在第二和第三、第四和第五个短语间适当延长停顿时间，以便换气。当然，若想加强效果，朗诵这六个排比短语时，还应该注意轻重、快慢、高低的变化。

⑤ 年少的时候，我们差不多都在为别人而活，| ∨为苦口婆心的父母活，| 为循循善诱的师长活，| 为许多观念、许多传统的约束力而活。

本句先总后分，朗诵时应在总分之间，即“我们差不多都在为别人而活”后作稍长停顿，可换气也可不换气；三个分句间作短暂停顿，不可换气。

（2）无标点处停顿（指句子内部成分之间的停顿）

在一个句子的内部，主谓间、动宾间、动补间、并列的修饰词语间、排比句各分句的主谓间常作停顿，但停顿时间一般很短，且不能换气。

主谓间停顿——

① 春天 | 像刚落地的娃娃，从头到脚都是新的，它 | 生长着。

② 爸 | 不懂得怎样表达爱，使我们一家人融洽相处的 | 是我妈。

③ 我在俄国见到的景物 | 再没有比托尔斯泰墓更宏伟、更感人的。

动宾间停顿——

① 人可以自然而然地学会感官的享乐，却无法天生地掌握 | 幸福的韵律。

动补间停顿——

① 莫高窟是华夏文明的早期屏障，早得 | 与神话分不清界线。

② 有这么一个传说：古时候，天上有十个太阳，晒得地面 | 寸草不生。

并列的修饰词语间停顿——

① 多么温暖 | 多么明亮的火焰哪，简直像一支小小的蜡烛。

② 无论你在夏天或冬天经过这儿，你都想象不到，这个小小的 | 隆起的长方体里安放着一位当代最伟大的人物。

排比句各分句的主谓间停顿——

① 壁画上的飞天，有的 | 臂挎花篮，采摘鲜花；有的 | 反弹琵琶，轻拨银弦；有的 | 倒悬身子，自天而降；有的 | 彩带飘拂，漫天遨游；有的 | 舒展着双臂，翩翩起舞。

② 但是，人民 | 是杀不绝的，革命 | 是扑不灭的，共产党人 | 是吓不倒的！

3. 强调停顿

强调停顿，又称感情停顿。它是句中特殊的间歇，是为了强调某一事物，突出其中的语意或情感，或是为了加强语气，在不是结构停顿的地方确定一个适当的停顿，或者在结构停顿的基础上变更（延长或缩短）停顿时间。强调停顿的时间，往往比结构停顿长，其位置也是随表情达意的需要而灵活设定的。

强调停顿一般分为前停、后停、前后都停三种。

（1）前停，是指在被强调的字词或结构前面确定的停顿。它能引起听众的关注，给听众带来期待，从而增强朗诵的感染力。

① 有的人活着，
他已经 | 死了
有的人死了，
他还 | 活着。

例文中的前一停顿强调的是“死”，指出这种人生等于死；后一停顿强调的是“活”，表达了作者对那些“虽死犹生”的人的赞美、追念之情，对比强烈而鲜明。

② 俱往矣，数风流人物，还看 | 今朝。

“俱往矣”三字，将中国封建社会的历史一笔带过，转向诗人所处的当今时代，点出全词“数风流人物，还看今朝”的主题。“今朝”是一个新的时代，新的时代需要新的风流人物来引领。这一停顿，强调了“今朝”，提示听众去细细体味这一词句的深刻含义——“今朝”的风流人物不负历史使命，超越历史英雄，具有更卓越的才能，因而必将创造空前伟大的业绩，这是诗人坚定的自信和伟大的抱负的展现。

③ 它小小的声音也变得粗暴嘶哑。它在 | 牺牲自己！

这一停顿，强调了“牺牲自己”，热情颂扬了小麻雀的“爱的冲动和力量”。

（2）后停，是指在被强调的字词或结构后面确定的停顿。它能让听众的思绪在此流连、回味。

① 人，不能低下高贵的头，
只有怕死鬼 | 才乞求自由；
毒刑拷打 | 算得了什么？
死亡 | 也无法叫我开口！

在“鬼”后的这一停顿，使革命的叛徒与上面的“人”形成鲜明对照。前者坚贞，后者变节；前者伟大，后者卑劣。其余两处，都着重刻画了共产党人的英雄气概。

②“啊！地狱？”我很吃惊，只得支吾着。“地狱？——论理，就该 | 也有，——然而 | 也未必，……谁来管这等事……”

这两处停顿的运用，就把“我”在边思索边回答的惶急中难于选择的“窘态”，以及“我”“何必增添末路的人的苦恼”的心境表达了出来。

③ 母亲 | 要走大路，大路平顺；我的儿子 | 要走小路，小路有意思。

此两处停顿强调并列性语意——“母亲”和“我的儿子”，突出两者在“走什么样的路、为什么走”的问题上存在分歧。

（3）前后都停，是指强调两停之间的字词或结构的停顿。它突出了中间部分的语意，给人深刻的印象和强烈的震撼。

①海鸥｜在暴风雨来临之前｜呻吟着，——呻吟着，在大海上面飞蹿，想把自己对暴风雨的恐惧，掩藏到大海深处。

这里的停顿强调了“在暴风雨来临之前”这一特定时间，揭露出这些“海鸥”畏惧风暴的丑态。

停顿的实现，主要方法是合理控制气息的状态，强弱缓急、停连延收，都要恰到好处。同时，最好能做到停中有连，连中有停，气断而情不断。

（二）重音（用实心点“.”表示）

重音是指朗诵时读得比较重的字词或结构成分。恰当地确定并实现语句的重读，能突出语句的重点和作品的主题，增强语句的节奏感和表现力。

1. 重音的分类

重音一般分为语法重音和强调重音。

（1）语法重音，是指在不表示什么特殊的思想和感情的情况下，根据语法结构的特点而将句子的某些成分重读。语法重音的位置比较固定，一般来说，下列成分要读重音。

短句里的谓语——

①鲁迅｜绍兴人。

②这一年的清明，｜分外寒冷。

句中的定语、状语、补语及兼语成分——

①我这时突然（状）感到一种异样（定）的感觉，觉得他满是灰尘（定）的后影，霎时（状）高大了，而且愈（状）走愈（状）大，须仰视才见。而且他对于（状）我，渐渐（状）的又几乎变成一种威压，甚而至于（状）要榨出皮袍下面（定）藏着的“小”来。

②看着这篇作文，妈妈……一把搂住小男孩儿，搂得很紧很紧（补）。

指示代词（这、那、这些、那些、这里、那里）、疑问代词（什么、为什么、谁、难道、哪里）及陈述句、疑问句中作主语或疑问句中作宾语的人称代词（你、我、他、她、它）——

①这些……难道还不够吗？

②春天到了，可是我什么也看不见！

③是的，一切都这么美好，我为什么不高兴呢？

④水手撵它（“它”作宾语，轻声），它（“它”作主语，重音）不走，抓它（“它”作宾语，轻声），它（“它”作主语，重音）乖乖地落在掌心。

比喻句中的比喻词和喻体——

① 春天像小姑娘，花枝招展的，笑着，走着……（语调轻松，富于跳跃感）

② 春天像健壮的青年，有铁一般的胳膊和腰脚，领着我们向前去……（加强音强，适度控制音高，保持气息连贯，使人感到充满力量）

（2）强调重音，又称逻辑重音或感情重音。它是为了表达某种特殊的感情和强调某种特殊的意义而确定的重音，其目的在于引起听众注意自己所要强调的某个部分，从而使语意更鲜明、更生动、更有感染力。

强调重音没有固定的位置，常常由朗诵者根据具体的语境和表情达意的需要来确定。同一句话，强调重音不同，表达的意思也往往不同。因此，朗诵前，首先要认真钻研作品，正确理解作者的意图，才能较快、较准地找到强调重音之所在。

① 谁喜欢听花鼓戏？——我喜欢听花鼓戏。（强调“我”）

你喜欢听花鼓戏吗？——我喜欢听花鼓戏。（强调“喜欢”）

你是喜欢听还是喜欢唱花鼓戏？——我喜欢听花鼓戏。（强调喜欢花鼓戏的“方式”）

你喜欢听什么戏？——我喜欢听花鼓戏。（强调喜欢听的“戏曲形式”）

重音不同，表意有别。朗诵时要根据上下语言环境，选用合适的一种。

② 她们俩在光明和快乐中飞走了，越飞越高，飞到那没有寒冷，没有饥饿，也没有痛苦的地方去了。

上述重音，强调小女孩的美好愿望“终于实现”后的“喜人”情境，寄寓了作者对小女孩悲惨遭遇的深切同情和对小女孩未来命运的美好祝愿，全文的悲剧气氛至此达到高潮。

③ 人固有一死，或重于泰山，或轻于鸿毛。为人民利益而死，就比泰山还重；替法西斯卖力，替剥削人民和压迫人民的人去死，就比鸿毛还轻。

朗诵时应突出对比，让听众清晰感悟到毛泽东论述的生死观的深刻含义。

④ 我和妻子都是慢慢地、稳稳地，走得很仔细，好像我背上的同她背上的加起来，就是整个世界。

“慢慢地”“稳稳地”“很仔细”既是语法重音又是强调重音，此处以“我”和妻子背着母亲和儿子走时的情状来强调内心爱的情感；“我”“她”“加起来”都是强调重音，强调心中那种庄严神圣的责任。

2. 重音的实现

一般采用三种方式：一是加强音量，提高声势；二是拖腔重读，延长音程；三是低声弱气，重音轻念。昂扬兴奋、慷慨激越的内容多采用第一种方式，低沉压抑、伤感悲痛的内容多采用第二、第三种方式。

（三）语调

字有字调，句有句调。我们通常将句调称为语调，即朗诵时语句的高低升降变化。语调的变化突出表现在句子末尾。

1. 语调的基本类型

语调是思想感情的产物。表达的思想感情不同，选用的语调则不同。常用的语调有四种：平调、升调、降调、曲调。

（1）平调（用“→”表示）

平调即平直调。句子语势平直舒缓，没有显著的高低升降变化，用于不带特殊感情的陈述句和说明句。例如：

① 陈述句：两个同龄的年轻人同时受雇于一家店铺，并且拿同样的薪水。

② 说明句：生命在海洋里诞生绝不是偶然的，海洋的物理和化学性质，使它成为孕育原始生命的摇篮。

平直调还可表示庄重、悲痛、冷淡等感情。例如：

③ 外祖母生前最疼爱我，‖我无法排除自己的忧伤，每天在学校的操场上一圈儿又一圈儿地跑着，跑得累倒在地上，扑在草坪上｜痛哭。(→)

（2）升调（用“↗”表示）

升调即上升调。句子语势前低后高，句末音节或短语稍微上扬。疑问句、感叹句、祈使句常用上升调，表示疑问、反诘、号召、惊讶等感情。

① 当你在积雪初融的高原上走过，看见平坦的大地上傲然挺立这么一株或一排白杨树，难道你就只觉得（→）｜它只是树？(↗)

② 世界上还有比这样在敌人刑场上举行的婚礼更动人的吗？(↗)

③ 沉默啊，沉默！(↘) 不在沉默中爆发，就在沉默中灭亡！(↗)

（3）降调（用“↘”表示）

降调即降抑调。句子语势前高后低，句末音节或短语读得低弱而短促。感叹句、祈使句常用降抑调，表示肯定、坚决、赞美、祝福、感叹、恳求等感情。

① 为什么我的眼里常含泪水？(↗) 因为我对这土地爱得深沉！(↘)

② 小小的声音也变得粗暴嘶哑。它在牺牲自己！(↘)

③ 就让生命顺其自然，水到渠成吧……(↘)

（4）曲调（用“⋁↘、⋀↗”表示）

曲调即曲折调。句子语势弯曲，或“低—高—低”，或“高—低—高”，或“低—高—低—高”，表示讽刺、反语、双关、惊讶等感情。

① 啊，(高—低—高，惊讶) 亲爱的狼先生！(低—高) 那是不会有的事(↘，因委屈而反驳)。去年（→，拉长）我还没生下来呢！(高—低—高)

2. 语调和语气

语气，指蕴含朗诵者（或说话人）感情态度的声音形式。它与语调密切相关，不同的语调传达不同的语气。

人们的思想感情是丰富细腻的，因而语气也是多姿多彩的。例如：

喜则气满声扬——

① 女士们，先生们，当阳光以饱满的激情拥抱泥土，当雨水以甘甜的声音呼唤禾苗，我们迎来了高先生和林小姐的新婚大喜。

悲则气沉声抑——

② 周总理，你在哪里，我们想念你呀，想念你。

怒则气足声粗——

③ 你难道就这么对待我吗？你这人太没有良心了。

憎则气旺声硬——

④ 你滚吧，我再也不想见到你！

爱则气柔声轻——

⑤ 宝宝，过来让妈妈抱抱。

冷则气少声平——

⑥ 我们没什么可谈的了，结束吧。

惊则气提声颤——

⑦ 不，别这样，不要，不要。

静则气舒声缓——

⑧ 月光如流水一般，静静地泻在这一片叶子和花上。

强则气壮声宏——

⑨ 告诉你，空山，拣干脆的话，你引诱了招弟，我还没有惩治你呢！结婚？休想！两个山字落在一块儿，你请出！

弱则气虚声微——

⑩ 妈……不……行了。……你……是长子，我走后，你要照顾好……弟弟……妹妹……

急则气短声促——

⑪ 快，快，敌人马上追上来了。

疑则气细声黏——

⑫ 他怎么会在这儿，难道他已经觉察出这里的秘密？

具体的感情色彩，要通过具体的声音形式表现出来。对语调和语气运用的总体要求是：从内容出发，以准确到位的感情把握为依据，综合运用高低、强弱、快慢等变化，以达到良好的朗诵效果。

（四）语速

语速，又称快慢或节奏，是指朗诵时语流行进的速度。它受作者内在情感的驱动并由其决定。语速适当，才能准确传达作者在文章中所寄托的思想和感情。

语速有快速、中速和慢速之别。一般来说，紧张热烈、兴奋激动、慌乱惊惧、愤慨激昂、驳斥申辩等内容，往往用快速；叙述、写景、说明的文字，往往用中速；沉郁、失望、庄重、沉痛、追忆等内容，往往用慢速。

二、朗诵的辅助技巧

朗诵，首先是一门有声语言艺术，它主要依靠上述四种基本技巧（停顿、重音、语调、语速）和辅助技巧（态势语）的综合运用来传达作品的思想和感情。

但朗诵又不仅仅是一门有声语言艺术。随着科技的发展，表情达意的手段越来越丰富。为了增强朗诵效果，朗诵者在依靠基本技巧和态势语的同时，往往还借助音乐、美术、灯光等要素传情达意。比如广播朗诵，依靠的是朗诵者的声音和音乐，朗诵者的态势变化在此已不起作用，是纯粹的听觉艺术；舞台朗诵艺术，依靠的是朗诵者的声音、态势、音乐、美术、灯光等，是以听为主、以视为辅的视听艺术；电视朗诵艺术，依靠的是朗诵者的声音、音乐和画面，是以视为主、以听为辅的视听艺术。

因此，朗诵的辅助技巧很多，包括态势语、音乐、美术、灯光、画面等。在此，我们主要谈谈态势语的应用。

在朗诵过程中，态势语是不可缺少的辅助表意手段。得体、优雅、灵活、自然的态势是朗诵成功的必要条件。

态势语主要包括表情语、手势语、身势语、首语等。

（一）表情语

表情语，是运用眼神、眉头、面部、口唇的变化来传递信息和感情的一种非言语表达方式。

1. 眼神

眼神是面部表情中最富于表现力的部分。恐慌惊惧或兴奋激动时，人的瞳孔就会扩大；忧郁失望或愤懑压抑时，人的瞳孔会缩小。

在朗诵中，朗诵者通过眼神的灵活变化而传递的丰富内涵，有时比语言表达显得更加微妙。看人有瞪、瞥、瞅、瞧之异，睹物有俯、仰、正、斜之别；眼神形态可用炯炯有神、神采奕奕、黯淡无光、散乱浑浊来形容，目光流转可用凝视、扫视、注视、环视来描写；眼神中有打着问号的，有画着句号的，有现出感叹号的，有藏着省略号的，有制止的，有鼓励的，有赞同的，也有反对的……可见，一个人的眼神变化是其心理情感状态的寒暑表与思维认识活动的脑电图。

朗诵时，朗诵者眼前要有具体的“视象”，要有如临其境、如见其状、如闻其声的真实感。只有这样，眼睛方能出神，眉头方能传情。目光不定，眼中无神，为舞台朗诵之大忌。

2. 眉头

一般情况下，眉头和眼神的活动常常联系在一起，因而有眉目传情之说。眉头的作用常通过上挑、下垂、紧皱、舒展等方式表现。如眉飞色舞表示兴奋，双眉紧锁表示愁苦，眉开眼笑表示喜悦，横眉竖目表示愤怒，眉目低垂表示冷淡，目瞪眉张表示惊讶，等等。

3. 面部

面部表情以最灵敏的方式，把各种复杂变化的内心世界最迅速、最敏捷、最充分地反映出来。事实证明，《黄帝内经》中所概括的人的七情——喜、怒、忧、思、悲、恐、惊都能在面部表现出来。

我们常用“脸色”这个词，说的就是面部表情。如春风满面，面若冰霜，笑脸相迎，愁眉苦脸，面红耳赤，面色铁青，板着脸，哭丧着脸，拉长了脸，嬉皮笑脸等。

4. 口唇

口唇的表情作用，是通过口的开合、唇的内收外突及唇角的位置变化来实现的。如双唇闭合噘起，表示生气；双唇紧闭内收，表示忍耐；双唇咧开，唇角向上，表示高兴；唇角向下，表示厌恶不满；大张其口表示惊愕；双唇颤抖说明激愤等。

（二）手势语

手势语，是运用人体的上肢表达思想、传递信息的一种非言语表达方式。

手是人体中强有力的表情器官。由手的指、掌、拳、腕、臂的不同造型及伸、抓、握、摇、摆、挥、摊、按、推、劈、举等动作所构成的手势，可以描摹事物，传递心声，披露感情。高兴时常常手舞足蹈，愤怒时往往握紧双拳或拍案而起，敢做敢当则手拍胸膛，懊恼悔恨则手拍大腿；招手表致意，摇手表谢绝，举手表赞同，搓手表为难，叉手表自信，摊手表无奈，拱手表道谢，背手表自在……

按构成方式和功能的不同，手势语可分为以下几类：

1. 象征性手势

如用不同的指形表示不同的数目、屈指计数等。

2. 会意性手势

如食指刮脸表示羞人；手指放嘴边意为不要出声；手搔头发表示这可怎么办?；单手托下巴表示思索回忆；双手颤动表示心情激动；手心向上抬，示意站起来；手心向下按，示意坐下；等等。

3. 指示性手势

如指这儿、那里；你、我、他；前、后、左、右、上、中、下等。

4. 强调性手势

如拳头紧握表示决心下定，单手一劈表示就是这样。

5. 描述性手势

如用手比画物体，表示形状、大小、厚薄、方圆、长短、深浅、高低、快慢等。

6. 评价性手势

如竖起大拇指表示称赞；伸小指头表示轻蔑；摇手表示不对；鼓掌表示太好了；等等。

（三）身势语

身势语是通过人体的各种姿态传神、传情、传递信息的一种态势语言。

中国有句古话："举手投足，可见其内心机蕴。"如肩头一耸是"非常遗憾"，大腿一拍是"叹为观止"；悲痛欲绝时捶胸顿足，得意忘形时挺胸凸肚；谄媚者点头哈腰，得势者指手画脚；精神饱满则昂首挺胸，萎靡不振则偻胸塌肩……

身势语主要有立姿、坐姿、步姿等。

1. 立姿

不同的立姿，可以表现不同的精神状态、不同的思想情绪。如挺身直立表现端庄、稳健、精神饱满；昂首而立表现自信、傲慢；低头而立表现沉吟思索；弯腰而立表现精神不振、情绪不佳，或表现居人之下、求人之心；坐立不安表现心事重重、情绪不稳；等等。

2. 坐姿

不同的坐姿，也可以表现出不同的精神状态和思想情绪。如男性张开两腿而坐，表现出自信、洒脱、豁达；跷起二郎腿则表现出悠闲自乐或无所谓的神态；女性两膝并拢而坐，表现出庄重、矜持、有教养；"稳坐钓鱼台"表现出一个人胸有成竹或无忧无虑；坐而不安则表现出心神不定、不想久留；等等。

3. 步姿

人们的步姿，有多种多样。如健步如飞，闲庭信步，稳步前进，大踏步前进，步履艰难，踱来踱去，亦步亦趋，正步，跑步，散步，等等。

（四）首语

首语是通过头部活动表示某种意思的一种态势语。它通过点头、摇头、昂头、侧头、低头等活动来表达思想。

首语，自古就被人们采用，它的表现力也是较强的。自古以来，我国有很多成语，如“昂首阔步”“点头哈腰”“摇头晃脑”“俯首帖耳”等，反映了首语的功能。

点头和摇头是基本的首语，也是含义最明确的首语。

点头——可以表达这样一些思想：致意、同意、肯定、承认、赞同、感谢、应允、满意，还表示认可、理解、顺从。

摇头——可以表达这样一些思想：不满、怀疑、反对、否定、拒绝、不同意、不理解、无可奈何等。

昂头——表示的义项有：充满信心、胜利在握、踌躇满志、目中无人、骄傲自满。头一直往后仰，还表示陶醉，如鲁迅《从百草园到三味书屋》中的那位老先生，一边念着“铁如意，指挥倜傥”，一边“将头仰起，摇着向后拗过去，拗过去”。

侧头——将头从一侧倾斜到另一侧，俗话说是“歪头”“歪着脖子”。侧头表示思考、兴趣、天真。

低头——表示的义项有：沉思、顺从、听话、委曲、无可奈何等。

态势语是思想感情的真实流露，必须与感情的抒发自然吻合。在朗诵过程中，朗诵者如能根据作品的需要，恰当选用态势语，则可以有效传达作品思想感情的细微变化，给人以强烈的感染力。

朗诵的态势语运用，应该遵循如下原则：其一，简约精准，滥用态势语，将会分散听众的注意力，削弱朗诵效果。其二，生活化，力求自然、大方、得体、潇洒。其三，出势要手随音行，话到手到；停势要稳，不可乱晃；收势宜慢，灵活自如。其四，组合运用，富于变化，避免单一单调。

第三节　成人文学作品的朗诵特点及训练

一、成人文学作品的朗诵特点

与儿童文学作品的朗诵相比，成人文学作品的朗诵散发出独特的成熟魅力。

从作品形象看，成人文学作品的形象多以成人为主。在纷繁复杂的社会现实的浸染下，成人的性格构成更加多棱、心理更加微妙、感情更加细腻、语言更加含蓄。对优秀的成人文学作品，我们很难用一个词去概括某个形象的性格特点，很难简单地用“好”或“坏”去评价某个形象的社会意义，很难透过字面去捕捉某个形象的心理感情。若想准确地表现形象的性格、心理和情感，没有多变、高超的朗诵技巧是不行的。

从欣赏对象看，成人文学作品的欣赏对象以成人为主。在度过了纯真的幼年、烂漫的童年和如花的少年时代之后，人渐渐步入复杂的社会。现实社会是一个成人主导的社会，为了更快、更好地融入现实，人们除了从自身阅历中吸取经验教训以外，也渴望通过阅读成人作品，去了解成人的世界（心理、情感、处事等），促使自己早日走向独立成熟。此时，儿童文学作品及其朗诵方式，已不能满足成人的心理需求。

从朗诵主体看，成人文学作品的朗诵者多为成人。成人的身体发育已经成熟，因而肺活量更大，声带愈加松弛、厚实；对人、事的思维判断方式日趋理智；心理状态也由被呵护型渐变为独立型……这些变化，使得成人的语言、动作、音质、语调呈现出不同于儿童的特点。

因此，成人文学作品的朗诵就呈现出鲜明的特色，主要表现在：(1) 气息更加充足，音质更加浑厚。(2) 技巧运用更加丰富多样。只有这样，才能准确传神地表现作品形象多样的性格、微妙的心理和细腻的情感。(3) 语调和动作更加稳健，儿童化的夸张语调和动作应尽量避免。

二、不同题材的成人文学作品的朗诵训练

（一）成人诗词朗诵训练

诗词朗诵在我国有悠久的传统。诗词的主要特点是：语言精练，意蕴丰厚；节奏鲜明，韵律和谐。朗诵诗词，首先，必须把握诗词的感情基调，根据不同的基调确定恰当的语调、语速、重音实现方式及态势语；其次，必须深入准确地理解诗词的意象、意境和情感起伏，尽量朗诵出层次感；最后，要依照语节（音步和节拍），运用富有艺术感染力的声音朗诵出诗词的节奏和韵律。

1. 近体诗朗诵

近体诗，也称旧格律诗，它依据一定格式和韵律写成，意境深远，节律鲜明。五言诗和七言诗的语节划分，既有联系又有区别（用“//”和“/”表示）。

① 杜甫《春望》（五言律诗）

② 李商隐《无题》（七言律诗）

（3-1　杜甫《春望》）

（3-2　李商隐《无题》）

2. 宋词朗诵

词，是我国古代诗歌的一种，它始于梁、成于唐、盛于宋。作为一种配乐而歌唱的抒情诗体，词的兴起与音乐有着密切关系，因而具有抑扬顿挫之美。

从风格上看，词可分为婉约派和豪放派。婉约派词风低回伤感，典雅委婉，如柳永的“今宵酒醒何处？杨柳岸，晓风残月”，李清照的“梧桐更兼细雨，到黄昏，点点滴滴。这次第，怎一个愁字了得”；豪放派词风气势磅礴，意境开阔，如苏轼的“大江东去，浪淘尽，千古风流人物”，辛弃疾的“想当年，金戈铁马，气吞万里如虎”。

朗诵宋词时，一要顾及词风的区别；二要善于保持气息，运用拖腔；三要吟诵出长短句的参差错落之美。

① 柳永《雨霖铃》（婉约派）

② 苏轼《念奴娇·赤壁怀古》（豪放派）

（3-3　柳永《雨霖铃》）

（3-4　苏轼《念奴娇·赤壁怀古》）

3. 现代诗朗诵

现代诗即新诗，分为自由诗和新格律诗。新诗不像古典诗词那样严格，句数、字数、平仄、句子长短等，均可以依表情达意的需要“自由”确定。但新诗毕竟是诗，不是散文，同样要讲究意境、基调、韵律、语节等。朗诵时，要深入意境，因境抒情；把握基调，妥用技巧；控制节奏，快慢适度。例如：

① 余光中《乡愁》

② 徐志摩《再别康桥》

（3-5　余光中《乡愁》）

（3-6　徐志摩《再别康桥》）

（二）成人散文朗诵训练

散文是通过记人或记事、写景或状物来抒发作者的思想感情、揭示社会意义的一种文学体裁。其主要特点是“形散而神聚”，其中的“神”，就是作者的情志，这是贯穿全文的主线，更是朗诵者必须抓住的核心。朗诵散文，应注意以下几点：

第一，抓准文眼，纲举目张。诗有诗眼，文有文眼。散文的“眼”就是全篇的“泉眼”，是作者着力表现的中心点，也就是所谓的“神聚”之处。抓住了它，散文的思想、感情、结构等就不难理解和掌握了。文眼并无固定位置，如《荷塘月色》的文眼在篇首，《绿》的文眼在标题，《荔枝蜜》的文眼在最后。

第二，探求意境，把握起伏。优秀的散文往往充满诗情画意，具有深邃的意境。作家总是将主观感情融入对客观事物的描绘之中，构成情景交融、情理交融的艺术境界。散文的意境，主要通过关键词、句来传达。

第三，细腻表达，用声松弛。散文作品不如诗歌作品跳跃性大。散文的神韵往往通过细腻的素材来表达。在散文朗诵中，细腻的表达主要有两个方面：一是感觉方面的，如朱自清的《春》中，山的朗润、太阳的红脸、风中的青草味等；二是用声的松弛方面的，这是在感觉体验的基础上结合思维深化而形成的一种声音表达方式，一般来说，散文尤其是抒情散文的朗诵，其用声以舒缓为主，轻柔而细腻。

第四，富于热情，渲染动情点。在研读作品的过程中，朗诵者只有首先让作品感染自己，进而激发自己强烈的朗诵愿望，才能将作品声情并茂地表达出来。随着感情的一步一步推进，特别是达到动情点时，朗诵者应该用声音的高低、强弱、快慢、虚实等技巧变化来竭力渲染，以达到直抒胸臆的效果。

①［俄］屠格涅夫《麻雀》

②［美］艾尔玛·邦贝克《父亲的爱》

（3-7　屠格涅夫《麻雀》）　　（3-8　艾尔玛·邦贝克《父亲的爱》）

第四节　儿童文学作品的朗诵特点及训练

一、儿童文学作品的朗诵特点

儿童文学作品的朗诵特点，是由其文学形象和欣赏对象的特征决定的。

儿童文学作品多以儿童和人格化了的动物为形象，其欣赏对象也以儿童为主。因此，朗诵儿童文学作品，必须以表现儿童性格、情感、趣味、理想为核心，以愉悦儿童身心、陶冶儿童情操为目的，充分展示出童趣，其朗诵要点如下：

第一，重视声音造型。由于身体发育尚未完成，且长期处于被保护期，儿童的声音往往高亢单薄、清脆稚嫩，语调、语气也多少带有一点撒娇的成分。因此，如果由成人朗诵儿童文学作品，更应重视声音造型，尤其要在语调、语气上多下功夫。

第二，语调、态势相对夸张。与成人的成熟稳重不同，儿童因处于撒娇的年龄阶段，其语调和态势（尤其是表情、动作）往往比较夸张。朗诵时应适度注意。

第三，朗诵技巧的组合相对简单。儿童文学形象的性格相对单一，思想、感情比较单纯，不像成人文学形象那般复杂细腻。因此，表现儿童文学形象时，朗诵技巧的组合相对简单。

二、不同体裁的儿童文学作品朗诵训练

（一）儿童诗歌朗诵训练

儿童诗歌是指以儿童为主体接受对象，适合于儿童听赏、吟诵、阅读的诗歌。

儿童诗歌感情真挚，童趣盎然；想象丰富，令人称奇；意境优美，恍若童话；语言精粹，节奏明快。朗诵者应饱含童子般的激情，遵循儿童的思维方式和语言习惯，读出童真，诵出童趣。

1. 儿童诗歌：鲁兵《春天》

2. 儿童诗歌：柯岩《小弟和小猫》

（3-9 鲁兵《春天》） （3-10 柯岩《小弟和小猫》）

（二）儿童散文（广义）朗诵训练

这里的散文概念是广义的，包括寓言、童话、故事等。具体朗诵要求参见各则例文后的朗诵提示。

1. 寓言：《狼和小羊》（选自《伊索寓言》）
2. 童话：冰子《没有牙齿的大老虎》（编者略有修改）
3. 故事：马光复《瓜瓜吃瓜》

（3-11 《伊索寓言：狼和小羊》）（3-12 冰子《没有牙齿的大老虎》）（3-13 马光复《瓜瓜吃瓜》）

（三）儿童戏剧脚本朗诵训练

1. 儿童戏剧的特点

儿童戏剧除遵循戏剧的基本特征外，另具特色。

① 戏剧冲突：趣味性和游戏性

儿童戏剧的矛盾冲突是儿童生活的反映。在儿童戏剧中，矛盾冲突往往运用悬念、误会、夸张等方式表现。

儿童戏剧的演出，实际上就是一种预设的、具有戏剧艺术特征的高级的儿童游戏。

儿童戏剧的矛盾冲突总是充满儿童情趣，它采用儿童最乐于接受并欣赏的有趣的人物、有趣的事件、有趣的话语表现，采用儿童最喜爱的有趣的方式解决。

所以说，趣味性、游戏性是儿童戏剧独有的艺术特征。

② 戏剧语言：儿童化和动作性

人物语言包括对话、独白和旁白。其中，对话是戏剧语言的主要部分。儿童戏剧要求人物语言自然、朴实、浅显，符合儿童口吻，同时要生动、有趣、动作感强，适合演员表演。即使是拟人化的动物形象，也应具有儿童的个性特征和语言动作性，适合儿童理解欣赏。

③ 戏剧人物：性格类型化

受年龄特征的影响，儿童戏剧不像成人戏剧那样多侧面地刻画人物形象，它更多采用类型化手法，赋予一类人物（或动物）某一鲜明的性格特征，以便儿童把握理解，如狡猾贪吃的狐狸、善良柔弱的小鸡、骄傲自负的小兔子、慈爱的长辈、顽皮的孩子、友好的同伴等形象比比皆是。儿童戏剧在确定形象的类型化性格后，往往通过简单的故事情节和人物语言，夸张地表现天真的孩子气和类型化特征。

朗诵儿童戏剧脚本，要充分体现上述特征。

2. 表情朗诵儿童戏剧脚本：方园《“妙乎”回春》

（3-14 方园《“妙乎”回春》）

实战演练

思考与练习八

1. 什么叫朗诵？朗诵与朗读有什么不同？
2. 朗诵的基本要求和基本步骤是什么？
3. 四人一组，合作研读、处理并表情朗诵《卖火柴的小女孩》。
4. 语法停顿和强调停顿有什么区别？强调停顿可分为几种？

5. 语法重音和强调重音有什么区别？重音的实现方式大致有几种，分别适用于哪些内容？

6. 综合运用朗诵技巧，表情朗诵高尔基《海燕》。

（3-15　安徒生《卖火柴的小女孩》）

（3-16　高尔基《海燕》）

7. 成人文学作品和儿童文学作品，在朗诵特点上有何区别？

8. 从下列作品中，任选两篇（首）展开自主训练，并体会成人文学作品和儿童文学作品的朗诵区别。

（1）成人诗歌：[匈牙利] 裴多菲《我愿意是急流》

（2）儿童诗歌：《下巴上的洞洞》

（3-17　裴多菲《我愿意是急流》）

（3-18　《下巴上的洞洞》）

（3）成人散文：茨威格《世间最美的坟墓》

（4）儿童散文（广义）

① 寓言：钱欣葆《死要面子的老海龟》

（3-19　茨威格《世间最美的坟墓》）

（3-20　钱欣葆《死要面子的老海龟》）

② 童话：野军《长鼻子和短鼻子》

③ 故事：《胖嫂》

（3-21　野军《长鼻子和短鼻子》）

（3-22　《胖嫂》）

真题再现

一、基础知识填空

1. 朗读与朗诵的主要差异，表现在①________；②________；③________；④________。

2. 停顿可分为①________、②________、③________。

3. 重音可分为①________、②________。

4. 语调可分为①________、②________、③________④________。

5. 语速可分为①________、②________、③________。

6. 朗诵的辅助技巧主要有①________、②________、③________、④________。

7. 成人文学作品的朗诵特点是①________；②________；③________。

8. 儿童文学作品的朗诵特点是①________；②________；③________。

二、选择题

（一）语音选择

1. 下列字中，声母全是 z 的一组是（　　）

A. 转　众　株　整

B. 招　争　资　致

C. 章　直　贞　杂

D. 综　尊　早　责

2. 下列字中，声母全是 c 的一组是（　　）

A. 窜　擦　材　苍

B. 产　城　寸　吹

C. 柴　察　串　抄

D. 蚕 粗 昌 衬

3. 下列字中，声母全是 s 的一组是（ ）

A. 沙 省 师 司

B. 散 搜 孙 松

C. 饲 呻 式 素

D. 寺 珊 侍 善

4. 下列字中，声母全是 n 的一组是（ ）

A. 奶 内 宁 那

B. 良 南 脑 懦

C. 仑 龙 录 连

D. 娘 奴 令 蓝

5. 下列字中，韵母全是 eng 的一组是（ ）

A. 趁 慎 赠 狰

B. 惩 甥 曾 丞

C. 呈 甚 尘 澎

D. 神 渗 僧 证

6. 下列字中，韵母全是 ing 的一组是（ ）

A. 擒 净 青 吝

B. 亭 凌 婴 民

C. 京 英 尽 勤

D. 顶 瓶 铭 庭

（二）词汇选择：下列句子的词汇运用，完全符合普通话的一组是（ ）

A. 我多久到你办公室去拿作业？

B. 今天早餐，我吃了四个肉包子。

C. 星期天下午，我妈开着车子送我返校。

D. 先前倒不觉得他长得怎么高，几年不见，现在变成一米九几的大小伙儿了！

（三）语法选择：下列句子的语法运用，完全符合普通话的一组是（ ）

A. 我给他一个苹果。

B. 我给一个苹果他。

C. 我把一个苹果他。

D. 我拿一个苹果到他。

三、下列词语中，哪些是必读轻声词？

牢骚　抱怨　盘算　清楚　先生　学生　早上　告诉　公道　质量

建设　薪水　理会　时候　篱笆　麻烦　风筝　材料　明白　快速

四、综合运用朗诵技巧，朗诵普通话测试朗读作品 17 号《济南的冬天》。

（3-23　《济南的冬天》）

（3-24　幼儿教师资格证考试测试题参考答案）

04 第四章 普通话水平测前培训

普通话水平测试的内容，包括普通话语音（声母、韵母、声调、音节、语流音变）、词汇和语法。

本章导学

学习目标

1. 掌握普通话测试的题型、评分标准、应试流程和应试技巧。
2. 能够运用恰当的技巧完成普通话测试。
3. 克服心理障碍，坚定考级信心。

内容树图

知识精讲

第一节　普通话水平测试指要

一、测试内容和测试范围

普通话水平测试的内容，包括普通话语音（声母、韵母、声调、音节、语流音变）、词汇和语法。

普通话水平测试的范围，是国家测试机构编制的《普通话水平测试用普通话词语表》（表一、表二）、《普通话水平测试用必读轻声词语表》、《普通话水平测试用儿化词语表》、《普通话水平测试用普通话与方言词语对照表》、《普通话水平测试用普通话与方言常见语法差异对照表》、《普通话水平测试用朗读作品》和《普通话水平测试用话题》所包含的内容。

二、测试项目与评分标准

根据湖北省普通话水平测试评分细则，测试项目包括 4 个部分，满分 100 分。具体如下：

（一）读单音节字词（100 个音节，不含轻声、儿化音节），限时 3.5 分钟，共 10 分

该题测查应试人掌握声母、韵母、声调读音的标准程度。

1. 评分标准

（1）语音错误（含漏读），每个音节扣 0.1 分。

（2）语音缺陷，每个音节扣 0.05 分。

（3）超时 1 分钟以内，扣 0.5 分；超时 1 分钟以上（含 1 分钟），扣 1 分。

（4）每个音节允许应试人改读一次，并以改读音作为评分依据，隔音节改读无效。多音字，只需准确读出一个正确的读音。

2. 有关概念的解释

（1）语音错误

语音错误指在普通话语音（音位）系统中，把一个音（音位）误读作另一个音（音位）。

（2）语音缺陷

语音缺陷指发音没有完全达到普通话语音标准的程度。

（4-1　湖北常见语音错误、语音缺陷举例）

（二）读多音节词语（100 个音节），限时 2.5 分钟，共 20 分

该题测查应试人掌握声母、韵母、声调和变调、轻声、儿化读音的标准程度。

1. 评分标准

（1）语音错误（含漏读），每个音节扣 0.2 分。

（2）语音缺陷，每个音节扣 0.1 分。

（3）超时 1 分钟内，扣 0.5 分；超时 1 分钟以上（含 1 分钟），扣 1 分。

（4）一个词语允许应试人改读一次，并以改读音作为评分依据，隔词语改读无效。

2. 有关概念的解释

（1）多音节词语的语音错误

——声、韵、调语音错误的确定，参照“读单音节字词”部分。

——必读轻声词没有读作轻声，或不该读轻声的读作轻声。

——该读儿化而没有读作儿化，或把儿化韵母读成两个音节；没有儿化的音节，读作儿化。

——“一”“不”及“上声”该读变调的没有变调，或变调错误。

（2）多音节词语的语音缺陷

——声、韵、调语音缺陷的确定，参照“读单音节字词”部分。

——该读轻声的字，轻度不够，不该读轻声字的有轻化倾向。

——儿化韵母发音不够准确自然。

——“一”“不”及“上声”变调发音存在缺陷或不够自然。

——多音节词语连读时发音存在缺陷或不够自然。

（三）朗读短文（1篇，400个音节），限时4分钟，共30分

该题测查应试人使用普通话朗读书面作品的水平。在测查声母、韵母、声调读音标准程度的同时，重点测查连读音变、语调、停连以及流畅程度。

1. 评分标准

（1）每错读、漏读、增读1个音节，扣0.1分。

（2）声母或韵母的系统性语音缺陷，视程度扣0.5分（1~2类）、1分（3类以上）。

（3）语调偏误，视程度扣0.5分、1分、1.5分、2分。主要依据概念解释中对“语调偏误”描述的5类问题判定，出现1类扣0.5分、2~3类扣1分、4类以上视程度扣1.5分或2分。

（4）停连不当，视程度扣0.5分（1次）、1分（2~3次）、2分（4次以上）。

（5）朗读不流畅，视程度扣0.5分、1分、2分。如果只出现回读情况，1句扣0.5分、2~3句扣1分、4句以上扣2分，或3个词语以内扣0.5分、4~6个词语扣1分、7个词语以上扣2分，扣回读分则不扣增读分。朗读中如果还同时出现概念解释中对“朗读不流畅”描述的另两种情况，酌情加重扣分。

（6）超时扣1分。

2. 有关概念的解释

（1）朗读中的语音错误

——应读轻声的单音节助词、语气词等未读轻声。

——语气词“啊”未按音变规律读。

——叠字形容词中AA式带上“-儿”尾读儿化韵时，第二个音节没有变调的。

——除以上情形外，其他语音错误参照“读多音节词语”部分。

（2）声母或韵母的系统性语音缺陷

声母或韵母的系统性语音缺陷指朗读过程中，某类声母或韵母至少出现5次以上语音缺陷。

（3）语调偏误

——语流中声调有系统性缺陷。

——语句音高的高低升降曲折等变化失当。

——词语的轻重音格式及句子的句重音失当。

——语速过快、过慢或忽快忽慢，音长的变化不规范。

——语气词带有明显的方言痕迹。

（4）停连不当

——停顿造成对一个双音节或多音节词语的肢解。

——停顿造成对一句话、一段话的误解，形成歧义。

（5）朗读不流畅

——在语句中出现一字一迸，或一词一迸现象，不连贯。

——语速过慢或较长时间停顿。

——朗读中出现回读情况。

（四）命题说话（限时 3 分钟，共 40 分）

该题测查应试人在无文字凭借的情况下说普通话的水平，重点测查语音标准程度、词汇语法规范程度和自然流畅程度。

1. 评分标准

（1）语音标准程度，共 25 分，分六档。

一档：语音标准，或极少有失误，视程度扣 0 分、0.5 分、1 分、1.5 分、2 分。

二档：语音错误在 10 次以下，有方音但不明显（声、韵、调偶有错误但不成系统；语调偏误方面只单纯出现少数轻重音格式把握失当），视程度扣 3 分、4 分。

三档：语音错误在 10 次以下，但方音比较明显（声、韵、调出现 1~2 类系统性错误；有 3 类以内系统性缺陷；有语调偏误）；或语音错误在 10~15 次之间，有方音但不明显。扣 5 分、6 分。

四档：语音错误在 10~15 次之间，方音比较明显，视程度扣 7 分、8 分。

五档：语音错误超过 15 次，方音明显（声、韵、调出现 3~4 类系统性错误；有 3 类以上系统性缺陷；有明显的语调偏误），视程度扣 9 分、10 分、11 分。

六档：语音错误多，方音重（声、韵、调出现 4 类以上系统性错误，缺陷多，有浓郁的典型地方特点发音，但尚能听出是普通话），视程度扣 12 分、13 分、14 分。

（2）词汇、语法规范程度，共 10 分，分三档。

一档：词汇、语法规范，扣 0 分。

二档：词汇、语法偶有不规范的（典型的方言词汇或方言语法）情况，视程度扣 1 分、2 分。

三档：词汇、语法屡有不规范的（典型的方言词汇或方言语法）情况，视程度扣 3 分、4 分。

（3）自然流畅程度，共 5 分，分三档。

一档：语言自然流畅，扣0分。

二档：语言基本流畅，口语化较差，有背稿子的表现。视程度扣0.5分、1分。

三档：语言不连贯（语句中出现一字一迸、一词一迸，或者有较长时间的停顿），语调生硬，视程度扣2分、3分。

（4）说话不足3分钟，酌情扣分。

应试人说话不足3分钟时，累计时长酌情扣分，缺时1分钟以内（含1分钟），视程度扣1分、2分、3分；缺时1分钟以上，视程度扣4分、5分、6分；说话不足30秒（含30秒），本测试项计为0分。

应试人操作计算机时可能会因为不熟练而耽搁时间，开头空缺10秒可以不计为缺时，从第11秒开始计算缺时时间。

应试人说话过程中，停顿时间超过20秒时，开始计算缺时时间。

应试人说话不到3分钟，从应试人说话完全终止时计算缺时时间。

应试人说话断断续续，有效说话累计时长不足30秒（含30秒）；或者说话音节总数不足75个，本测试项计为0分。

（5）离题、内容雷同，视程度扣4分、5分、6分。

离题、内容雷同，时间在1分钟到1分30秒扣4分，时间1分31秒到2分钟扣5分，时间在2分1秒以上扣6分。判定“内容雷同”测试员需举证。“离题”与“内容雷同”同时出现，不重复扣分。

（6）无效话语，累计占时按缺时扣分。

2. 有关概念的解释

（1）语音标准，指应试人在说话时，声母、韵母、声调以及轻声、儿化、“一”、“不”、“啊”和“上声”的变读等符合普通话规范，轻重音格式把握恰当，无方音出现。

（2）方音，指应试人在说话时存在方言语音现象。

具体表现为：①语调偏误；②声、韵、调出现系统性错误与缺陷；③语流音变失当。

（3）词汇、语法规范，指应试人在说话时，遣词造句符合普通话规范，不出现典型方言性质的词汇、语法现象。

（4）自然流畅，指应试人在说话时，语言表达符合口语习惯；语速恰当，没有长时间的停顿，语调自然。

（5）离题、内容雷同，离题，指应试人说话内容完全脱离指定的主题和范围；

内容雷同，指应试人把别人的作品或语句作为自己的说话内容。如，说话内容与媒体公开发表的文章内容相同或差异极小，不同考生说话的内容相同或差异极小。

（6）无效话语，指应试人的话语与要测查的语言特征无关，无评判价值。如，语句不断重复、读秒、数数、唱歌、不文明语言等。

第二节　指导与训练：普通话水平测试第一题（单音节字）

一、基本要求

第一题，读单音节字词，共 100 个音节。该题测查应试者掌握声母、韵母、声调读音的标准程度。其基本要求如下：

1. 每个音节的声、韵、调都要准确到位，尽量避免语音错误和语音缺陷的发生。针对湖北方言与普通话的差异，我们分别从三方面谈谈具体要求。

声母：一要分清舌尖前音（z、c、s，俗称平舌音）、舌尖后音（zh、ch、sh、r，俗称翘舌音）和舌面音（j、q、x）、边音（l）和鼻音（n）；二要分清唇齿音 f 和舌根音 h；三要分清舌尖后音 r 和边音 l、舌尖后音 r 和零声母 y，并正确把握它们的发音部位和发音方法。

韵母：一要分清前鼻韵母和后鼻韵母（主要是 in 和 ing、en 和 eng，少数地方如沙市、潜江、公安、石首、监利等地，还得注意 an 和 ang）；二要防止丢失或改变介音而造成错误；三要注意韵母口型的圆展、舌位的高低、舌头的前后、动程和归音。

声调：阴平调（调值 55）要保持高而平，不得读成低平（44 或 33）、阳平（或接近阳平）或降调，防止调尾拐弯上扬；阳平调（调值 35）要直接而充分地上扬到最高音，不得读成 34 和上声（或接近上声）；上声调（调值 214）要从 2 度音高充分下降到 1 度音高，然后再上扬到 4 度音高，不得在未充分下降的情况下就匆匆上扬，不得读成半上（调值 21）或阳平，不得拐 2 次或 2 次以上的弯；去声（调值 51）起音要高、收音要低，要从最高音 5 度直接下降到最低音 1 度，不得读成低降调或阳平。

2. 中速行进，节奏平稳，不可太快，也不可太慢；一字一顿，声音响亮，保持正常音长和音量。

3. 允许改读一次，但不得隔字改读。

二、专项训练

（4-2　样题一）　（4-3　样题二）　（4-4　样题三）

（4-5　样题四）　（4-6　样题五）　（4-7　样题六）

（4-8　样题七）　（4-9　样题八）　（4-10　样题九）

（4-11　样题十）　（4-12　常用字表 3500 字）

第三节　指导与训练：普通话水平测试第二题（双多音节词语）

一、基本要求

该题测查应试者掌握声母、韵母、声调和变调、轻声、儿化读音的标准程度。其基本要求如下：

1. 测试第一项的基本要求 1. 在此依然有效。

2. 牢记、找准并读准轻声词。作为标准化试卷，本题的轻声词，每套不少于 3 个，一般有 4 个（含两可的，即可轻可不轻的）。有些轻声词既无区别词性和词义的作用，又无细微的修辞差异，它们只是一种习惯性读法，并无规律可循，因此需要专门记忆（轻声词表见附录九：普通话轻声词语表）。测前准备时应首先将轻声词找出并准确读出。除轻声词外，本题其他词语，多读“中・重”格式（如胜利、墙壁等），也有“重・次轻”格式的（如聪明、分寸等）。“中・重”格式的词语详见湖北省语言文字工作委员会组编的《普通话培训测试指要》（修订版）第 139 页；“重・次轻”格式的词语在本题测试时，一般作“中・重”格式处理，而在第三项朗读和第四项说话的测试中可根据语境灵活处理，具体词语详见湖北省语言文字工作委员会组编的《普通话培训测试指要》（修订版）第 172 页。该读轻声的读成重音，或该读重音的读成轻声，均按错误扣分；轻度介乎轻、重音之间，则按缺陷扣分。

3. 读准儿化词和“一”“不”及“上声”的变调。儿化词均有明显的标志，不需要专门记忆，只需读准即可。儿化词的基本格式有两种：①××儿，如胡同儿、被窝儿；②×儿×，如份儿饭、馅儿饼。前一种为主要格式。不论哪种格式，都要求将“儿”之前的音节的韵母儿化。该读儿化的未读出儿化，或明显读成三个音节，均按错误扣分；有儿化特点，但不够到位，则按缺陷扣分。

在语流（词语是最短的语流）中，受邻近音节的影响，“一”“不”及“上声”的声调会有所变化（变化规律见第二章第六节）。认读词语时，应依据语流音变的规律进行变读，当变不变或变读错误，均按语音错误扣分；但词尾上声，调值必须读完整，即读成 214，不得读成半上 21 或其他调值，否则至少按语音缺陷扣分。

4. 中速行进，节奏平稳，不可太快，也不可太慢；一词一顿，声音响亮，保持正常音长和音量。

5. 允许改读一次，但不得隔词改读。

二、专项训练

（4-13　样题一）　（4-14　样题二）　（4-15　样题三）

（4-16　样题四）　（4-17　样题五）　（4-18　样题六）

（4-19　样题七）

（4-20　样题八）

（4-21　样题九）

（4-22　样题十）

（4-23　普通话异读词审音表）

第四节　指导与训练：普通话水平测试第三题（朗读短文）

一、基本要求

该题测查应试者使用普通话朗读书面作品的水平。在测查声母、韵母和声调读音标准程度的同时，重点测查连读音变、停连、语调以及流畅程度。其基本要求是：

1. 语音准确

（1）音节的声、韵、调发音正确，轻声、儿化、变调等音变现象符合音变规律，不出现音节的错读现象。

（2）忠实原作，不出现增读、漏读或改读现象。

2. 语流顺畅

朗读时，词句要连贯，不得重复、颠倒或出现不必要的长时间停顿。

3. 语调自然

语调的自然度，是由许多因素（如节奏、停顿、重音、句调、词语的轻重格式等）决定的。朗读时，应依据不同作品或不同语句所表达的不同思想和感情，做到以下几点：节奏控制要适度；停顿处理要准确；重音落实要合理；句调选择要恰当；轻重格式要正确。除此以外，句尾语气词和字音长短也要符合普通话的规范。

二、专项训练——难点篇目朗读指导

由于所用字词的常用程度、句式的复杂程度及重难点音的分布状况等方面的差异，不同方言区的应试者在朗读60篇测试作品时，会面临不同的困难。下面结合湖北方言，选取部分篇目，予以指导。作品后附的【重点语音提示】中带点的字，属重中之重，应强化记忆并读准；如无特别难的语句，则不提供【难点语句提示】。

作品01号

（节选自茅盾《白杨礼赞》）

那是力争上游的一种树，笔直的干，笔直的枝。它的干呢，通常是丈把高，像是加以人工似的，一丈以内，绝无旁枝；它所有的丫枝呢，一律向上，而且紧紧靠拢，也像是加以人工似的，成为一束，绝无横斜逸出；它的宽大的叶子也是片片向上，几乎没有斜生的，更不用说倒垂了；它的皮，光滑而有银色的晕圈，微微泛出淡青色。这是虽在北方的风雪的压迫下却保持着倔强挺立的一种树！哪怕只有碗来粗细罢，它却努力向上发展，高到丈许，二丈，参天耸立，不折不挠，对抗着西北风。

这就是白杨树，西北极普通的一种树，然而决不是平凡的树！

它没有婆娑的姿态，没有屈曲盘旋的虬枝，也许你要说它不美丽，——如果美是专指“婆娑”或“横斜逸出”之类而言，那么白杨树算不得树中的好女子；但是它却是伟岸，正直，朴质，严肃，也不缺乏温和，更不用提它的坚强不屈与挺拔，它是树中的伟丈夫！当你在积雪初融的高原上走过，看见平坦的大地上傲然挺立这么一株或一排白杨树，难道你觉得树只是树，难道你就不想到它的朴质，严肃，坚强不屈，至少也象征了北方的农民；难道你竟一点也不联想到，在敌后的广大土//地上，到处有坚强不屈，就像这白杨树一样傲然挺立的守卫他们家乡的哨兵！难道你又不更远一点想到这样枝枝叶叶靠紧团结，力求上进的白杨树，宛然象征了今天在华北平原纵横决荡用血写出新中国历史的那种精神和意志。

【重点语音提示】

1. 笔直的干 gàn　2. 似的 shìde　3. 晕圈 yùnquān　4. 倔强 juéjiàng
5. 不折不挠 náo　6. 婆娑 pósuō　7. 虬枝 qiú　8. 女子 nǚzǐ
9. 丈夫 zhàng·fu

【难点语句提示】

1. 这是虽在北方的风雪的压迫下 ‖ 却保持着 ǀ 倔强挺立的一种树！↘

这是第一段的中心句。朗读时，“ǀ”处应声停气不断，“‖”处可快速换气；着重号上方的词语为重音，应用“重而低”的方式落实；本句虽然突出赞美了白杨树的坚强品格，但仍宜采用降调（↘）朗读。

2. 当你在积雪初融的高原上走过→，｜↗看见平坦的大地上‖傲然挺立这么一株或一排白杨树，｜难道你觉得｜树只是树，︶难道你就不想到它的朴质，严肃，坚强不屈，｜至少也象征了北方的农民↗……

这是一个比较长的反问句。朗读时，应在“｜、‖”处作适当停顿，语调呈逐渐上升趋势（→ —↗），但不可太高；“︶”处要连读；重音处要一词一顿，交代清晰。

【总体朗读提示】这是一篇咏物抒情的散文。通过赞美白杨树，热情颂扬了中华民族面临外辱却紧密团结、坚强不屈的崇高品质。朗读时要气息饱满，高潮处应热情奔放、语调上扬。

作品 06 号

（节选自谢冕《读书人是幸福的人》）

我常想读书人是世间幸福人，因为他除了拥有现实的世界之外，还拥有另一个更为浩瀚也更为丰富的世界。现实的世界是人人都有的，而后一个世界却为读书人所独有。由此我想，那些失去或不能阅读的人是多么的不幸，他们的丧失是不可补偿的。世间有诸多的不平等，财富的不平等，权力的不平等，而阅读能力的拥有或丧失却体现为精神的不平等。

一个人的一生，只能经历自己拥有的那一份欣悦，那一份苦难，也许再加上他亲自闻知的那一些关于自身以外的经历和经验。然而，人们通过阅读，却能进入不同时空的诸多他人的世界。这样，具有阅读能力的人，无形间获得了超越有限生命的无限可能性。阅读不仅使他多识了草木虫鱼之名，而且可以上溯远古下及未来，饱览存在的与非存在的奇风异俗。

更为重要的是，读书加惠于人们的不仅是知识的增广，而且还在于精神的感化与陶冶。人们从读书学做人，从那些往哲先贤以及当代才俊的著述中学得他们的人格。人们从《论语》中学得智慧的思考，从《史记》中学得严肃的历史精神，从《正气歌》中学得人格的刚烈，从马克思学得人世//的激情，从鲁迅学得批判精神，从托尔斯泰学得道德的执着。歌德的诗句刻写着睿智的人生，拜伦的诗句呼唤着奋斗的热情。一个读书人，一个有机会拥有超乎个人生命体验的幸运人。

【重点语音提示】

1. 幸福 xìngfú　2. 浩瀚 hàohàn　3. 平等 píngděng
4. 能力 nénglì　5. 精神 jīngshén　6. 经历 jīnglì
7. 经验 jīngyàn　8. 无形 wúxíng　9. 上溯 shàngsù

10. 生命 shēngmìng

【难点语句提示】

1. 一个人的一生，| 只能经历自己拥有的那一份欣悦，‿ 那一份苦难，‖ 也许再加上 | 他亲自闻知的 | 那一些关于自身以外的 | 经历和经验。

2. 人们从《论语》中学得智慧的思考，‿ 从《史记》中学得严肃的历史精神，‖ ↗从《正气歌》中学得人格的刚烈，‿ 从马克思学得人世//的激情，‖ 从鲁迅学得批判精神，‿ 从托尔斯泰学得道德的执着。↘

本句谓语部分，由六个短语排比而成。朗读时，应注意高低快慢的配合，建议采用低慢（1、2）——高快（3、4）——低慢（5、6）的方式朗读。

【总体朗读提示】本文开篇点题："读书人是世间幸福人"，然后逐层论述。文章语带深情，意蕴深厚，朗读时语调要稳重。本文后鼻韵母比较多，朗读时务必读准确。

作品 13 号

（节选自童裳亮《海洋与生命》）

生命在海洋里诞生绝不是偶然的，海洋的物理和化学性质，使它成为孕育原始生命的摇篮。

我们知道，水是生物的重要组成部分，许多动物组织的含水量在百分之八十以上，而一些海洋生物的含水量高达百分之九十五。水是新陈代谢的重要媒介，没有它，体内的一系列生理和生物化学反应就无法进行，生命也就停止。因此，在长时期内动物缺水要比缺少食物更加危险。水对今天的生命是如此重要，它对脆弱的原始生命，更是举足轻重了。生命在海洋里诞生，就不会有缺水之忧。

水是一种良好的溶剂。海洋中含有许多生命所必需的无机盐，如氯化钠、氯化钾、碳酸盐、磷酸盐，还有溶解氧，原始生命可以毫不费力地从中吸取它所需要的元素。

水具有很高的热容量，加之海洋浩大，任凭烈日曝晒，冬季寒风扫荡，它的温度变化却比较小。因此，巨大的海洋就像是天然的"温箱"，是孕育原始生命的温床。

阳光虽然为生命所必需，但是阳光中的紫外线却有扼杀原始生命的危险。水能有效地吸收紫外线，因而又为原始生命提供了天然的"屏障"。

这一切都是原始生命得以产生和发展的必要条件。

【重点语音提示】

1. 生命 shēngmìng 2. 诞生 dànshēng 3. 性质 xìngzhì
4. 成为 chéngwéi 5. 生物 shēngwù 6. 组成 zǔchéng
7. 组织 zǔzhī 8. 生理 shēnglǐ 9. 反应 fǎnyìng
10. 进行 jìnxíng 11. 停止 tíngzhǐ 12. 脆弱 cuìruò
13. 举足轻重 jǔzú-qīngzhòng 14. 氯化钠 lǜhuànà
15. 氯化钾 lǜhuàjiǎ 16. 曝晒 pùshài 17. 扼杀 èshā
18. 提供 tígōng 19. 屏障 píngzhàng

【难点语句提示】海洋中含有许多生命所必需的无机盐，如 | 氯化钠、氯化钾、碳酸盐、磷酸盐，还有溶解氧，原始生命 | 可以毫不费力地 | 从中吸取它所需要的元素。

【总体朗读提示】作为科普文章，最基本的要求是科学客观。因此，在朗读科普文章时，语调多为平直调，但语句重音还得要落实。本文后鼻韵母比较集中，朗读时应力求准确。

作品 14 号

（节选自林清玄《和时间赛跑》）

读小学的时候，我的外祖母去世了。外祖母生前最疼爱我，我无法排除自己的忧伤，每天在学校的操场上一圈儿又一圈儿地跑着，跑得累倒在地上，扑在草坪上痛哭。

那哀痛的日子，断断续续地持续了很久，爸爸妈妈也不知道如何安慰我。他们知道与其骗我说外祖母睡着了，还不如对我说实话：外祖母永远不会回来了。

“什么是永远不会回来呢？”我问着。

“所有时间里的事物，都永远不会回来了。你的昨天过去，它就永远变成昨天，你不能再回到昨天。爸爸以前也和你一样小，现在也不能回到你这么小的童年了；有一天你会长大，你会像外祖母一样老；有一天你度过了你的时间，就永远不会回来了。”爸爸说。

爸爸等于给我一个谜语，这谜语比课本上的“日历挂在墙壁，一天撕去一页，使我心里着急”和“一寸光阴一寸金，寸金难买寸光阴”还让我感到可怕；也比作文本上的“光阴似箭，日月如梭”更让我觉得有一种说不出的滋味。

时间过得那么飞快，使我的小心眼儿里不只是着急，还有悲伤。有一天我放学回家，看到太阳快落山了，就下决心说：“我要比太阳更快地回家。”我狂奔回去，站在庭院前喘气的时候，看到太阳//还露着半边脸。我高兴地跳跃起来，那一天我跑赢了太阳。以后我就时常做那样的游戏，有时和太阳赛跑，有时和西北风比快，有时一个暑假才能做完的作业，我十天就做完了；那时我三年级，常常把哥哥五年级的作业拿来做。每一次比赛胜过时间，我就快乐得不知道怎么形容。

如果将来我有什么要教给我的孩子，我会告诉他：假若你一直和时间比赛，你就可以成功！

【重点语音提示】

1. 时候 shí · hou　2. 操场 cāochǎng　3. 一圈儿 yīquānr
4. 草坪 cǎopíng　5. 爸爸妈妈 bàbamāma　6. 与其 yǔqí
7. 着急 zháojí　8. 心眼儿 xīnyǎnr　9. 喘气 chuǎnqì

【难点语句提示】 爸爸等于给我一个谜语，| 这谜语 | 比课本上的 | “日历挂在墙壁，一天撕去一页，使我心里着急” ‖ 和 “一寸光阴一寸金，寸金难买寸光阴” | 还让我感到可怕；也比作文本上的 | “光阴似箭，日月如梭” | 更让我觉得有一种说不出的滋味。

【总体朗读提示】 本文抒情性很强，前三段表达失去外祖母后的极度哀痛和悲伤，语气凝重，语速缓慢；从第四段开始，写“我”经历这件事后对时间有了新的感悟，语调沉稳，语速稍快；最后一段，“我”不断和时间赛跑并取得成功，快乐兴奋之情溢于言表，语速更快。

作品 18 号

（节选自郑莹《家乡的桥》）

纯朴的家乡村边有一条河，曲曲弯弯，河中架一弯石桥，弓样的小桥横跨两岸。

每天，不管是鸡鸣晓月，日丽中天，还是月华泻地，小桥都印下串串足迹，洒落串串汗珠。那是乡亲为了追求多棱的希望，兑现美好的遐想。弯弯小桥，不时荡过轻吟低唱，不时露出舒心的笑容。

因而，我稚小的心灵，曾将心声献给小桥：你是一弯银色的新月，给人间普照光辉；你是一把闪亮的镰刀，割刈着欢笑的花果；你是一根晃悠悠的扁担，挑起了彩色的明天！哦，小桥走进我的梦中。

我在飘泊他乡的岁月，心中总涌动着故乡的河水，梦中总看到弓样的小桥。当我访南疆探北国，眼帘闯进座座雄伟的长桥时，我的梦变得丰满了，增添了赤橙黄绿青蓝紫。

三十多年过去，我带着满头霜花回到故乡，第一紧要的便是去看望小桥。

啊！小桥呢？它躲起来了？河中一道长虹，浴着朝霞熠熠闪光。哦，雄浑的大桥敞开胸怀，汽车的呼啸、摩托的笛音、自行车的叮铃，合奏着进行交响乐；南来的钢筋、花布，北往的柑橙、家禽，绘出交流欢悦图……

啊！蜕变的桥，传递了家乡进步的消息，透露了家乡富裕的声音。时代的春风，美好的追求，我蓦地记起儿时唱//给小桥的歌，哦，明艳艳的太阳照耀了，芳香甜蜜的花果捧来了，五彩斑斓的岁月拉开了！

我心中涌动的河水，激荡起甜美的浪花。我仰望一碧蓝天，心底轻声呼喊：家乡的桥啊，我梦中的桥！

【重点语音提示】

1. 乡亲 xiāngqīn　2. 多棱 duōléng　3. 兑现 duìxiàn
4. 轻吟 qīngyín　5. 露出 lùchū　6. 心灵 xīnlíng
7. 心声 xīnshēng　8. 割刈 gēyì　9. 扁担 biǎn · dan
10. 增添 zēngtiān　11. 熠熠 yìyì　12. 叮铃 dīnglíng
13. 蜕变 tuìbiàn　14. 消息 xiāo · xi　15. 透露 tòulù
16. 蓦地 mòdì

【难点语句提示】

1. 因而，我稚小的心灵，曾将心声献给小桥：| 你是一弯银色的新月，给人间普照光辉（低平）；你是一把闪亮的镰刀，割刈着欢笑的花果（渐高）；你是一根晃悠悠的扁担，挑起了彩色的明天（更高）！‖ 哦，小桥走进我的梦中。

本段是总—分—总的关系，中间由三个句子排比而成，应朗读出情感起伏，建议采用低—高—高的方式。

2. 哦，雄浑的大桥敞开胸怀，汽车的呼啸、摩托的笛音、自行车的叮铃，合奏着进行交响乐；南来的钢筋、花布，北往的柑橙、家禽，绘出交流欢悦图……

本段中的“汽车的呼啸、摩托的笛音、自行车的叮铃”和“南来的钢筋、花布，北往的柑橙、家禽”，要读出铿锵的节奏，不可随意拖腔拖调。

【总体朗读提示】本文通过写“桥”抒发了对故乡的思念和热爱。朗读时语气要轻快，语调要合理变化，充分表达作者的欢悦之情。本文有一些生字，需要特别记忆。

作品 21 号

（节选自青白《捐诚》）

我在加拿大学习期间遇到过两次募捐，那情景至今使我难以忘怀。

一天，我在渥太华的街上被两个男孩子拦住去路，他们十来岁，穿得整整齐齐，每人头上戴着个做工精巧、色彩鲜艳的纸帽，上面写着“为帮助患小儿麻痹的伙伴募捐”。其中的一个，不由分说就坐在小凳上给我擦起皮鞋来，另一个则彬彬有礼地发问：“小姐，您是哪国人？喜欢渥太华吗？”“小姐，在你们国家有没有小孩儿患小儿麻痹？谁给他们医疗费？”一连串的问题，使我这个有生以来头一次在众目睽睽之下让别人擦鞋的异乡人，从近乎狼狈的窘态中解脱出来。我们像朋友一样聊起天儿来……

几个月之后，也是在街上。一些十字路口处或车站坐着几位老人。他们满头银发，身穿各种老式军装，上面布满了大大小小形形色色的徽章、奖章，每人手捧一大束鲜花。有水仙、石竹、玫瑰及叫不出名字的，一色雪白。匆匆过往的行人纷纷止步，把钱投进这些老人身旁的白色木箱内，然后向他们微微鞠躬，从他们手中接过一朵花。我看了一会儿，有人投一两元，有人投几百元，还有人掏出支票填好后投进木箱。那些老军人毫不注意人们捐多少钱，一直不//停地向人们低声道谢。同行的朋友告诉我，这是为纪念二次大战中参战的勇士，募捐救济残废军人和烈士遗孀，每年一次；认捐的人可谓踊跃，而且秩序井然，气氛庄严。有些地方，人们还耐心地排着队。我想，这是因为他们都知道：正是这些老人们的流血牺牲换来了包括他们信仰自由在内的许许多多。

我两次把那微不足道的一点钱捧给他们，只想对他们说声“谢谢”。

【重点语音提示】

1. 加拿大 Jiānádà
2. 募捐 mùjuān
3. 情景 qíngjǐng
4. 渥太华 Wòtàihuá
5. 小儿麻痹 xiǎo’ér-mábì
6. 彬彬有礼 bīnbīn-yǒulǐ
7. 众目睽睽 zhòngmù-kuíkuí
8. 狼狈 lángbèi
9. 窘态 jiǒngtài
10. 朋友 péng · you
11. 形形色色 xíngxíng-sèsè
12. 徽章 huīzhāng
13. 玫瑰 méi · gui
14. 名字 míng · zi

【难点语句提示】一连串的问题，| 使我这个有生以来 | 头一次在众目睽睽之下 | 让别人擦鞋的异乡人，从近乎狼狈的窘态中 | 解脱出来。

本句较长，朗读时，除了逗号处以外，还应在“|”处作短暂停顿；重音也要落实。

【总体朗读提示】本文感情庄重，朗读时应怀有深深的敬意，小孩子的问话不宜以儿童化的夸张语调朗读。

第五节　指导与训练：普通话水平测试第四题（命题说话）

普通话水平测试第四项——命题说话，是指应试者在所抽中的两个话题中任选其一，并围绕该话题，以单向表达为主的方式叙说一段时长 3 分钟的话语。其目的在于测查应试者在无文字凭借的情况下说普通话的水平，重点测查语音标准程度、词汇语法规范程度和自然流畅程度。

和前三项测试内容不同，命题说话是在无文字凭借的情况下进行的，在四项测试中所占分值最高（40 分）。因此，对多数应试者来说，它是最难应对的一项测试，其成败对应试者普通话水平的最终等级认定起着至关重要的作用。

命题说话的难度，主要表现在两个方面：其一，话题内容广泛，涵盖学习、生活和工作，涉及国事、家事、天下事，这对应试者的生活阅历、知识的深度和广度都提出了较高要求；其二，本题没有现成的文字凭借，需要现想现说，如何在三分钟的时间内，用标准、规范、流畅、自然的普通话，围绕话题叙说一段有内容、有条理、有中心的话语，这对应试者的思维、语言、普通话水平及三者之间的协调发展，都是一个严峻的挑战。因此，应试者需要做好充分的测前准备。

一、基本要求

根据命题说话的评分项目和评分标准，特对应试者提出如下要求：

1. 语音准确

现代汉语方言和普通话的差异，表现最突出的是语音。因此，命题说话的第一个评分项目是“语音标准程度”，总分 25 分，占命题说话总分（40 分）的 60%以上。本项目依照“量化评估为主，定量与定性结合”的方式进行评定，即根据应试者在说话过程中出现的语音错误的数量和系统性缺陷的类别的多少来确定档次。错误和缺陷数量越多，定档就越低。一般来说，应试者若想进入一级，错误量不得超过 10 次，且无任何系统性错误，语调自然或比较自然；若想进入二甲，错误量不得超过 15 次，且语调比较自然；如果错误量超过 15 次，普通话水平的等级基本就在二乙或二乙以下了。

因此，在进行说话项的准备和测试时，应试者必须始终把“语音的准确性”置于优先考虑的地位，对每个音节的声、韵、调，尤其是重难点音（湖北人说普通话，要特别注意“舌尖前音、舌尖后音和舌面音，边音和鼻音，前后鼻韵母，含介音的复韵母，上声和阳平”)，对语流音变（如轻声、儿化、变调等)，都要尽量追求发音准确。

2. 语调自然

语调以句调为核心，一般反映在句尾音节的升降曲直变化上。除此之外，还包括字调、轻重格式和语体风格等内容。在进行说话项测试时，应试者的语言要充分体现普通话的口语体（非方言化）风格，语调宜朴实自然，忌夸张做戏；用词宜通俗易懂，忌晦涩难解；语句结构宜简单精短，忌复杂冗长。凡书面语色彩过浓的，如夸张做戏、用词典雅、语句冗长等，都可能会给测试员留下背稿的印象，进而以“不自然”为由予以扣分。

3. 表达流畅

表达流畅，是指应试者说话时语流行进的连贯程度。影响表达流畅度的因素很多，如心理紧张导致思维堵塞、社会阅历肤浅、知识储备贫乏、语言转换受阻（将方言转化为普通话）等，都可能制约普通话表达的熟练度。因此，应试者应针对以上几个方面加强训练。当应试者出现语流阻塞时，测试员一般会给予及时鼓励、提示或引导，甚至与应试者进行适当的双向交流。经过提示或引导，如果应试者仍无法继续说话，或屡次出现词句重复颠倒、口头禅、不必要的语气词及不必要的长时间停顿等现象，则按“不流畅”予以扣分。

4. 词汇语法规范

现代汉语方言和普通话的差异，表现最突出的虽然是语音，但词汇语法也有分歧（详见湖北省语言文字工作委员会组编，邢福义主编《普通话培训测试指要》修订版第94页附录四《普通话与汉语方言词汇比较表》和第98页附录五《普通话与汉语方言语法对照表》)。在进行说话项测试时，应试者不得使用方言词汇，如“蛮有意思”(指“非常有意思”)、“搞关系”（指“拉关系”)、“麻木”（指“三轮车”)、“脑壳”（指“脑袋”)、“褂子”（指“衬衣”)、“棒子、苞谷”（指“玉米”)、“爹”(指“父亲、爸爸”)、“俺”（指“我”）等；不得使用方言语法，如“我说不倒普通话”（意即“我不会说普通话”)、“我怕不过”（意即“我很害怕”)、“我们都等倒你在!”(意即“我们都在等你!”)、“你有吃过晚饭吗?”(意即“你吃过晚饭吗?”）等；不得使用尚未进入普通话词汇库中的网络词，如“偶”(即“我”)、“粉丝”(即“崇拜者、仰慕者”)、“美眉”（即“美女”）等；不得中、外文夹杂使用。

5. 切合话题，内容充实，条理清晰

命题说话，虽不以内容的优劣为评判依据，但它的档次评定却与内容密切相关。如果没有内容做支撑，是无法说满3分钟的，这样定会出现要么不流畅要么缺时的情况，两者都将被扣分。只有在保证内容充实的前提下，应试者在说话时才能将注意力集中于语音的准确性、语调的自然度和词汇、语法的规范性上，否则就会顾此失彼。而要做到内容充实，应试者的心理素质必须过硬、视野范围必须开阔、知识储备必须丰厚、社会阅历必须丰富，否则，说话的质量将会明显受到影响。除此以外，说话内容还应切合话题，不得离题；要条理清晰，不能逻辑混乱、颠三倒四。

二、备考技巧

命题说话，因其无文字凭借的特性，成为横亘在所有应试者面前的一道难关。如何在三分钟的时间内，比较完美地兼顾话题内容与语音的准确性、语调的自然性、表达的流畅性、词汇语法的规范性，这对应试者的综合素质是一次严峻考验，对低年龄段应试者尤其如此。要想取得理想的等级，除参加普通话测前培训以外，应试者还应在测前做一些有针对性的准备工作，这就是备考。那么，应试者需要掌握哪些备考技巧才能收到事半功倍的效果呢？

（一）话题归类

应试者应善于遵照一定标准，将普通话水平测试用话题进行审题分类，这是命题说话备考过程中最重要的一环。审题不当，就会导致离题万里。

从语言表达方式上看，普通话水平测试用的30个话题，大致可分为如下四类：

1. 记叙类

（1）记人：我尊敬的人、我的朋友、我喜欢的明星（或其他知名人士）。

说“记人”类话题，应试者应注意三个问题：首先，应选择自己最为熟悉或对自己成长进步影响最大的人，如爸爸、妈妈、老师、同学、同事、体育明星、文艺明星等，使自己有话可说。其次，说“人”离不开说“事”，但要以“人”为核心，用“事”来突出“人”的特点。再次，要善于捕捉人物的本质特征，借助肖像、语言、动作、行为等细节展示人物的精神风貌和性格特点，深入挖掘其中蕴涵的不寻常意义。

（2）记事：我的愿望（或理想）、我的学习生活、童年的记忆、难忘的旅行、我的业余生活、我的假日生活、我的成长之路、我和体育。

说“记事”类话题，要遵循文体的一般规律，将记叙文的四要素——时间、地点、人物、事件（发生、发展、结局）——交代清楚；从结构方式上看，应以顺叙为主，如有必要，也可采用倒叙。

2. 描写类

常见的描写类话题有：我喜爱的动物（或植物）、我喜欢的季节（或天气）、我喜欢的节日、我向往的地方等。

说此类话题，要用形象生动的语言把对象的特征描述出来，可借助的手段主要有肖像描写、表情描写、动作描写、行为描写，有正面描写和侧面烘托，有视觉形象描写、听觉形象描写和嗅觉形象描写，有时还以说明的方式进行客观介绍。

3. 说明类

常见的说明类话题有：我喜爱的职业、我喜爱的文学（或其他）艺术形式、我知道的风俗、我的家乡（或熟悉的地方）、我所在的集体（学校、机关、公司等）、谈谈美食、我喜爱的书刊。

以上7个说明类话题，不属于科普性质，因此，对其基本要求不是科学性，而是客观性。在说此类话题时，应试者应善于通过细致的观察，运用举例、分类、摹状、引用等说明方法，冷静全面地介绍说明对象的整体情况。

4. 杂谈类

常见的杂谈类话题有：谈谈卫生与健康、学习普通话的体会、谈谈服饰、谈谈科技发展与社会生活、谈谈社会公德（或职业道德）、谈谈个人修养、谈谈对环境保护的认识、购物（消费）的感受。

杂谈类话题带有议论性质，因此要求观点鲜明、论证有力（论证方法主要有举例论证、道理论证、对比论证、比喻论证）、论据确凿。

同时，杂谈类话题又带有叙述特点，在进行举例论证和对比论证时，这一特点表现得更为明显。

说杂谈类话题时，要求应试者夹叙夹议、以叙佐议。夹叙夹议的形式有三种：①先叙后议，②边叙边议，③先议后叙。测试时既可综合运用也可任选其一。

这样做，既不背离测试标准，又可降低话题难度。一举两得，何乐不为？

需要强调的是，以上四类，是根据话题所使用的主要语言表达方式的不同来划分的，因而并不是绝对的。比如说明类话题虽以说明为主，但也要用描写和叙述；叙述类话题虽以叙述为主，但也要用描写；描写类话题虽以描写为主，但也要用叙述甚至说明；杂谈类话题虽以议论为主，但也要用叙述。

（二）草拟提纲

依据话题要求，事先拟定提纲，是应对命题说话测试的重要环节。提纲可以是书面式，也可以是腹稿式，但不主张讲稿式；根据个人具体情况，提纲可繁可简。比如“我尊敬的人”，参考提纲如下：

（1）开头：我尊敬的人是我的爸爸。

（2）主体：①介绍爸爸的年龄、外貌、职业、性格、为人。②针对爸爸的性格、为人，主要讲述爸爸孝敬老人、尊重妻子、疼爱子女、关心同事等事例。③介绍爸爸的工作态度和工作业绩。

（3）结尾：我的爸爸就是这样一个值得老人、妻子、子女、同事、领导信任的人。

（三）依纲试说

根据草拟的提纲展开试说，检查效果。主要从以下两方面评判：

（1）检查内容。检查内容是否充实足，如有不足，应针对性地予以补充。

（2）检查普通话水平。一查是否标准，二查是否自然，三查是否流畅，四查是否规范。如有不足，应针对性地予以改进。

（四）话题转换

1. 文体转换：杂谈类话题转换成记叙类话题

从思维方式来看，多数人表现为：具体形象思维较强，抽象逻辑思维较差。因此，在面对记叙、描写和说明类话题时会觉得说起来比较容易，而在面对带有议论性质的杂谈类话题时，会感觉说起来相当困难。如何在不背离测试标准的前提下化难为易呢？

杂谈类话题不在乎观点正误，有观点即可，也不在乎观点多少，一个就够，重要的是如何通过罗列相当数量的确凿论据来证明自己的观点，并准确、流畅、自然、规范地说满三分钟。如果在阐明观点以后，以叙述事件经过、描绘人物言行、介绍基本情况等内容来佐证观点，就可把杂谈类话题转化为记叙类话题，从而将话题的展开引入到自己所习惯所擅长的思维表达方式上来，就一定有话可说了。

如“学习普通话的体会”：可先概谈学习感受，亮出观点；再围绕这一感受，列举大量具体事实展开论述，这些事实可以是亲身经历的，也可以是从同学、同事等渠道获知的；最后谈谈经历一番艰苦训练后取得了哪些进步，还有哪些方面需要提高。

又如“谈谈个人修养”：可先阐明加强个人修养的重要性，再简述个人修养的基本内容，接着列举事实分述重视个人修养的好处和忽视个人修养的坏处，最后针对个人修养尚存之不足，提出进一步努力的要求。

2. 内容转换：甲话题内容转换成乙话题内容

在不违背测试规则的前提下，应试者可充分利用同类话题在内容上的相关性，巧妙地将甲话题内容“移植”到乙话题之中。这样做，既可节省备考时间，又能提高备考效率。比如：

（1）我尊敬的人
- 我喜欢的明星（或其他知名人士）：我最喜欢的明星是教坛明星×××老师、体坛明星×××或艺苑明星××（至此，话题转入“我尊敬的人”）
- 我的朋友：我的朋友是我最尊敬的忘年交×××老师，或是×××同学、×××同事（至此，话题又可转入“我尊敬的人”）

（2）我的业余生活：

我的假日生活：假日是我的业余或课余时间。这段时间，我最愿意做的事是体育运动（转入“我和体育”），或旅行（转入“难忘的旅行”），或读书（转入“我喜爱的文学或其他艺术形式”、“我喜爱的书刊”）

我和体育：我在业余或课余，最喜欢参加体育运动了，我喜欢球类、爬山、徒步旅行，可以说我和体育已结下了不解之缘（转入“我的业余生活”）；在业余或课余，我最喜欢读书了（转入“我喜爱的文学或其他艺术形式”）、“我喜爱的书刊”

我喜爱的书刊：我的业余或课余，主要用于读书，我最喜爱的书刊是……（转入“我的业余或课余生活”）；主要用于运动（转入“我和体育”）；主要用于旅行（转入“难忘的旅行”）

三、专项训练

依据下列话题的提纲，准确、连贯、有条理地说一段时长 3 分钟的语段。

1. 我喜爱的动物

（1）动物的种类很多，你最喜爱的动物是什么（小猫、小狗或其他）？

（2）初次见面的情景怎样？它给你留下的初步印象是什么？

（3）它的外貌、习性、举止等有何特点？

（4）相处期间发生了哪些值得回忆的有趣的故事？

（5）你从相处中，领悟到了哪些人生道理？

（讲完一种动物后，如时间仍不足 3 分钟，可再讲一种动物的故事。）

2. 我喜爱的植物

（1）植物种类很多，你最喜爱的植物是什么？

（2）它的品种有哪些？不同品种在外形上各具什么特征（叶子和花的颜色、形状、味道等）？有哪些生活习性？

（3）它有什么科学价值？

（4）如何栽培它？

（5）和其他植物相比，它有哪些独特品质？

3. 难忘的旅行

（1）你到过哪些地方旅行？最难忘的是哪一次？

（2）详细讲述本次旅行中令人难忘的点点滴滴。

（3）概括本次旅行的感受。

（4）说说你下次旅行的打算。

4. 我喜爱的文学（或其他）艺术形式

文学艺术形式主要包括诗歌、散文、小说、戏剧等，选取一种或两种形式开展说话即可。

（1）你喜爱的文学（或其他）艺术形式有哪些？

（2）你喜爱的文学（或其他）艺术形式具备什么特点和作用？

（3）介绍你最喜欢的文学（或其他）艺术作品（作者、情节、人物、主题、艺术特色、影响等）。

（4）你从中获得了哪些人生启示？

5. 谈谈卫生与健康

卫生与健康息息相关，但并不是只要讲卫生就能获得健康。讲述本话题时，要结合实例，从正反两方面阐述卫生对健康的重要性，两者关系也要科学看待，观点不能趋向极端。

（1）随着社会不断进步，人们的物质生活水平逐步提高，对健康的渴求也越来越强烈（举例说明）。

（2）正面阐述讲究卫生是保持身体健康的前提之一，要养成良好的卫生习惯。

（3）从个人卫生（勤通风、勤洗手、勤换衣、勤洗澡等）和公共卫生（不随地吐痰、不乱扔垃圾、不随处大小便等）两方面，谈如何讲究卫生。

（4）反面论述不讲卫生对身体健康的危害。

（5）总结：讲卫生应遵循科学规律。提倡学习科学知识，做到科学地讲究个人卫生和公共卫生，力争健康长寿。

6. 我喜欢的季节（或天气）

季节有春夏秋冬，天气有阴晴雨雪，各具特色和韵味。谈论这个话题时，务必抓住各种季节或天气的特征及其对人们生理、心理、情感上的影响来展开。

（1）描述四季（或天气）特征。

春天——微风拂面，万物复苏，桃红柳绿，鸟语花香；

夏天——酷热难当，暴雨成灾；

秋天——秋高气爽，硕果累累；

冬天——或温暖如春、舒适宜人，或寒风凛冽、银装素裹。

（可从正面或侧面展开描述。）

（2）你不喜欢什么季节？原因是什么？

（3）你喜欢哪些季节？原因是什么？

7. 谈谈服饰

服饰，可分服装和配饰。谈服饰，应将它与色彩、款式、质量、品牌及时代、性别、年龄、个性、气质、职业、国别、民族等联系起来。

（1）概谈服饰对个人形象的重要性。

（2）详细介绍不同时代、不同民族、不同职业、不同年龄的服饰特点。

（3）谈谈你喜欢的服饰及原因。

（4）详细介绍服饰穿戴应注意的问题。

8. 谈谈科技发展与社会生活

（1）总述：科技发展与社会生活密切相关。

（2）分述：科技发展显著提高社会的生活品质（围绕衣食住行举例）。

（3）分述：科技发展给社会生活带来一定隐患（环境污染）。

（4）总结：科技发展是一把双刃剑，在给社会生活带来便利的同时，也产生了弊端（如转基因技术、杂交技术、克隆技术、核能技术、网络技术等）。

（5）延伸：展望未来科技发展对社会生活的影响。

9. 我知道的风俗

（1）你知道哪些风俗（春节、清明、端午、中秋、婚葬或其他）？

（2）分别介绍这些风俗的具体内容和由来。

（3）从国家将清明、端午等传统节日作为法定假日的举措，进一步谈谈重视传统节日、弘扬民族文化的重大意义。

10. 谈谈美食

本题既可从大处来谈（如“八大菜系”），也可谈当地著名小吃。

（1）民以食为天，中国饮食文化源远流长，形成了人们通常所说的“八大菜系”（即川菜、鲁菜、苏菜、浙菜、粤菜、湘菜、闽菜、徽菜。如有所了解，可介绍一下“八大菜系”各自的烹制工艺、口感特点及代表菜谱；如不熟悉，可介绍1~2个菜系的部分特点），它们虽工艺各异，却口感俱佳。

（2）你最喜欢的美食有哪些？它们的原料、配料、口感如何？它们如何制作？

（3）介绍你家乡的代表菜及其原料、配料、做法、口感。

（4）介绍你最擅长的菜肴做法。

（4-24　我国传统节日介绍）　　（4-25　中国“八大菜系”介绍）

11. 谈谈社会公德（或职业道德）

谈论本题，要以观点统领具体材料，要层次清晰。

（1）什么是社会公德（或职业道德）？

（2）举例说明遵守社会公德（或职业道德）的具体表现。

（3）举例说明不遵守社会公德（或职业道德）的种种行为及危害。

（4）你在遵守社会公德（或职业道德）方面做得如何？哪些方面还需要努力？

社会公德是社会生活中最简单、最起码、最普通的行为准则，是维持社会公共生活正常、有序、健康进行的最基本条件。因此，社会公德是全体公民在社会交往和公共生活中应该遵循的行为准则，也是作为公民应有的品德操守。它涵盖了人与人、人与社会、人与自然之间的关系。《公民道德建设实施纲要》用“文明礼貌、助人为乐、爱护公物、保护环境、遵纪守法”二十个字，对社会公德的主要内容和要求作了明确规范。

职业道德是指所有从业人员在职业活动中应该遵循的行为准则，即一般社会道德在职业生活中的具体体现，它是职业品德、职业纪律、专业胜任能力及职业责任等的总称，属于自律范围。它通过公约、守则等对职业生活中的某些方面加以规范。职业道德既是本行业人员在职业活动中的行为规范，又是行业对社会所负的道德责任和义务。职业道德的核心内容是：爱岗敬业，诚实守信，办事公道，服务群众，奉献社会。

12. 谈谈个人修养

（1）什么叫个人修养？其主要内涵是什么？

（2）加强个人修养，于己于人于社会有什么重要意义？

（3）列举古今中外注重个人修养的名人逸事。

（4）如何加强个人修养？

（5）你所从事的职业，尤其需要加强哪些方面的个人修养？

（4-26　个人修养介绍）

13. 谈谈对环境保护的认识

（1）自然环境是人类的生存环境，它与人类的生活息息相关（可从两方面谈：人们的自然观、环保意识和生活习惯决定着自然环境的优劣，自然环境的优劣又影响着人类生活的品质）。

（2）回顾以前的环境状况及其给自己留下的美好回忆。

（3）描述自然环境的现状，列举环境恶化的后果。

（4）分析环境恶化的原因，指出改善环境的对策。

（5）保护环境如何从自身做起？

（6）你对未来的自然环境有何期待？

14. 购物（消费）的感受

（1）随着社会分工越来越精细，人类已渐渐远离自给自足的农业时代，步入工业化或后工业化阶段。人类丰富多样的需求，已无法单纯依靠自身劳动去获取，必须通过购买行为才能满足。因此，在现代社会，人人都离不开消费，人人都有消费的经历和感受。

（2）你有哪些印象深刻的消费经历和感受？

（3）购物（消费）应遵循什么原则？

（4）列举生活中的种种不良消费行为。

（5）最后呼吁：做一名理性的消费者。

第六节　综合模拟训练

模拟测试训练一

1. 读单音节字词（100 个音节，共 10 分，限时 3.5 分钟）

渊	狭	筐	野	桃	窘	酸	忙	捅	淡
死	撞	汞	驼	偶	浓	宾	昂	鸟	昌
捆	弊	党	乎	盼	扔	流	最	秆	却
辉	彭	稳	枪	莫	揩	允	遮	穆	睬
谬	翁	府	洼	密	寡	椎	日	捐	垒
骗	雪	怪	砸	氢	钾	钱	内	粉	涉
直	宝	赛	铁	兽	欺	净	辰	郡	聊
次	盆	灯	而	充	筏	科	蜡	垂	边
柔	署	寒	绕	凝	脸	怀	丰	驴	修
蛹	破	走	廷	蹿	何	匠	须	烁	银

2. 读多音节词语（100 个音节，共 20 分，限时 2.5 分钟）

创新	苍穹	闺女	胸骨	优良	没准儿	侵略
花瓶	另外	国王	麻烦	巍峨	妨害	送别
金丝猴	热爱	苗条	上来	夸张	水獭	顶牛儿
宣布	橡皮	调动	佛教	脑袋	遵循	万岁

坎肩儿	典雅	政策	品种	山川	全身	迟到
婴儿	操纵	体育馆	会计	节约	无非	博士
恰如	做活儿	筹备	难免	人群	自力更生	

3. 朗读短文（400个音节，共30分，限时4分钟）

一位访美中国女作家，在纽约遇到一位卖花的老太太。老太太穿着破旧，身体虚弱，但脸上的神情却是那样祥和兴奋。女作家挑了一朵花说："看起来，你很高兴。"老太太面带微笑地说："是的，一切都这么美好，我为什么不高兴呢？""对烦恼，你倒真能看得开。"女作家又说了一句。没料到，老太太的回答更令女作家大吃一惊："耶稣在星期五被钉上十字架时，是全世界最糟糕的一天，可三天后就是复活节。所以，当我遇到不幸时，就会等待三天，这样一切就恢复正常了。"

"等待三天"，多么富于哲理的话语，多么乐观的生活方式。它把烦恼和痛苦抛下，全力去收获快乐。

沈从文在"文革"期间，陷入了非人的境地。可他毫不在意，他在咸宁时给他的表侄、画家黄永玉写信说："这里的荷花真好，你若来……"身陷苦难却仍为荷花的盛开欣喜赞叹不已，这是一种趋于澄明的境界，一种旷达洒脱的胸襟，一种面临磨难坦荡从容的气度，一种对生活童子般的热爱和对美好事物无限向往的生命情感。

由此可见，影响一个人快乐的，有时并不是困境及磨难，而是一个人的心态。如果把自己浸泡在积极、乐观、向上的心态中，快乐必然会//占据你的每一天。

…………

4. 命题说话（请在下列话题中任选一个，共40分，限时3分钟）

（1）我的愿望（或理想）

（2）购物（消费）的感受

模拟测试训练二

1. 读单音节字词（100个音节，共10分，限时3.5分钟）

旬	日	贼	骚	鳞	胀	瘸	自	旁	奥
怎	夸	彭	拄	噎	坏	吻	放	摸	候
您	株	麻	窘	擦	远	磁	贺	柔	女
掐	填	羞	反	秧	恒	狗	备	耳	绒
窄	溺	髓	交	捶	妥	宋	霞	砖	齿
声	派	波	闯	蛇	咂	状	额	武	辨
吕	民	倦	顶	鬃	留	晒	墙	诡	窃
金	款	白	簇	辽	伟	恋	溪	跳	肠

歪	肯	妃	井	曰	盼	允	搬	瞟	期
到	酥	钝	呈	底	挖	缓	熊	硕	根

2. 读多音节词语（100个音节，共20分，限时2.5分钟）

弯曲	帮手	价格	本领	热量	亏损	因而
大学	不用	春光	魅力	责怪	思考	小瓮儿
动作	灭亡	佛像	聪明	战略	邮戳儿	黑暗
辉煌	直接	折腾	保险	撇开	压迫	疯狂
脑子	啄木鸟	农村	贫穷	全体	军阀	人群
轻率	冒尖儿	电台	雨伞	当代	催化剂	比分
抓阄儿	宣传	爱国	浪头	昂然	如释重负	

3. 朗读短文（400个音节，共30分，限时4分钟）

纽约的冬天常有大风雪，扑面的雪花不但令人难以睁开眼睛，甚至呼吸都会吸入冰冷的雪花。有时前一天晚上还是一片晴朗，第二天拉开窗帘，却已经积雪盈尺，连门都推不开了。

遇到这样的情况，公司、商店常会停止上班，学校也通过广播，宣布停课。但令人不解的是，唯有公立小学，仍然开放。只见黄色的校车，艰难地在路边接孩子，老师则一大早就口中喷着热气，铲去车子前后的积雪，小心翼翼地开车去学校。

据统计，十年来纽约的公立小学只因为超级暴风雪停过七次课。这是多么令人惊讶的事。犯得着在大人都无须上班的时候让孩子去学校吗？小学的老师也太倒霉了吧？

于是，每逢大雪而小学不停课时，都有家长打电话去骂。妙的是，每个打电话的人，反应全一样——先是怒气冲冲地责问，然后满口道歉，最后笑容满面地挂上电话。原因是，学校告诉家长：

在纽约有许多百万富翁，但也有不少贫困的家庭。后者白天开不起暖气，供不起午餐，孩子的营养全靠学校里免费的中饭，甚至可以多拿些回家当晚餐。学校停课一天，穷孩子就受一天冻，挨一天饿，所以老师们宁愿自己苦一点儿，也不能停//课。

…………

4. 命题说话（请在下列话题中任选一个，共40分，限时3分钟）

（1）谈谈卫生与健康

（2）我向往的地方

模拟测试训练三

1. 读单音节字词（100个音节，共10分，限时3.5分钟）

麻	缺	杨	致	捷	谬	尊	凑	刚	炖
临	窘	滑	力	琼	拨	蜷	撞	否	酿
貂	聂	塔	撤	伤	嘴	牢	北	枫	垦
镰	御	稿	四	钧	鼓	掠	甩	呈	准
菊	摊	刑	舀	群	栓	此	让	才	棒
随	鼎	尼	险	抛	残	究	盘	孟	皮
俯	跟	膜	肾	宾	点	烘	阔	挖	火
虫	内	揉	暖	迟	耳	冤	晓	特	芯
舌	恩	并	矮	瓮	瞎	快	枉	桌	悔
松	灶	村	哑	换	冬	辱	扑	仄	前

2. 读多音节词语（100个音节，共20分，限时2.5分钟）

旋律	行当	文明	半道儿	作品	共同	从中
土匪	而且	虐待	日益	单纯	饭盒儿	牛仔裤
民政	雄伟	运用	轻蔑	打杂儿	家眷	赞美
奥妙	海关	另外	男女	热闹	开创	转变
夸张	人影儿	其次	搜刮	悄声	迅速	方法
首饰	坚决	破坏	天鹅	佛像	所有	珍贵
恰好	拖拉机	框子	测量	投票	川流不息	

3. 朗读短文（400个音节，共30分，限时4分钟）

地球上是否真的存在“无底洞”？按说地球是圆的，由地壳、地幔和地核三层组成，真正的“无底洞”是不应存在的，我们所看到的各种山洞、裂口、裂缝，甚至火山口也都只是地壳浅部的一种现象。然而中国一些古籍却多次提到海外有个深奥莫测的无底洞。事实上地球上确实有这样一个“无底洞”。

它位于希腊亚各斯古城的海滨。由于濒临大海，大涨潮时，汹涌的海水便会排山倒海般地涌入洞中，形成一股湍湍的急流。据测，每天流入洞内的海水量达三万多吨。奇怪的是，如此大量的海水灌入洞中，却从来没有把洞灌满。曾有人怀疑，这个“无底洞”，会不会就像石灰岩地区的漏斗、竖井、落水洞一类的地形。然而从二十世纪三十年代以来，人们就做了多种努力企图寻找它的出口，却都是枉费心机。

为了揭开这个秘密，一九五八年美国地理学会派出一支考察队，他们把一种经久不变的带色染料溶解在海水中，观察染料是如何随着海水一起沉下去。接着又察看了附近海面以及岛上的各条河、湖，满怀希望地寻找这种带颜色的水，结果令人失望。难道是海水量太大把有色水稀释得太淡，以致无法发现？……

4. 命题说话（请在下列话题中任选一个，共 40 分，限时 3 分钟）

（1）我的家乡（或熟悉的地方）

（2）我的业余生活

模拟测试训练四

1. 读单音节字词（100 个音节，共 10 分，限时 3.5 分钟）

蔡	康	名	翻	坏	捏	畏	陇	庄	拱
押	党	斟	款	蹄	岔	情	瓣	蛙	特
雪	杂	躲	窜	养	逐	薰	跨	掰	日
醒	罪	眨	弦	瑞	霜	团	抖	浑	字
悲	选	床	蹭	渺	绝	撂	容	颗	如
傲	艘	窘	俄	耍	盆	摸	娘	甲	丢
斥	捧	柜	裙	摔	瘾	坤	用	边	个
峰	廉	拖	雷	篾	磁	纲	取	靳	法
糟	份	远	就	母	脖	伞	障	股	腮
拟	巢	气	飘	衡	篓	儿	吻	拘	沈

2. 读多音节词语（100 个音节，共 20 分，限时 2.5 分钟）

富翁	表演	男女	协调	流动	农产品	纯粹
车皮	能量	健全	没谱儿	随后	太平	转交
那么	诚恳	席卷	扇面儿	柔软	侧重	英雄
生存	何况	不在乎	以致	方案	均匀	国王
恰好	强盗	瓜子儿	外贸	推广	殴打	点心
绿化	上下	铁索	波长	战略	招牌	作怪
佛经	穷人	的确	邮戳儿	开口	似是而非	

3. 朗读短文（400 个音节，共 30 分，限时 4 分钟）

一天，爸爸下班回到家已经很晚了，他很累也有点儿烦，他发现五岁的儿子靠在门旁正等着他。

“爸，我可以问您一个问题吗？”

“什么问题？”“爸，您一小时可以赚多少钱？”“这与你无关，你为什么问这个问题？”父亲生气地说。

“我只是想知道，请告诉我，您一小时赚多少钱?”小孩儿哀求道。“假如你一定要知道的话，我一小时赚二十美金。”

“哦，”小孩儿低下了头，接着又说，“爸，可以借我十美金吗?”父亲发怒了：“如果你只是要借钱去买毫无意义的玩具的话，给我回到你的房间睡觉去。好好想想为什么你会那么自私。我每天辛苦工作，没时间和你玩儿小孩子的游戏。”

小孩儿默默地回到自己的房间关上门。

父亲坐下来还在生气。后来，他平静下来了。心想他可能对孩子太凶——或许孩子真的很想买什么东西，再说他平时很少要过钱。

父亲走进孩子的房间：“你睡了吗?”“爸，还没有，我还醒着。”孩子回答。

“我刚才可能对你太凶了，”父亲说，“我不应该发那么大的火儿——这是你要的十美金。”“爸，谢谢您。”孩子高兴地从枕头下拿出一些被弄皱的钞票，慢慢地数着。

“为什么你已经有钱了还要?”父亲不解地问。

“因为原来不够，但现在凑够了。”孩子回答，“爸，我现在有……”

4. 命题说话（请在下列话题中任选一个，共 40 分，限时 3 分钟）

（1）购物（消费）的感受

（2）我喜欢的季节（或天气）

模拟测试训练五

1. 读单音节字词（100 个音节，共 10 分，限时 3.5 分钟）

邻	赏	吹	我	输	溃	纺	怀	割	道
川	伐	绘	毛	抓	童	热	陈	若	咏
砌	族	哑	尤	券	癌	献	砂	铁	真
破	巫	两	钓	允	虑	伞	渠	状	左
丝	债	闯	辨	找	迟	帮	劳	枪	伴
头	倾	谜	窘	粗	暗	婶	碰	蕨	废
掂	莫	黑	玩	狗	眠	闰	宣	此	爬
溺	谋	港	腥	奶	夸	雪	惯	葱	荚
块	雷	孙	伪	枫	领	居	扭	津	二
旬	逼	食	艇	音	软	碟	褶	奏	表

2. 读多音节词语（100 个音节，共 20 分，限时 2.5 分钟）

冲刷	日子	穷人	英雄	广播	夏季	没词儿
佛像	色彩	成年	遵守	大伙儿	稳妥	琐碎
红军	困难	公民	湍流	领土	漂白粉	少女

外国	富翁	新娘	盎然	纯粹	口袋	恰好
痰盂儿	差别	专政	恶劣	壶盖儿	内脏	荒谬
而且	眷恋	群体	支援	品德	窟窿	挂帅
确定	研究生	战略	赔偿	小丑	天经地义	

3. 朗读短文（400个音节，共30分，限时4分钟）

小学的时候，有一次我们去海边远足，妈妈没有做便饭，给了我十块钱买午餐。好像走了很久，很久，终于到海边了，大家坐下来便吃饭，荒凉的海边没有商店，我一个人跑到防风林外面去，级任老师要大家把吃剩的饭菜分给我一点儿。有两三个男生留下一点儿给我，还有一个女生，她的米饭拌了酱油，很香。我吃完的时候，她笑眯眯地看着我，短头发，脸圆圆的。

她的名字叫翁香玉。

每天放学的时候，她走的是经过我们家的一条小路，带着一位比她小的男孩儿，可能是弟弟。小路边是一条清澈见底的小溪，两旁竹阴覆盖，我总是远远地跟在她后面，夏日的午后特别炎热，走到半路她会停下来，拿手帕在溪水里浸湿，为小男孩儿擦脸。我也在后面停下来，把肮脏的手帕弄湿了擦脸，再一路远远跟着她回家。

后来我们家搬到镇上去了，过几年我也上了中学。有一天放学回家，在火车上，看见斜对面一位短头发、圆圆脸的女孩儿，一身素净的白衣黑裙。我想她一定不认识我了。火车很快到站了，我随着人群挤向门口，她也走近了，叫我的名字。这是她第一次和我说话。

她笑眯眯的，和我一起走过月台。以后就没有再见过//她了。

…………

4. 命题说话（请在下列话题中任选一个，共40分，限时3分钟）

（1）我的成长之路

（2）我喜爱的动物（或植物）

第七节　计算机辅助测试简介

一、考场规则

1. 候测室

（1）应试者必须按照准考证规定的测试时间提前30分钟进入候测室报到。迟到 15 分钟以上者按缺考处理。

（2）应试者应仔细阅读《计算机辅助普通话水平测试应试指南》和《湖北省计算机辅助普通话水平测试考生注意事项》。

（3）应试者需交验准考证和二代身份证，双证不齐者，不得参加测试。考务人员按报到顺序对应试者分批次点名，并引导考生进入指纹采集、照相室。

（4）应试者须听从考务人员安排，不得在候测室大声喧哗。

2. 指纹采集、照相室

（1）应试者将右手拇指中心放在指纹采集器相应位置上进行指纹采集。

（2）考务人员对应试者现场采集照片。

（3）系统将随机为应试者抽取测试机位编号，每位应试者的编号既是备测室的座位号，又是测试室的机位号。

3. 备测室

（1）应试者在考务人员引导下进入备测室，按编号入座。

（2）考务人员应仔细核对应试者准考证和二代身份证。

（3）应试者领取试卷后开始准备测试，备测时间为 15 分钟。

（4）应试者不得在试卷上作记号，不得与他人交谈，不得向考务人员作任何有关考试内容的提问，不得携带任何资料、录音（录像）器材等进入备测室，并关闭通信工具，否则视为考试违纪。

（5）测前准备完毕，应试者将备测室试卷留在原处，在考务人员引导下进入测试室。

4. 测试室

（1）应试者在考务人员引导下携带准考证和身份证按顺序进入测试室。

（2）应试者应严格按照计算机测试系统的提示进行操作和测试。测试过程中除正常的测试操作外，应试者不得进行其他内容的操作，也不允许更改计算机系统的设置，由此造成的计算机及其配件损坏，应试者应承担相应的赔偿责任。

（3）测试过程中应试者要做到吐字清晰、语速适中，音量与试音时保持一致。

（4）测试过程中如果出现异常情况，应试者应及时告知监考人员协助解决。

（5）测试完毕，应试者请将耳机放回原处，并听从监考人员指令后再统一离开。

（6）测试过程中，若发现应试者携带资料、录音（录像）器材等，或通信工具没有处于关闭状态，则取消应试者本场考试资格；若发现应试者请人代考，成绩以零分计，除按有关条例进行处分外，考生一年内不能参加普通话水平测试。

二、应试指南

计算机辅助普通话水平测试流程图

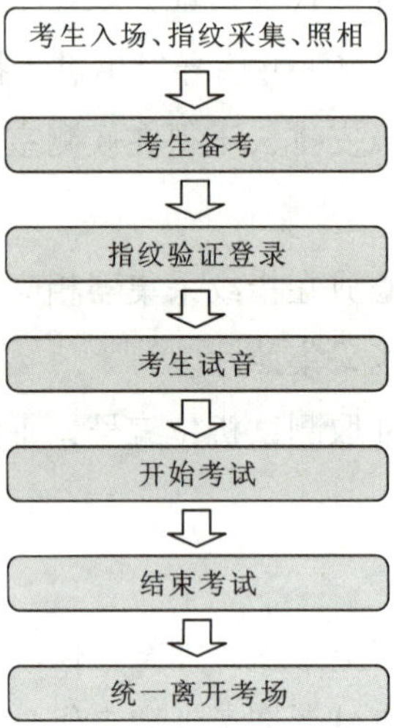

提示：请您就座后戴上耳麦，将话筒置于口腔前方。带好耳麦后请点击“下一步”按钮。

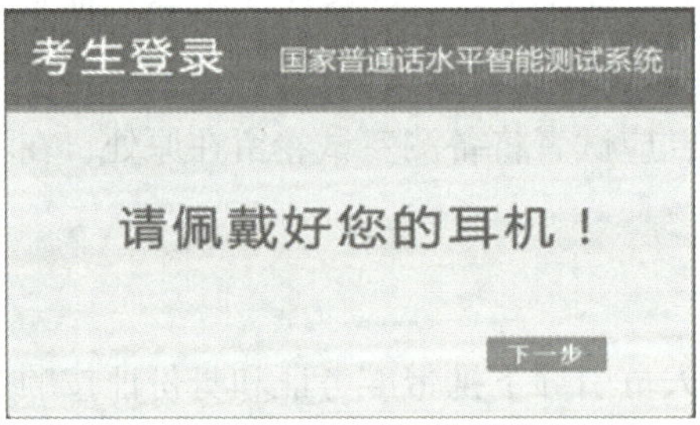

1. 考生登录（如图示）

在指纹验证器上进行指纹验证，完成考生登录。

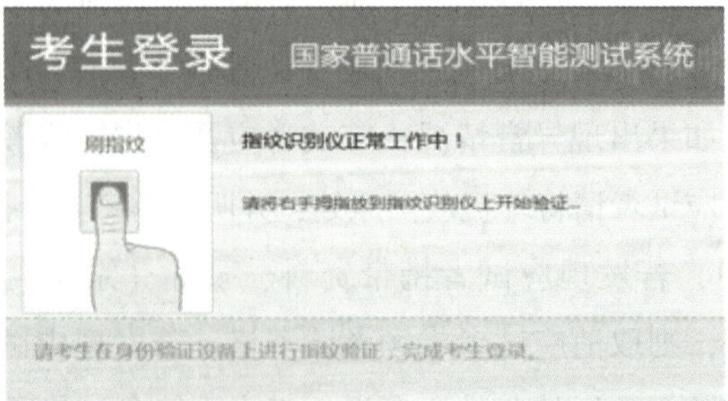

2. 核对信息（如图示）

（1）请仔细核对您的个人信息，如信息无误，请单击“确认”按钮继续。

（2）如信息有误，请在考试结束后与监考老师联系更改。

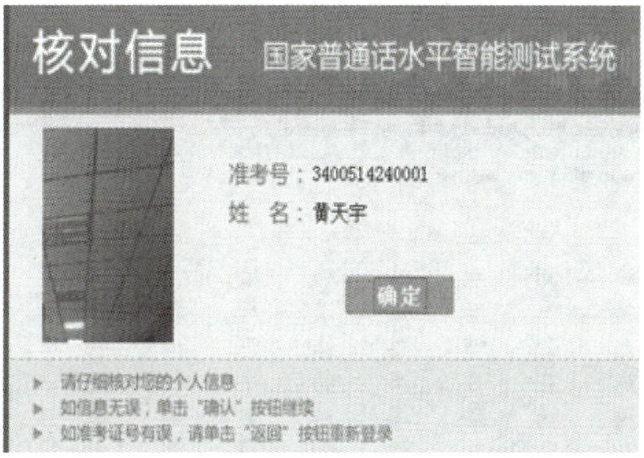

3. 自动试音（如图示）

（1）请在提示语结束并听到“嘟”的一声后，用正常说话的音量朗读主屏中的个人测试信息。

（2）本系统会自动调节，以适应您的音量，您不用作任何操作。试音结束，系统会弹出提示试音结束的对话框。

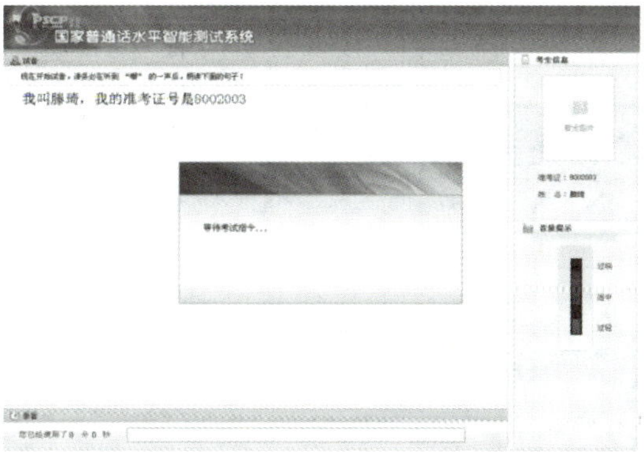

4. 开始考试

（1）普通话水平测试共有 4 项题目，系统会依次显示各项内容，考生只需根据屏幕显示的试题内容进行录音。

（2）每项试题前都有一段语音提示，请在提示语结束并听到“嘟”的一声后，再开始录音。如某项试题时间有余，单击屏幕右下角的“下一题”按钮，可进入下一项试题。

（3）录音过程中，应做到吐字清晰，语速适中，音量同试音时保持一致。请注意主屏下方的时间提示，确保在规定时间内完成每项考试。规定时间结束，系统会自动进入下一项试题。

（4）考试过程中，考生不要说试卷以外的任何内容，以免影响考试成绩。如有疑问，请举手示意，工作人员会及时解答。

第一题　读单音节字词

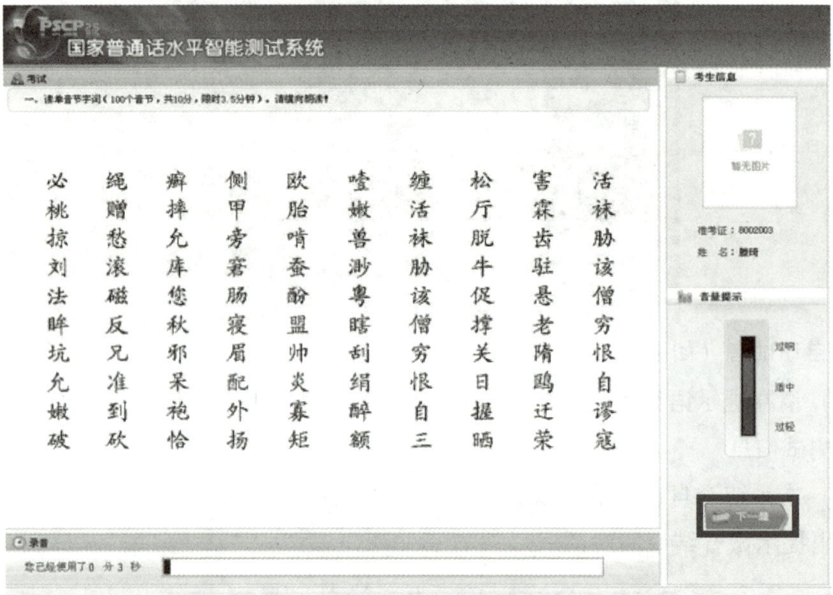

第二题　读多音节词语

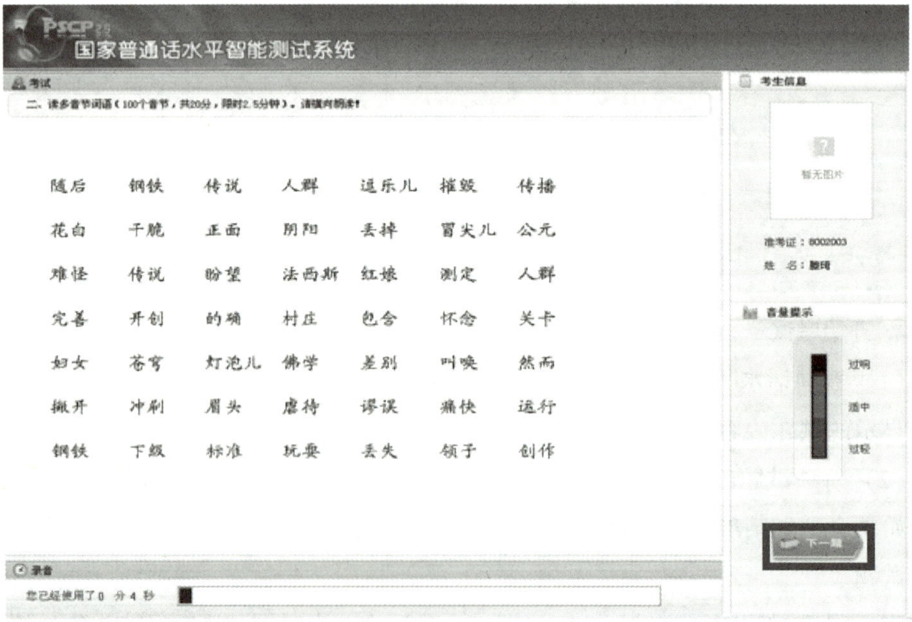

第三题　朗读短文

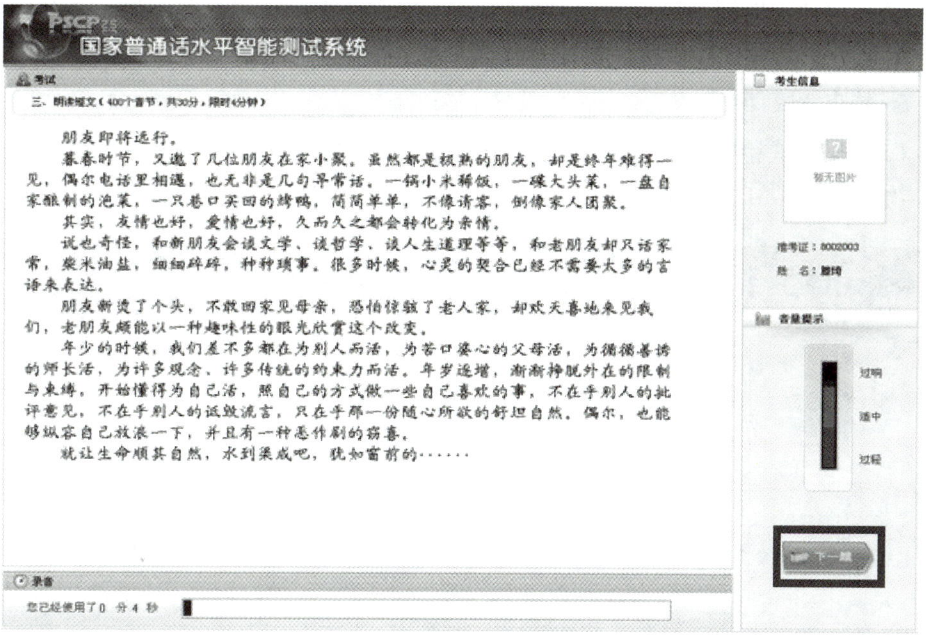

第四题　命题说话

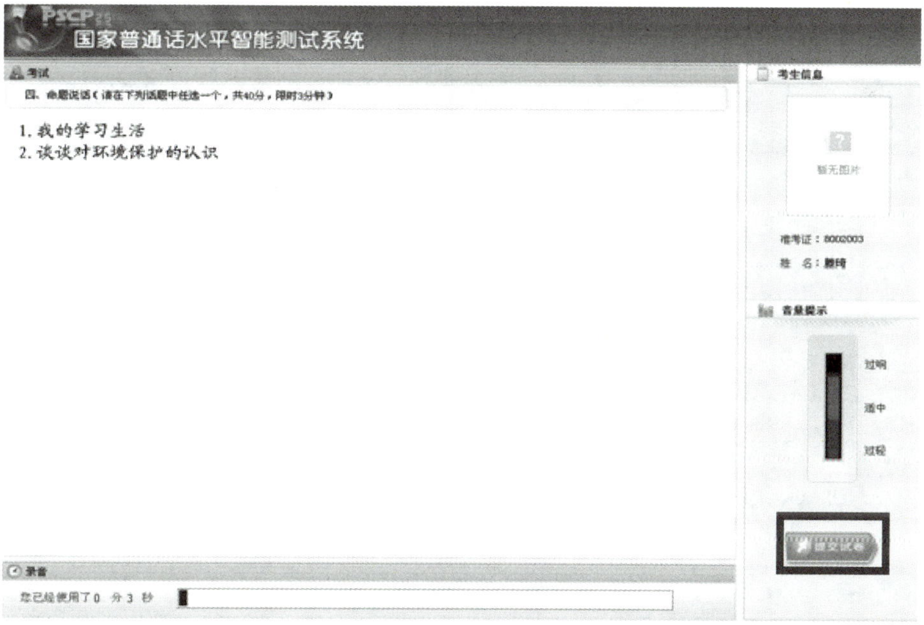

第四题提示：

（1）命题说话项，请选择话题。录音开始时，请读出所选话题名称，如：我说的话题是“我的学习生活”。

（2）本题必须说满 3 分钟【主屏下方有时间提示】。

（3）说话结束后，单击屏幕右下角的“提交试卷”按钮，便可结束考试；说满 3 分钟后系统会自动结束。

5. 结束考试

（1）提交试卷后，系统会自动弹出如下提示框，表示您已成功结束本次考试。

（2）请摘下耳麦放在桌上，然后等待监考老师的指令后再统一离开。

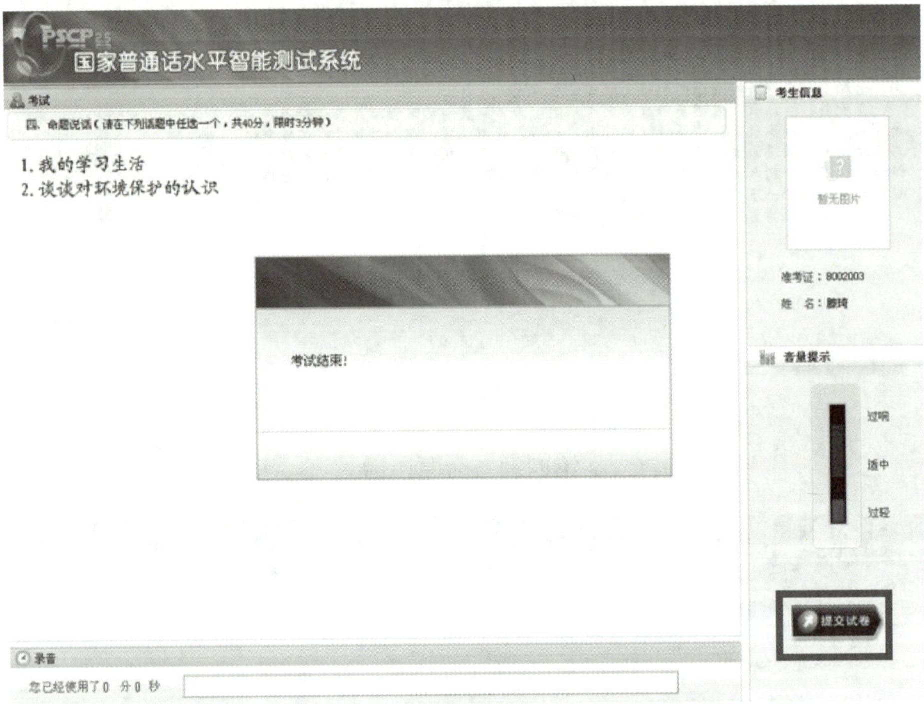

（4-27　国家普通话水平智能系统 PPT）

第八节　普通话水平测前心理辅导

普通话水平测试是以口试方式进行的，测试时产生些微紧张情绪是很正常的。但有的应试者却过于紧张，屡测屡败、屡败屡测的应试者更易如此。这在一定程度上制约了个人水平的发挥，影响了最终的等级评定。

一、测试心理障碍

1. 担心

这是最主要的测试心理障碍。应试者担心：本次测试万一失败，普通话水平达不到国家规定等级，或不能取得从业资格证或毕业证，或不能晋升职务职称，或不能竞聘业务骨干，或不能参评优秀先进……这些利害关系给应试者带来了沉重的心理负担。只有在心理上摒弃利害关系带来的影响和压力，才能保证测试成功。

2. 自卑

参加测试时，部分应试者会认为：自己来自方言比较严重的地区，普通话基础薄弱，水平不及他人，难以达到国家规定的等级。这种自卑心理如果导致测试失败，实际上是自己造成的，是自己打败了自己。自卑心理的形成，其主因是对自己的认识评价不当。他们总拿别人的长处与自己的短处比较，结果越比越自叹不如，消极悲观。其实，人人都有长处和短处，应该认识到别人的长处都是努力学习、刻苦训练取得的，只要自己努力学习、刻苦训练，假以时日，一样可以达到甚至超越他人今天的水准。

二、克服障碍，调整心态

在认真准备的前提下，应试者应把自己的心理调整到最佳状态。如何调整呢？以下几种方法可以借鉴：

1. 正面心理暗示法

测试前，应多从正面暗示自己：我已经接受了一年多的专业学习和训练，又参加了系统的测前培训，所有测试项目的训练效果都不错，所有重难点基本掌握，通过模拟测试，我对测试基本流程已了然于心，正式测试也不过是那些内容，我相信自己一定能测出正常水平。

2. “破釜沉舟”法

“破釜沉舟”法，其实也是一种心理暗示。测试前，应试者可以这样提醒自己：我如果紧张，如果顾虑太多，一定会考砸；可如果豁出去，摒弃杂念，彻底放开，说不定还能考出意想不到的好成绩呢！

3. “顺其自然”法

本方法适用于部分基础薄弱的应试者。这些应试者在测试前，可以这样提示自己：我来自方言复杂的地区，小学老师都是用方言教学的，因而普通话底子薄基础差，尽管我付出了艰苦努力，但目前的水平暂时还不能达到国家规定的等级；我一定按照培训要求，发挥最佳水准，争取考一次进步一次；如果这次能顺利通过，当然好，不能通过，也没有遗憾，一切顺其自然吧！我相信，经过艰苦训练，总有一天，我能达标。

4. 镇静呼吸法

本呼吸法属于瑜伽。人在紧张的时候，交感神经异常活跃，全身处于一个兴奋的状态，从而降低了大脑的思维能力，往往容易做出不冷静的判断和错误的决定。下面介绍镇静呼吸法，助你克服紧张情绪。

（1）伸出左手，五个手指伸直，掌心向上。

（2）用右手拇指按住左手掌心，其余四指握住左手手掌。

（3）慢慢呼气，意念集中在拇指上，慢慢地加大拇指向下的按压力量，双眼注视右手拇指，此过程持续 6 秒钟。

（4）慢慢地深吸气，静静地撤去右手拇指上的力量，此过程持续 6 秒钟。

（5）左右手互换，重复 3 次。

瑜伽认为，呼吸是联系生理和心理的桥梁，是了解生理状况和心理状况的窗口。当人感到紧张时，血压上升，脉搏加快，严重时还会满脸通红，甚至冒冷汗。瑜伽的镇静呼吸法依靠加力在腰与拇指上，去除上半身的紧张，由此来调整呼吸，心自然就平静下来了。

实战演练

思考与练习九

1. 普通话测试包括哪几种题型？每种题型的要求分别是什么？
2. 你能简要说出普通话机测流程吗？
3. 对应评分标准，你能找出自己普通话的不足之处吗？
4. 你测前是否有害怕、自卑等心理？准备如何调试？

下　编

教 师 口 语

第一部分　一般性口语训练

01 第一章 一般性口语交际的基础训练

通过训练，提高思维的品质；学会克服人际交往时自卑、胆怯、自傲的心理；养成良好的听话习惯，具备一定的听话辨析能力和语境判断能力。

本章导学

学习目标

1.掌握思维、心理素质、听话技能和语境判断训练的基本要求和方法技巧。

2.通过训练，提高思维的品质；学会克服人际交往时自卑、胆怯、自傲的心理；养成良好的听话习惯，具备一定的听话辨析能力和语境判断能力。

3.认识一般性口语的基础训练对口语表达的重要性，自觉训练，为提高口语表达能力打下坚实的基础。

内容树图

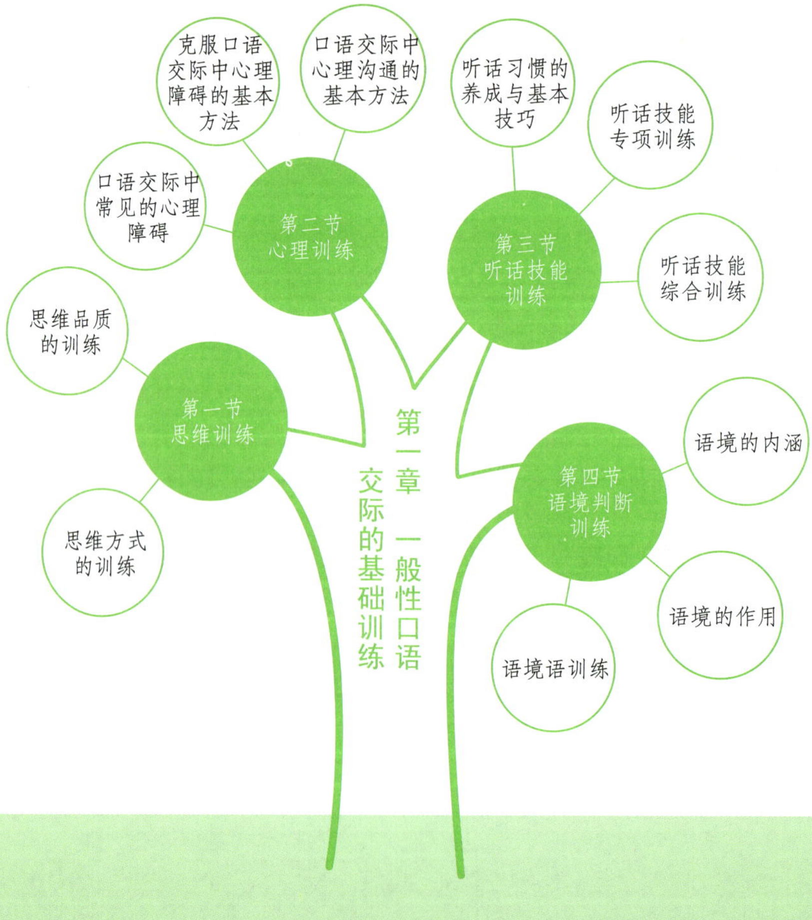

知识精讲

第一节　思维训练

一、思维方式的训练

思维方式是指人在思考时的轨迹。思维方式有正向思维与逆向思维、发散思维与集中思维等。语言与思维之间有着密切的关系，思维是语言的基础，语言是思维体现的工具，人们说话的过程，就是将思维结果呈现出来的过程。思维训练主要是训练认知语言中的思维体现和学会准确、灵活地在口语交际中转换思维。

（一）正向思维与逆向思维

正向思维是一种常规思维方式。

逆向思维是指从正向思维相反的方向出发，能从一般认为是正确的观点中发现谬误，或从传统认为是错误的观点中发现合理成分的一种思维方式。逆向思维一般有三种类型。

1. 转换型逆向思维

思维的逆向体现在遇到某一问题时，由于解决问题的手段受阻，而转换成另一种手段，或转换角度进行思考，最为经典的例子就是“司马光砸缸”。

（图 1-1　司马光砸缸）

常规思维让人离开水，司马光救人是让水离开人。

2. 反转型逆向思维

从已知事物的原理、功能、属性和方向的相反方向进行思考的方法。

【示例】有一对夫妻带着5岁的儿子找房子搬家，他们跑了一整天，直到天黑时才看到一张条件比较合适的公寓出租广告，于是就前去询问。他们敲门后，温和的房东走出来，遗憾地对他们说："实在对不起，我们公寓不招租有孩子的住户。"这对夫妻听了，不知如何开口恳求房东，于是默默地离开了。而这个5岁的孩子想了想，又去敲房东的大门。门开了，房东走了出来。这孩子精神抖擞地说："叔叔，这个房子我租了，我没有孩子，我只带来两个大人。"房东听了之后，高声笑了起来，决定把房子租给他们。

【评析】孩子运用逆向思维，把房东不出租房屋的条件从能租的方向去分析，条件只说不能租给有孩子的大人，但是没有说不能租给带大人的孩子，结果取得了意想不到的效果。

3. 缺点逆向思维

把事物的缺点变为可利用的东西，化被动为主动，化不利为有利的创新思维方法。这种方法不以克服事物的缺点为目的，相反，它是将缺点化弊为利，寻找解决或利用的途径。

【示例】一个做衣服的批发商，同行为了排挤他，故意使坏让他进了一批次品牛仔裤。当他收到货物时，发现很多裤子上都有毛边、破洞的现象。可是他已经付清了货款，发货商不承认发的是次品并且拒绝退换。这可急坏了这位老板，做服装设计师的弟弟听说了这件事后，仔细研究了一下这批坏裤子，给哥哥出了一个主意，把所有的牛仔裤通通拿出来磨边、开洞，打着"崭新的破裤"的旗号去卖。结果生意火爆，因为全球正刮起了一阵穿"破烂装"的时尚，为此他不仅没有赔钱还大赚了一笔。

【评析】紧随"穿破牛仔裤"的时尚，变废为宝，生意不仅没有受损反而大赚了一笔。所以常做逆向思考常常会让人有意想不到的结果。

【课堂实训】

（1）请你拟出一句广告词。

北京的一条街上同住三家裁缝，手艺都不错。因为住得太近，生意上的竞争很激烈。为了抢生意，都想挂出有吸引力的招牌来招揽顾客。甲挂出的招牌是"北京城里最好的裁缝"，乙挂出的招牌是"全国最好的裁缝"。丙裁缝眼看两位同行相继挂出了这么大气的广告招牌，心想两位同行挂出的招牌都大到这份上了，我能说世界最好的裁缝？最后丙裁缝根据他儿子的思路拟定的招牌挂出以后，果然生意兴隆。你认为丙店拟定的招牌广告词应是什么？

（2）请你用一句话来惩治一下奸商。

一位老婆婆来菜场买西红柿，挑了三个放到秤盘里，摊主称了下说："一斤半，三块七。"老婆婆说："我就做个汤，用不着那么多。"说完就去掉了个儿最大的那个西红柿。

摊主迅速瞧一眼秤杆子，"一斤二两，三块"。

（3）如果你是加里·沙克，你将如何谈判成功？

加里·沙克是一个具有犹太血统的老人，退休后，在学校附近买了一间简陋的房子。住下的前几个星期还很安静，不久有3个年轻人开始在附近踢垃圾桶闹着玩。老人受不了这些噪音，出去跟年轻人谈判。

（二）发散思维与聚合思维

1. 发散思维

发散思维是指人们围绕着某一个中心向不同层面、不同方向思考，从而引出许多新的信息的思维方式。

【示例】20世纪80年代，我国著名的中国魔球理论创始人许国泰先生认为曲别针的用途是无穷无尽的。他说："曲别针的用途可以用四个字概括，即钩、挂、别、联。我认为远远不止这些。"接着他把曲别针分解为铁质、重量、长度、截面、弹性、韧性、硬度、银白色等十个要素，用一条直线连起来形成信息的栏轴，然后把要动用的曲别针的各种要素用直线连成信息标的竖轴。再把两条轴相交垂直延伸，形成一个信息反应场，将两条轴上的信息依次"相乘"，达到信息交合……于是曲别针的用途就无穷无尽了。例如可加硫酸可制氢气，可加工成弹簧、做成外文字母、做成数学符号进行四则运算等等。

许国泰先生的思考方式就是发散思维。发散思考一般以材料、功能、结构、形态、组合、方法、因果、关系这八个方面为发散点，进行具有集中性的多端、灵活、新颖的发散思考，从而形成各种创造性设想。在语言交际中，发散思维要求说话者长于联想，善于应急变通，思路流畅。

【课堂实训】

（1）面对"0"，你能想到什么呢？说出你的想法。然后，根据你的想法组合成一段完整的话。

（2）分析《水的联想》，说说作者是从哪些角度来描写水的。

（1-1　《水的联想》）

2. 聚合思维

聚合思维是指从已知信息中产生逻辑结论，从现成资料中寻求正确答案的一种有方向、有条理的思维方式。又称为求同思维法、集中思维法、辐合思维法和同一思维法等。

【示例】1960年英国某农场主为节约开支，购进一批发霉花生喂养农场的十万只火鸡和小鸭，结果这批火鸡和小鸭大都得癌症死了。不久，在我国某研究单位和一些农民用发霉花生长期喂养鸡和猪等家畜，也产生了上述结果。1963年澳大利亚又有人用霉花生喂养大白鼠、鱼、雪貂等动物，结果被喂养的动物也大都患癌症死了。研究人员从收集到的这些资料中得出一个结论：在不同地区，对不同种类的动物喂养霉花生都患了癌症，因此霉花生是致癌物。后来又经过化验研究发现：霉花生内含有黄曲霉素，而黄曲霉素正是致癌物质。

通过上述事例我们发现，聚合思维和发散思维在思维方向是相反的，发散性思维是"放"，聚合思维是"拢"。聚合思维最大的优点是对发散性思维的结果进行去粗取精、去伪存真，从而取得结果的突破。聚合思维法是人们在解决问题过程中常用的思维方法。

【课堂实训】

（1）我们在思考问题时，层层分析，向问题的核心一步一步地逼近，抛弃那些非本质的、繁杂的特征，最后揭示出隐蔽在事物表面现象内的深层本质。这也是聚合思维的体现。请你当一回公安人员破案。

一个教授家里被盗了，结果家里的现金一分不少，贵重物品也没有丢失，只是书架里的书少了几本教授最喜欢的书，过了一段时间，书被撕烂了放回了原处。你如何锁定犯罪嫌疑人？

（2）创作往往是作者通过获取大量素材、删选信息，精心提炼与聚合形成的。一些形象的创造、主旨的提炼等都是聚合思维的体现。请根据以下信息说出具体的人物形象。

人　猴子　金箍棒

大刀　忠义　红脸

二、思维品质的训练

思维没有好坏和高低之分，关键看思维的效果。思维品质是思维效果的重要保证。思维品质一般指思维的条理性、开阔性、敏捷性、灵活性和新颖性。

（一）思维的条理性

在口语交际中，说话要中心明确、条理清晰、言之有序，这就是思维的条理性在语言上的表现。只有思路清晰，才能保证语言表达的清晰和流畅；思路混乱，必然会导致语言表达的无序和杂乱，让听话者难以明白说话者的意思。在语言表达上，思维的条理性主要指论述有论点、论据，论证过程符合人的思维惯性，讲述或叙述符合事理逻辑、层次分明、便于理解和交流。为了体现语言、思维的条理性，常常有些“思维路标”，如序数词、关联词和概括性词语等。

【示例】

序数词：“第一”“第二”“第三”等。

关联词：“因为……所以……”“不但……而且……”“只有……才……”等。

概括性词语：“总而言之”“可见”等。

【课堂实训】

（1）下面是小学生在“怎样对待坏人坏事”主题班会上的争论。请你作小结，注意思维的条理性。

甲：跟坏人作斗争是公安局的事，跟我们小朋友有什么关系！

乙：跟坏人坏事斗争只要胆子大，不怕死就行。

丙：小孩子总斗不过大人，弄不好会被坏人杀死，还是少管闲事好。

丁：胳膊肘朝里拐，要是自己家里人干坏事，我才不管呢！

（2）把下面的句子组成一段话。

①碧溪河从村前流过。

②村后是一望无际的桑园。

③我家住在碧溪河边，这是江南水乡的小村庄。

④河里一群小鱼在水中游来游去，水面上不时溅起朵朵水花。

⑤春天，桑树抽出新芽，整个桑园就像绿色的海洋。

（二）思维的开阔性

思维的开阔性是指思维的广度。在口语交际中，有的人能够滔滔不绝、旁征博引，且又能言之有理，正是思维开阔性的表现之一。

【示例】小王在上学的路上捡到一只小猫，毛茸茸的，可爱极了。一进教室，同学们都要抢来抱一抱。“丁零零……”上课铃声响了。怎么办？小王掀起课桌的翻板，拿出几本书，小心翼翼地把小猫放了进去，然后轻轻地抚摸一下小猫的脑袋，把翻板关上了。语文老师走上讲台，她发现今天的纪律特别好，满意地点了点头就开始上课。正当老师转身写板书时，小猫“喵”地叫了一声。老师下意识地回过头去一看，只见小王突然剧烈地咳嗽起来，紧接着全班同学也一齐咳起来了。“怎么了？今天大家都感冒了？”老师不解地问，然而没有一个人回答。老师继续上课，可小猫却再也忍不住了，大声地“喵——”起来了。这下，老师全明白了，她摘下老花镜，走到小王旁边，把课桌翻板往上一掀……

结尾一：老师严厉地批评了小王，让她把猫送出教室。

结尾二：老师看见一个可爱的小猫，非常惊讶，轻轻地摸了摸小猫咪的头，对它说："小猫咪，要乖乖的，不要吵。下课了，我来照顾你。"

结尾三：老师惊喜地发现，这只猫咪就是她家走丢的小花，非常开心，并谢谢小王帮她找到了它。

结尾四：……①

一个故事可以想到多种结局。要想思维变得开阔主要靠联想。下面介绍几种联想方式。

1. 接近联想，由于时间、空间上接近等原因而产生的联想。例如：由"茶"想联想到"龙井"，由"龙井"联想到"西湖"等。

2. 类似联想，由于性质类别而引起的联想。例如：由"茶"联想到"咖啡"，联想到"果汁"等。

3. 对比联想，由对比而引起的联想。例如：由"茶"联想到"白开水"，由"茶"联想到"饭"，"黑"联想到"白"等。

【课堂实训】

（1）请试着对以下事物进行联想：月亮、皮球、小孩、巧克力、春天。

（2）请你给莫泊桑的《项链》想一个合理的结局，可以有多种结局，看谁想得多、想得合理。

（三）思维的敏捷性

思维的敏捷性是指思维反应的速度。它是衡量一个人口语能力的重要标志之一。在口语交际中，必须保持冷静的心态，正确、迅速地判断事物的本质并恰当表述。其中，正确是前提，迅速是关键。

【示例】

《七步诗》

曹丕做了皇帝以后，对才华横溢的胞弟曹植一直心怀猜忌。有一次，他命曹植在七步之内作诗一首，如做不到就将行以大法（处死），而曹植不等其话音落下，便应声说出这样一首诗：

煮豆持作羹，漉菽以为汁。

其在釜下燃，豆在釜中泣。

---

① 转引自国家教育委员会师范教育司组编、教育部师范教育司组织修订：《教师口语（修订本）》，语文出版社2003年版。

本是同根生，相煎何太急？

因为这首诗是被限制在七步之内作成的，故后人称之为《七步诗》。

【评析】这首诗以浅显生动的比喻说明两人本是亲兄弟，不应互相猜忌与怨恨。曹植才思敏捷，具有出口成章的本领，而且在生命危急之时还能晓以大义，令其兄自觉不如、羞愧万分。

【课堂实训】

（1）限时推理（30 秒作答）

某学校一宿舍住着甲、乙、丙、丁四人。住宿规定：每晚由最后一个回宿舍的人关灯。有一次宿舍的灯亮了一夜，不知是谁忘了关灯。总务处来查问此事。丙说："我比乙先进宿舍。"甲说："我进宿舍时看见乙正铺床。"乙说："我进宿舍时丙跟丁都睡了。"丁说："我很疲倦，一上床就睡着了，什么都不知道。"请说说，是谁忘了关电灯。

（2）快速归类训练。看谁能在一分钟之内说出最多的水果种类和最多的带"一"字的成语？

水果：苹果　梨子　香蕉……

一马当先　一心一意　一帆风顺……

（四）思维的灵活性

思维的灵活性即思维的变通性。在口语交际中，交流者应能根据具体语境与现场变化随机应变地做出切合情境的巧妙反应，从而化被动为主动。

【示例】有一次，王光英到香港，一下飞机，就有一位记者向他发问："请问，您这次来香港带了多少钱？"显然，这是一个不便于回答也不能如实回答的问题。他想了想，回答道："您知道，有一句俗话叫'见到女士不应问岁数，见到男士不应问钱数'。"①

我们如何让自己的思维灵活起来呢？古人通过对对子练习达到了很好的效果，除此之外，我们也可以通过同一句话做多样表述的练习来达到思维灵活的效果。

【课堂实训】

（1）接对对偶句训练，根据上句对出下句。

①苔痕上阶绿，________________。

②黑发不知勤学习，________________。

③感时花溅泪，________________。

---

① 转引自国家教育委员会师范教育司组编、教育部师范教育司组织修订：《教师口语（修订本）》，语文出版社 2003 年版。

④酒逢知己千杯少，________________。

⑤少壮不努力，________________。

⑥屋漏更遭连夜雨，________________。

⑦抽刀断水水更流。________________。

⑧良言一句三冬暖，________________。

（2）对下面的句子做多样的表述。

①王小明同学大有进步。

②该来的人还没有来。

③好男儿志在四方。

（五）思维的新颖性

思维的新颖性是指能发现与众不同的地方，或在具体问题中寻求突破，得出与众不同又言之有理的结论。

【示例】

女人永远是最佳辩手①

今天我要跟大家一起分享的是一个关于女人和辩论的故事，名字叫作《女人永远是最佳辩手》。

我虽然没有犀利的口才，但自我感觉口齿、逻辑、条理还算清楚。说实话，有一件事真的非常丢人，我必须向在座所有人坦白，那就是在生活的辩场上，有那么一个人，我从来都没有赢过，那个人就是我的老婆。所以，不知道在座的各位会怎么想，但是我本人是发自内心深处地赞同一句话——“女人永远是最佳辩手”。

凡事总是有原因的，为什么呢？

后来我开始琢磨，我找到了第一层原因：男人总是输，是因为男人总是讲道理。我有一个饱经沧桑和血泪的小小忠告，告诉在座所有男士，就是当你面对女人的时候，你永远永远不要试图讲道理，因为她们会坚信你的解释就是掩饰，掩饰就是欺骗的开始。我老婆有一次看中一款包，她想买，就把我拉过去。大家都知道，全世界所有女人喜欢包，只有两个原因：第一美，第二贵。当然，女人会比较关注前者，而男人只会关注后者。所以，当我老婆在关注那个包的美丽的时候，我却在关注那个包的价签。我在数，个、十、百、千……数着数着，我就崩溃了。我赶紧把她拉到一边，想背对着导购说服她。我说：“老婆，你知道，咱们中华民族五千年最美的传统美德是什么吗？勤俭节约呀！你知道，当今中国经济最欠缺的精神是什么吗？支持国货呀！你看看这个包，看看这个包的价格，你知道它的成本价只有

① 作者陈铭。

多少吗？你知道它的利润翻了多少倍吗？你冷静一下，你跟我一起深呼吸，想想我们家现在的经济情况和收入状况，你现在买这么一个包，理性吗？负责吗？它是我们现在应该有的选择吗？你这么漂亮的大姑娘，拎着这么一个包，走在路上遭贼惦记；拎着这么一个包去单位，遭人妒忌呀！你考虑过单位的和谐吗？你考虑过人际关系吗？你考虑过清洁工大妈的感受吗？”说实话，上到民族情怀、消费理念，下到性价比、收支比、风险比，我慷慨激昂、鞭辟入里，我都快被我自己的沉稳跟理性征服了。而她只是看着我，眨巴着大眼睛，然后问我：“是你的那些道理重要，还是我重要？傻了吧！你说呀，说呀，说呀！你的那些叽叽咕咕、嘀嘀嗒嗒的臭道理、烂道理都比我重要一千倍一万倍，对不对？在你心里我根本就不重要，对不对？你根本就不爱我，对不对？你之前要娶我的时候，说的那些你爱我，都是骗人的，对不对？你根本就不爱我了，对不对？”（哭）

真的，她的眼泪当时都已经快飙出来了。各位，在座的各位，你说，这个时候，你除了宣布她是最佳辩手，并且掏出银行卡给她颁奖之外，你还有任何其他的选择吗？这是我总结的第一层原因。

然后我往下深入地探了一步，完了，我发现了事情的真相：女人永远是最佳辩手，就是因为女人根本就不是辩手啊！亲们，她们是……她们是评委啊！她们是你们感情生活中判断对错输赢的评委和导师啊！很多时候，当和你老婆发生争执时，在万籁俱静的夜晚你看向身边爱人的时候，有没有一种看着导师甚至是看着大学老师的这种感觉？对不对？对于本人来说，如果在生活中我是一个辩手，还有比发现你的辩友其实是评委更深的悲哀吗？

就在这一份浓得不能再浓的悲哀中，突然有一个全新的观点让我灵光透亮，豁然开朗。大家想一想，作为一个男人，咱们也许输掉了一生的比赛，可是咱们赢得了什么呢？咱们赢得了一颗从不掩饰、从不伪装的少妇的心呐！在这个世界上，还有比一颗愿意陪伴你终老的真诚的少妇心更宝贵的东西吗？所以，人生的辩场上，女人永远是最佳辩手，男人总是输，女人总是赢，那只是因为——爱！

【评析】 陈铭的这次演讲在《超级演说家》中一炮而红。这篇演讲稿之所以让人耳目一新，原因之一就是其观点新颖。他演讲的题目名为《女人是最佳辩手》，作者的性别、口才能力与阐述的观点产生强烈对比，极具新颖性。其次，文中观察角度、见解独特。男人输的第一个原因是“男人试图讲道理”，思考角度独特，别具一格。最后，男人输、女人赢的原因是爱。爱是人类共同的情感，不仅言之有理，而且易引起听话者的情感共鸣。

【课堂实训】

（1）突破思维定式训练。

在口语交际中要想语言新颖首先要突破思维定式。我们可以通过一些脑筋急转弯的游戏来克服我们的常规思维。

①盆里有6只馒头，6个小朋友每人分到1只，但盆里还留着1只，为什么？

②你能以最快速度，把冰变成水吗？

③冬天，宝宝怕冷，到了屋里也不肯脱帽。可是他见了一个人乖乖地脱下帽，那人是谁？

④老王一天要刮四五十次脸，脸上却仍有胡子。这是什么原因？

（2）修辞训练。

除突破思维训练外，我们常常要运用修辞手法来使自己的语言与众不同。比如运用比喻。请你用1分钟时间，运用比喻手法把句子填写完整，看谁的比喻最独特。

①秋风起，一片片落叶飘落下来，像________________。

②老师手中的粉笔，像________________。

③爱心是________________。

（3）综合语言训练。

针对以下2个传统命题，请从新角度展开论述。5人一组，5分钟内准备一篇演讲稿。

①知足者常乐

②近朱者赤，近墨者黑

其实，思维方式和思维品质并不是截然分开的，而是统一的。思维方式的变换恰恰是思维品质的体现。

第二节　心理训练

心理素质是影响口语交际的重要因素。每个人在面对公众说话时，或多或少会出现紧张、自卑、自傲或羞怯等心理情绪。这些心理情绪往往会导致交流障碍，使交流出现问题。只要我们愿意下功夫，通过训练，这些问题都是可以克服的。

一、口语交际中常见的心理障碍

口语交际中常见的心理障碍主要表现为紧张、自卑和自傲等情绪。

（一）紧张

在初次面对众多人或陌生人讲话时，可能会出现紧张、怯场的心理情绪。此时，或目光游移、不敢直视，或面红耳赤、呼吸急促，或手腿发抖、手心出汗，等等，最终导致语无伦次。这是很多初登讲台的年轻教师常见的心理障碍。

（二）自卑

自卑的本质是自我意识的弱化。自卑心理导致人总是放大或强化自身的弱点，而看不到自身的优势，这是一种不良的心理品质。自卑使人离群、孤立、苦闷、失去自信，甚至导致嫉妒、沮丧、暴怒、自欺欺人等不良情绪的产生，不利于教师开展正常的教育教学活动。

（三）自傲

自傲是一种以自我为中心的心理倾向。具有自傲心理的人，往往具备一定的口语表达基础，却容易把注意力集中在自我身上，过高估计自己的能力；在演讲中，可能滔滔不绝或高谈阔论，却忽略听众的情绪，影响口语交际的效果。所以，自傲也是应该克服的心理障碍。

二、克服口语交际中心理障碍的基本方法

正确认识和估计自己，在实践中摆正自己在人际交往中的位置，逐渐形成稳定、健康的交际心态，这是克服心理障碍最好的方法。心理素质可以通过训练来提高，只要方法得当，也能取得很好的效果。

（一）心理稳定法

初登讲台或在公共场所讲话，事先可采取一些方法稳定当时的情绪。例如，深呼吸，使呼吸与心跳趋向平稳；或慢慢喝水，再慢慢咽下，稳定情绪；或专心致志考虑讲课或演讲内容，上台后不急于开口，扫视全场，待静场后再开讲。

（二）自我暗示法

登台之前，可对着大镜子修饰一下自己的容貌，再自信地凝视自己的形象，大声说几遍："你今天一定成功!"然后精神焕发地登台。

（三）强化训练法

如果性格内向不爱讲话，或由于语言表达能力不佳、发音不清晰而引起胆怯和自卑，可以采用强化训练法，即通过反复实践强化语言表达能力。

在实际运用中，可以结合自身的实际情况交叉使用以上方法，提高自己的心理素质。

（1-2　五步练功法）

三、口语交际中心理沟通的基本方法

在口语交际过程中，制约沟通效果的心理因素一般有两种：心理相容与心理不相容。这两种心理态势体现的都是双方语言交流已经部分展开或全部展开后的心理状态。在双方语言交流展开的前期（尚未进入话题或尚未全部进入话题之时），双方的心理态势是相容还是不相容，尚未可知。那么如何才能借助心理学原理、借助语言表述以尽早实现双方的心理相容呢？可以从以下的方法入手。

（一）倾听

倾听就是耐心、仔细地听。倾听的过程是一个深入了解对方并思考下一步做法的过程。

（二）认同

在谈话时，建立认同心理非常重要，对谈话的继续深入和解决问题而言是至关重要的一步。在沟通过程中，我们可以通过求同存异达到求同化异，即先找到相同方向达成共识，等到谈话的气氛好一些后再转入分歧方向。例如，有的幼儿教师在批评小朋友时，会先就优点方面表扬一番，再进行批评，这样小朋友就比较容易接受。

（三）调控

对于一些难以直接说出来或不便单刀直入的问题，可以采取迂回的办法，通过类比、推理等办法进行调控，以达到心理沟通的目的。

作为幼儿教师，良好的心理素质、较好的沟通能力是必备的职业素养。幼儿教师只有建立自信心理，掌握沟通方法，才能更好地开展教育教学活动。

【课堂实训】

（1）请就下列话题进行演讲。演讲完成后，请大家依据演讲者的思维、心理和语言表达展开集体评价。

我喜爱的职业

我喜爱的小动物

（2）请运用自我暗示法上台主持班会。假如你是班会主持人，请你介绍一下下周诗歌朗诵比赛活动的主要事项。

第三节　听话技能训练

一、听话习惯的养成与基本技巧

（一）听话习惯的养成

在日常交际中，听和说是密不可分的两大重要组成部分。听话和说话这两种能力，欠缺任何一种都会妨碍语言交流，影响信息沟通，所以听与说同等重要。如果说是为了发布信息，那么听就是为了接收信息。发布与接收在这里构成了相互依存并相互促进的良性循环关系。在某种意义上讲，听服务于说，听得准才能说得好，表现为听话者对对方表述内容的准确理解，并为自己的言行反应提供依据。可见，听话能力在口语交际中起着很重要的作用。

听话能力总的要求是：听得准，理解快，记得清，具有较强的听话品评能力和听话组合能力。如何养成良好的听话习惯呢？可以从以下几个方面做起。

1. 专注于听

在听话过程中，听话者要排除一切干扰，凝神细听。这就要求听话者注意力高度集中：一方面，在听别人讲话时聚精会神、全神贯注，并随时做出积极反应；另一方面，在听的同时合理分配注意力，同步完成相关的其他任务，如手势配合、形体变化、表情到位等。

2. 善于思考

在听话过程中，听话者要进行思考。首先，需要打开记忆的“阀门”，如果没有好的记忆力，就不能将听到的信息合成一个连贯的整体，难以把握讲话的主旨，无从了解说话者的意思，因而也难以做出积极的反应。除要求记忆以外，听话者还需要能够品味说话者的思想、感情、目的和意图，分辨语气和语调，准确判断其内容正误、是非曲直。这就要求听话者具备分析和归纳的思维能力。当说话者的话语蕴含丰富的语义时，听话者不仅要理解话语的表面意义，还要做进一步的推断和品评。所以，听话的过程也是一个思考的过程。

3. 给予反馈

在听话过程中，听话者要对对方的内容及时做出反应。口语交际是一个双向的过程，要想把交谈继续下去，作为听话者需要及时和积极地给予说话者回应，但是要注意反馈时不能随意打断对方的思路和抢夺话语权。

（二）听话的一般技巧

1. 提高专注力

只有专心听，才能更好地理解对方的意思。同时，专注倾听对方讲话也是一种尊重对方的行为。提高专注力，就是指听话者集中自己的注意力，排除一切干扰，把重点放在听的内容上。这对于幼儿教师尤为重要，因为其交谈对象多数为小朋友，他们的注意力容易分散、语言跳跃性大。

2. 抓住重点和细节

听话时要充分发挥记忆力、想象力的作用，通过综合分析，对听到的信息进行有效处理，把握关键词句，抓住对方说话的主要内容。同时，关注说话者的语气和态势，也可以帮助我们抓住重点。

3. 学会听言外之意

说话者有时会比较含蓄、委婉，作为听话者需要仔细体会和揣摩才能把握说话者的意图。此时，要尊重对方，站在对方的立场上，建立同理心，通过换位思考读懂对方话语中的深层含义。

4. 鼓励对方把话说完

说话者可能因为环境、年龄、情绪等因素而不能很好地表达意思，表现为卡壳、语无伦次、时断时续等。作为听话者，可以用“嗯”“啊”“是”等语言鼓励对方进一步表达，也可以用态势语言对对方的话语做出反应。例如，听话者目光注视、身体前倾、面带微笑等表示对说话内容产生浓厚的兴趣，这样可以鼓励说话者表达完成。

二、听话技能专项训练

（一）听写训练

听写训练着重训练对字、词、句的反应能力和快速书写能力。可采用三步听写法：

1. 听读大意（中速朗读，了解大意）；
2. 听写（慢读，留出适当的停顿时间）；
3. 听改（再读一次，加以改正）。

【课堂实训】采用三步听写法听写下面的文章。

太空试验的种子

自从地面返回式卫星发射成功以来，我国利用卫星在太空失重运行的环境下，成功进行了许多科学试验，其中植物栽培试验获得了在地面上难以得到的效果。

1991 年，在我国卫星搭载试验中，科学家把水稻、西红柿、青椒等种子装进卫星送到太空。卫星返回后，科学家又将这些种子带往各地试种，在黑龙江和江西试种的青椒一个重达 7 两，一株水稻长出了 3 个穗。更不可思议的是，地面上紫红色的鸡冠花，它的种子经过太空旅行后，再在地面上试种，长出的鸡冠花颜色竟变成了淡绿色。

此外，我国还将细胞类、海藻类等上百种生物放到太空试验中，取得了一项项新的成果。

太空这个神秘的世界，给地球上的生命开创了一个崭新的天地。

（二）听记训练

听记的主要方法有以下三种：

1. 符号式，即设计自己常用的符号来代表那些常出现的专用名词或短语，复习时一见便知其义。

2. 浓缩式，即快速记下主题词、统领句、关键语句，复习时用其来衔接全文。

3. 提纲式，即借用说话者的思路，列出内容提纲，再加上每部分的起始句、分论点或小结语，复习时即构成较完整的记录。

【课堂实训】听教师朗读下面的文章，列出文章提纲。

请试着用心说话①

天堂是宁静的。但对于一个人来说，如果整个世界都变得万籁俱寂，那绝不是天堂。在我的身边，就有这样一群生活在不是天堂的“天堂”里的同龄人，他们恐怕将永远生活在无声的世界里。

大学自习室里，我看到一个大男孩。当然，这并不值得奇怪，因为在大学的自习室里，不是大女孩，就是大男孩。相反，我这个为图清静而混进去的小女孩倒显得扎眼了。不过，尽管一群人都是那样普通，还是有一个人引起了我的注意，就是那个大男孩。

说他大，其实他也不算很大，年龄有二十出头，个子挺高的，眉宇间透着一股坚韧的力量，很认真地在那儿看书。我走过去，佯装系鞋带，才发觉他看的是手语书，一边看一边还改着什么。我很好奇，心想这年头居然也会有人学手语。看他身边有个空位，我就想过去聊聊。于是，我抱着书站在他面前，小声地说：“你旁边有人吗?”没承想那个大男孩头也不抬，依旧看书。我气急了，想打他，但手抬起来后只是轻轻地落下，拍在他的肩膀上。因为我感觉，他不是故意的。果然，那个大男孩被吓了一跳，看着我，一脸惊愕。我知道被吓怕的滋味很难受，于是抱歉地

---

① 作者朱轶林。

看着他，说："我可以坐在你的旁边吗？"那个大男孩指指自己的嘴巴，又指指自己的耳朵，摇了摇头。我正准备走，突然觉得不对劲儿，于是夺过他手中的笔，在我的手心里写字："我可以坐在你的旁边吗？"他看了看，点了点头，我明白他是答应了。然后我拿出纸和笔，交流开始了。

我先开了头："你能听见我说话吗？"

男孩："不能。"

"你怎么聋的？"

"小时候给震聋的。你呢？我看见你好像戴着助听器，是吗？"

"没错，我戴着助听器呢！"

"那你是怎么聋的？"

"我刚出生时打针打的，药物过敏神经中毒性耳聋。对了，你在干吗呢？"

"我在修改手语，要出版新的手语书了，我是帮作者改编手语的。"

"都改了什么呢？可以教教我吗？我也会一点儿。"

他抬起头，想了一会儿，低头写道："你知道'乐观'这个词用手语怎么表示吗？"

我写道："不知道。"

他笑了笑，似乎很得意，写得也轻松些了："'乐观'这个手语很有意思，改了很多次了，我觉得这个最好，就是这样……"

大男孩放下笔，并把右手食指和拇指张开，就像表示数字"八"那样，再放在下巴上，嘴巴咧开，表示微笑；然后右手变成表示胜利的"V"手势，指头向外，从眼前伸出，接着不停地转圈，表示面对一切。整套手势加起来就表示微笑着面对一切，也就是乐观。

他告诉我，很多时候，人和人之间是可以用心说话的。人们之所以不知道是因为没有试过，手语就是用心交流的独特途径，所以手语很有意思。

他还告诉我，很多时候，残疾人要像那个"乐观"的手语所表示的那样，坚强、微笑地面对一切……

请试着用心说话吧！

为了你，为了他（她），为了世界上所有不能生活在真正的世界中的人。让这个世界毫无障碍、处处明朗吧！

（1-3　列提纲参考答案）

（三）听测训练

着重训练学生对说话者话语的内容做出合理推测、准确判断的能力。听测时，要在头脑里想象口语交际时的场景，按照话语内容的逻辑或事件发展的总趋势来推测话语的结论或故事的结局。因此在听话过程中，要边听边对话语内容的各个方面进行比较、评价，特别要注意事件发展的局部细节，以便总体把握，推测出准确而合理的结果。

【课堂实训】听教师读下面的小小说，注意下面的细节和所推测故事结局的关系。

（1）塔玛拉与威廉通过车载无线电通话的内容。

（2）塔玛拉从汽车后视镜看到一辆警车驶来，她故意把车门开了又关，关了又开，想引起警察的注意；而警察根本没注意，而是和两个管理员有说有笑地聊天。

（3）警察向歹徒借火。

意外赏金①

昨天晚上，他们还吵了一架。但在餐桌上，塔玛拉好像什么事也没有发生过似的，边吃边和丈夫商量道："威廉，我要开车去一趟丹佛，找银行好好地谈一次。也许银行能同意咱们分期付款。这样的话，咱们家那笔债不难偿清，咱们也用不着三天两头为此吵架了。"

汽车在一条僻静的大道上行驶，突然，塔玛拉看到路边躺着一个人。救人要紧！她赶紧停车。

那人在痛苦地呻吟。就在塔玛拉伸手的一刹那，那人跃起并用手枪顶着塔玛拉："别出声！我叫佐林，是个讨人喜欢的人。快，开车！"

塔玛拉心中一惊。清晨，电台里说有个叫佐林的杀人犯从中央监狱逃了出来。

车厢里响起轻轻的嗡嗡声。"什么声音？""是无线电话。"佐林威胁道："快接！放老实些！"话筒中传来威廉的声音："塔玛拉，我为昨晚吵架的事向你道歉。你现在到什么地方了？""快到丛林古堡了，咱们的小宝贝莎丽坦乖不？你替我好好地亲一亲她！"

汽车驶到加油站。"咱们该加油了。"塔玛拉说，"要不然，车子会抛锚的！"歹徒瞅了一眼汽油计量表："好吧，你呆在车里，闭上嘴！"

歹徒冲着加油站的管理员叫了一声："把油箱加满！"塔玛拉从汽车后视镜看到一辆警车驶来。

两名警察把车停在一边测试车胎的压力。塔玛拉故意把车门开了又关，关了又

① 作者［德］梅洛利，秋雨翻译。

开，没想到警察根本没注意这个细节，而是和两个管理员有说有笑地聊天。

汽车继续行驶，在路口遇上红灯，并行的两条车道上停满了各式轿车。这时，从左边的一辆车里走出一名男子，敲了敲塔玛拉的车窗。

“对不起，先生。”此人有礼貌地对坐在塔玛拉身旁的歹徒说，“借个火，可以吗?”

歹徒正好从塔玛拉的烟盒里取了支烟在点火，他无可奈何地一手拿着火机，另一手按动车窗的升降钮。

就在这一刹那，车门外那个人拉开车门，用枪顶住歹徒的太阳穴：“别动！我是警察!”另一侧的车门也被打开了。“别害怕，塔玛拉!”另一名警察对她说。

“谢……谢谢两位!”她噙着眼泪结结巴巴地说。

“您该谢谢您的先生。”警察说，“你俩根本没有孩子，所以当他听到您要他好好亲亲您的宝贝女儿时，他就意识到出事了。我们的同事在加油站认出坐在您身边的正是越狱杀人犯佐林。塔玛拉太太，您也真够勇敢的。顺便告诉您一个好消息，抓住杀人犯佐林的赏金相当高，我想您正需要这样一笔钱吧?”

三、听话技能综合训练

听教师朗读《失而复得的项链》，听后回答下面问题，看谁对文章的理解更合理。

(1) 丢了项链，母亲是如何处理的?

(2) “我”和姐姐认为应该如何处理这件事?

(3) 母亲为什么说“要是我叫保安，那我们两个人中，总有一个会丢掉‘珍珠’的”?

(4) 故事的结局与你设想的结局是否相同?

失而复得的项链①

去鼓浪屿旅游时，我给母亲挑了一串珍珠项链。淡粉色的，色泽很柔和，珠子大小也很均匀。虽然比不上名贵的珍珠，但这条项链已经花去我一个月的工资。

母亲生日那天，我很恭敬地将珍珠项链送给了她。

中午，我们在酒店的餐厅吃饭，母亲说要去一趟洗手间，谁知一去竟然半天都没回来。我和姐姐赶紧去找。在洗手间门口，我们看见母亲在跟一个年轻的女孩说话，很客气的样子。见我们来了，母亲对那个女孩子说：“我女儿来了，再见!”女孩微微地向母亲弯了弯腰，匆匆走了。

---

① 作者伍泽、赵清芳。

我和姐姐都以为那个女孩是母亲的学生。

一直到晚上回到家里我们才知道事情的经过。

母亲从洗手间出来，在镜前想梳洗一下。酒店的洗手间分里外两间，外面是梳妆间，里面是女厕。她怕肥皂水弄脏了珍珠，就摘下项链放在梳妆台的一个专门用来放小饰物的白色小瓷盘里。

等到母亲洗完脸再看时，小瓷盘空着，珍珠项链不见了！母亲想了想，洗手间里只有她和那个女孩，母亲梳洗的时候她就站在母亲的身边。母亲看她时，那个女孩正抓住洗手间玻璃门的铜把手，而且神色慌张地要出去，母亲叫住了她。

母亲对我们说，我知道当时我不能着急，哪怕是一点儿急躁的样子都会把那个女孩吓跑，就算我判断正确也没用。

“姑娘。”母亲叫道。

“干什么？”那女孩一惊。

“请你帮我个忙好吗？”

“什么事？”

“我有一条珍珠项链，是我的小女儿送给我的礼物。不是很昂贵，但那是她用自己的工资为我买的。刚才我洗脸怕弄脏了，随手一放就不记得放在什么地方了，人老了，记性真不好。今天是我第一次戴它。要是找不到了，我女儿可要伤心死了。因为今天是我的生日，我今天整 60 岁了，一家人高高兴兴地非要到这儿来给我过生日。其实，像我这样的年龄，我倒希望她们不记得我的生日才好，免得老是提醒我一天比一天老。”

女孩长久地看着母亲，紧张的神情开始缓解，慢慢地脸上现出一丝微笑：“您一点儿都不老，您看上去比我妈妈还要年轻，她才 40 岁。”她停了一下又说，“我帮您找找看吧。”

“那就麻烦你了，我到里边去找找看。”母亲推开了里边那扇门。

过了一会儿，母亲出来。女孩用餐巾托着那串珍珠项链问：“您看，是这串吗？”

母亲接过来说：“就是它，年轻人眼睛好，真谢谢你了。”

女孩连忙说：“不用，真不用。”停了一下，她又说，“我也祝您生日快乐！”

就在这时，我和姐姐找来了。

母亲抚摸着脖子上的珍珠项链说：“那女孩真不错。”

“她偷了您的东西，您还谢她？您应该去叫保安。”我和姐姐叫道。

“我觉得她也许不是有意要偷我的东西。”母亲说，“要是我叫保安，那我们两个人中，总有一个会丢掉‘珍珠’的。”

第四节　语境判断训练

一、语境的内涵

语境简单来说就是语言环境。狭义的理解，指语言上下文的关系；广义的语境，指交际的场合及语言交际的背景，包括时代背景和社会文化背景。

根据上述语境的含义，可以把语境分为三类：话语语境、情景语境和文化语境。简单地说，话语语境是指字、词、句、段等前后和帮助理解和确定其意义的上下文，即文章或言谈中的话题的上下文或上下句。情景语境是发生言语行为的实际环境。文化语境是指说话者生活于其中的社会文化，即某一言语社团特定文化的社会规范和习俗。

二、语境的作用

语境的主要功能是对语言的制约作用。一切言语活动总是限定在一定的语境之中，语境对语言的语义、词语、结构形式以及语言风格等方面都会产生影响和制约作用。除此之外，语境还具有解释功能、生成功能、填补功能和预测功能。

（一）限制功能

语境对于语义的限制作用主要体现在限制词语的选择、限制说话人的说话方式等方面。在一定的语境里，人们需要根据语境选择语言的方式、风格、语义等，包括礼貌原则、文化特征等。

【示例】

习近平和夫人彭丽媛步出舱门，阿联酋副总统兼总理穆罕默德、阿布扎比王储穆罕默德在廊桥口热情迎接。阿联酋儿童向习近平和彭丽媛献上鲜花。

——2018 年 7 月 21 日中青在线

【评析】“妻子”“夫人”“老婆”“媳妇”“贱内”“屋里的”，都是对夫妻关系中女方的称呼。在上面的新闻报道中称彭丽媛为“夫人”适应语境，非常恰当。若使用其他称呼就显得不合时宜。

（二）明确功能

语境的明确功能，指对于言语活动中的某些语言现象的理解和说明的确定性。

一定的言语单位，只有依靠相应的语境才能得到定位。它可以对语音、句法、语义、修辞等方面的语言现象进行解释，消除其语义的多义性和模糊性。

【示例】

“打”字在现代汉语中有多种语义，但是在不同的语境中其语义就发生了变化。像“打毛衣”“打手势”“打电话”“打酱油”，“打”的意思分别是：“编织”“比划”“拨打”“买”。

又比如：鸡不吃了。这句话单独理解有两种意思，但是放在具体的语境中就非常明确。妻子端出来一碗鸡汤，丈夫接到一个电话又要出门，对妻子说：“鸡不吃了。”

（三）生成功能

一般一个句子有字面意义，称之为语言意义。当句子一旦进入语境，语句的规约意义就表现出它的丰富的话语意义，即交际中的言外之意、弦外之音，也就是会话意义。它一般表现为言在此而意在彼，这可能是语用主体真正的意旨所在。

【示例】

“祥林嫂，你放着吧。” ——鲁迅《祝福》

这句话是四婶在祥林嫂捐了门槛后准备祭祀用品时说的，字面上的意思是要求祥林嫂把贡品放下，四婶自己来拿祭品。实际上的意思是四婶认为祥林嫂仍然是一个不祥之人，不配准备“福礼”。

（四）填补功能

语境在交际中有着重要的提示作用。在一定的语境中，一些省略的、简单的甚至是不完整的语言形式都可以变得完整、丰富甚至具有特殊的韵味。

【示例】

“我这时很兴奋，但不知怎么说才好，只是说：‘啊！闰土哥，——你来了？’……”

——鲁迅《故乡》

省略号后的话语没有说出来，但没有影响我们对闰土的认识，恰恰相反这加深了我们对闰土面貌的前后变化和精神状态的认识，可谓无声胜有声。

（五）预测功能

语境的预测功能，主要是指语境会影响听者的预料，使听者从所预料的事情中选择他认为有可能的一件事。

【示例】

A 站在熄火的汽车旁，车没有油了，B 向 A 走来。

B 说：“前面拐角有一个修车铺。”

三、语境语训练

在一般交际中，语境制约表达者的话语组织和语义表述，同时也制约听者对话语的表达。表达的一方需要根据语境构建话语和调节话语；接受者也必须根据语境来理解话语，根据语境来进行回应，才能在具体的交流中达到预期的效果。俗语说“量体裁衣”“到什么山唱什么歌”“见什么人说什么话”，都是说的说话者的语言，要符合特定的语言环境。当然，我们要注意有时语境的功能是交叉实现的，语境的实现也是有一定条件的。

【课堂实训】

（1）请你提笔加一句诗，使诗变得合理。

古时有人写了一句“柳絮飞来片片红”的诗句，受到同行们讥笑，因为“红”字用在这里不通，跟“白”的柳絮相抵触。

（2）请你解释一下下面这句话中英雄的含义。

一位妻子怒斥她的丈夫说：“你呀，你呀，真英雄！”

（3）若脱离了语境，“咬死猎人的狗”有两种结构和两种语义，但当这个句子在特定语境的制约下，就会只有一种结构和一种语义。请分别对它们进行解释。

（4）请解释短文中“简简单单，潇洒出尘的‘一’撇”中“一”的意思。

横在山之陬，水之滨，卧在江南烟雨里，北国迷茫风雪中，无论石拱的，木架的，无论藤编的，舟浮的，简素的、玲珑、野朴，永远是小桥的品格。比之现代的长堤大坝，小桥没有宏丽的桥头堡，没有高大的石墩跨梁，甚至连雕龙绘凤的栏杆也常常略去。就那么简简单单，潇洒出尘的“一”撇。

（5）请你补充以下对联中缺少的字，并解释一下这样做的好处。

一个清贫人士在去参加好朋友的生日庆典时，因为没有钱买酒，所以就带去了一瓶水，并向好朋友说道：“君子之交淡如。”他的好朋友知道他的处境，于是就说：“醉翁之意不在。”

实战演练

思考与练习一

1. 请你帮忙想一个办法把图书馆的书搬迁到新馆去。

有一个城市新建了一个图书馆，准备整体搬迁过去，但是你知道书多重啊，还这么多，搬家是一件非常大的工程，有人估算，如果找搬迁公司去搬要上百万元。如果你是馆长，怎样用少量的钱把海量的书搬到新图书馆去？

2. 面对“空气”，你能联想到什么呢？说出你的想法并组合成一段完整的话。

3. 在口语交际中，你有过心理障碍吗？请谈一谈你的经历。

4. 下列案例中，幼儿教师运用了什么样的心理沟通方法？请说出你的分析。如果你是幼儿教师，遇到类似的情况，会怎样说、怎么做呢？

新入园的小朋友每天早上在入园时都要哭上一会儿，尤其是一个叫彬彬的小朋友。他很爱哭，这种情况已经持续整整一个月了。他的外婆每次送他入园的时候，都要多陪他一会；可等外婆一走，他就开始哭。有一次，在他入园哭闹的时候，小刘老师对他说：“老师也很想妈妈，可是老师有没有哭啊？”他说：“没有。”“那就对了，你看老师多勇敢呀，想妈妈了都没哭。你是男子汉，怎么能这么爱哭呢？”他认真地看着老师说：“刘老师，我以后不哭了，做个好宝宝。”“对了，真棒！以后不要再哭了，做个勇敢的男子汉，行吗？”他笑嘻嘻地点点头，脸上露出了久违的笑容。①

5. 听记下面的文章《彩票》，试运用不同的听记方法记录，然后回答文后的问题。

（1-4　《彩票》）

① 选自陈泽铭、王先达《优秀幼儿教师教育艺术99例》。

（1）尤利乌斯很在乎财富吗？

（2）作者是谁？哪国人？

（3）尤利乌斯是个怎样的画家？

（4）尤利乌斯为什么买彩票？买的什么彩票？他中了多少钱？

（5）这些钱他是怎么花的？

（6）大火是怎样着起来的？烧了多长时间？还剩下什么东西没有？

（7）尤利乌斯常抽烟么？他抽烟有什么习惯？

（8）这个故事主要讲的是什么？

（9）概括说明尤利乌斯和朋友的区别。

（10）你听完之后，联想到了一些什么？

6. 某报社记者就中学生“减负”的话题，采访某初中的部分同学、老师和家长。请你以他们的身份和立场回答记者的采访。如果你也是被采访的对象，会怎样看待“减负”的问题？请你如实地对记者说……

初一的一位同学欢迎“减负”，但他却不完全理解“减负”的意义，他得意地向记者说……

初二的一位同学非常赞成“减负”，并结合“减负”前后的体会，深有感触地说……

一位家长担心地说……

老师普遍认为应当正确对待“减负”，一位老师强调说……

真题再现

一、基础知识填空

1. 逆向思维可以分为________、________、________。

2. 发散思考一般以________、________、________、________、组合、方法、因果、关系八个方面为发散点，进行具有集中性的多端、灵活、新颖的发散思考，从而形成各种创造性设想。

3. 聚合思维是指从已知信息中产生逻辑结论，从现成资料中寻求正确答案的一种有方向、有条理的思维方式，又称为__________、__________、__________和__________等。

4. 语境的主要功能是对语言的制约作用。除此之外，语境还有__________、

__________、__________和__________。

5. 克服口语交际中心理障碍的基本方法有：________、________、________。

二、选择题

1. 3月14日下午，当代最伟大的思想家________了。(　　)

A. 作古　　B. 停止思想　　C. 去世　　D. 见阎王

2. 当你要问一个老人的年纪时，你认为以下哪种问法最符合语境？(　　)

A. 老头子，你几大了？　　B. 老爷爷，你多少岁了？

C. 老人家，请问您多大年纪了？　　D. 老爹爹，你多少岁了？

3. 你看看以下这段话中的“讨厌”代表什么意思？(　　)

一位年轻貌美的姑娘对她的男朋友娇嗔地说：“你真讨厌!”

A. 让人厌恶　　B. 不喜欢的

C. 表示麻烦的　　D. 正话反说有喜欢的意思

4. 中国咏花诗词的历史认识价值和艺术审美价值是不容忽视的。它通过人们对花卉的审美态度和欣赏情调，曲折地反映了人的种种处境和对生活的理解。我们在阅读鉴赏咏花诗词的同时，考察历代诗人、词人的不同创作心态以及与之相适应的艺术境界，是很有趣味的，这对我们的鉴赏活动也颇为有益。如何理解“趣味”一词？(　　)

A. 艺术审美情趣　　B. 表示很有意思

C. 表示有吸引力　　D. 使人愉快

5. 文学批评的光芒，倘若日益被甚嚣尘上的商业化炒作完全掩盖，文学批评的末路或许也就为期不远了，我们的文学批评必须对此有所警觉。“此”指什么意思？(　　)

A. 表示近指的代词，与“彼”相对

B. 文学批评的末路或许也就为期不远

C. 文学批评的光芒

D. 文学批评商业化炒作，文学批评的末路或许也就为期不远

(此题为2016年上半年真题节选)

三、判断题

1. 在口语交际中，有的人能够滔滔不绝、旁征博引，且又能言之有理，正是思维开阔性的表现之一。(　　)

2. 思维的敏捷性是指思维的转换性，其中正确是前提，转换得当是关键。(　　)

3. 语境分为三类，即话语语境、情景语境和文化语境。(　　)

4. 思维的新颖性是指能发现与众不同的地方，或在具体问题中寻求突破，得出与众不同又言之有理的结论。(　　)

5. 听话能力总的要求是：听得准，理解快，记得清，具有较强的听话品评能力和听话组合能力。(　　)

四、职业语言技能分析题

作为一名实习幼儿教师，李芳芳第一次登上讲台讲课时，目光四处游离，不敢看台下的小朋友，说话磕磕巴巴，腿也直哆嗦。突然，一个小朋友从座位上跑开了，她有点生气，大声喝住了那个小朋友，结果这个小朋友被吓哭了，整个课堂开始乱了，小朋友们开始叽叽喳喳。上完这堂课后，她感觉自己的课上得很糟糕，有点害怕上讲台了。请你分析一下她当时是处于什么样的心理状态，又需要如何解决这些问题。

（1-5　幼儿教师资格证考试测试题参考答案）

02

第二章

一般性口语的技能训练
——有图文凭借的口语技能

按照本章节所讲的训练步骤和方法严格训练，初步学会复述、描述、解说、评述、讲故事、演讲。

本章导学

学习目标

1.理解并掌握有图文凭借的复现性口语表达的基本要求、方式及其技能技巧。

2.按照本章节所讲的训练步骤和方法严格训练，初步学会复述、描述、解说、评述、讲故事、演讲。

3.认识一般性口语技能训练的重要性，自觉地进行训练，提高一般性口语表达的能力。

内容树图

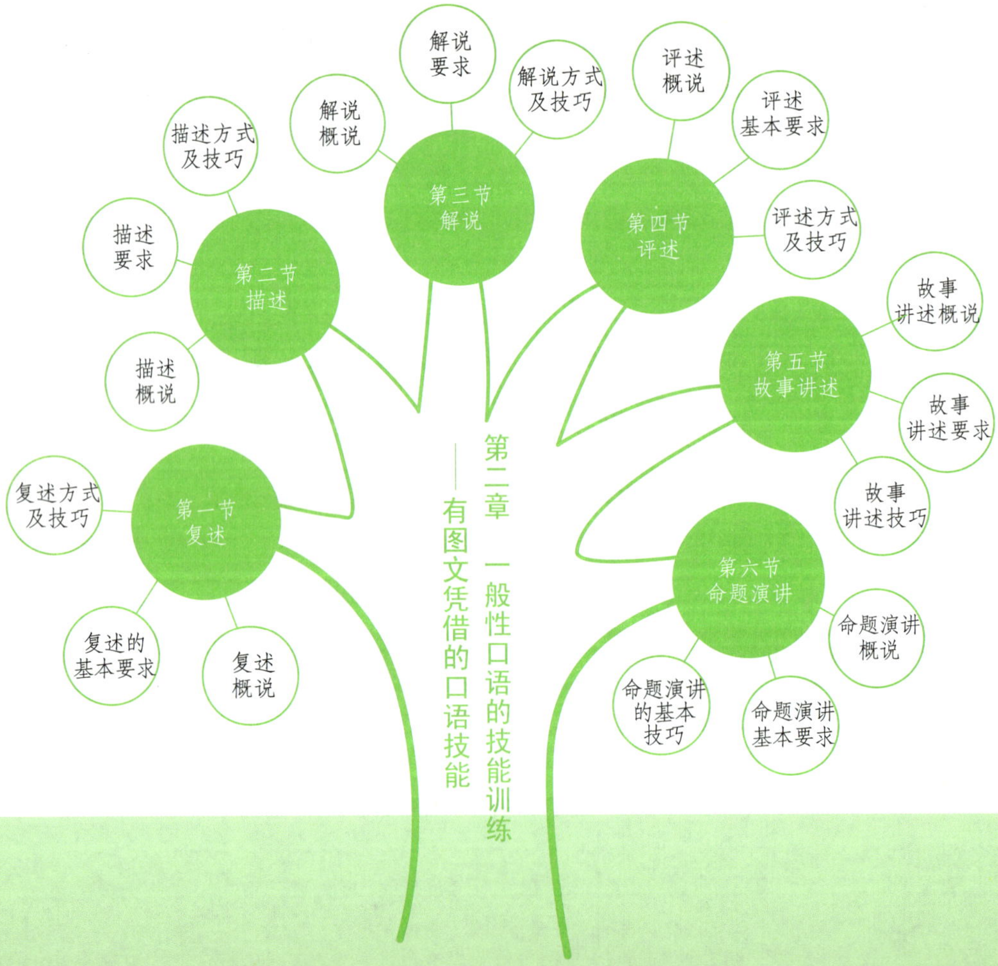

知识精讲

有图文凭借的口语表达是一种复现性的口语表达，即运用口头语言再现文字、图片材料的内容，包括复述、描述、解说、评述、讲故事、命题演讲等。

第一节　复　述

一、复述概说

复述就是把读过、听过的语言材料重新叙述一遍。它是在理解和记忆的基础上对原材料的内容加以整理，有重点、有条理、有感情地把原材料的内容再现出来的一种口头表达方式。复述要求复述者具有良好的阅读能力、理解能力、记忆能力、思维想象能力和语言表达能力。

二、复述的基本要求

（一）忠于原著

复述要忠实于原材料的内容或要点，不能改变原文的意思。不能随自己的喜好凭空增加或删减原文的内容，必须做到准确无误，完整恰当地再现原材料的中心和重点，反映出原文的主题。

（二）条理清楚

复述要条理清楚，有逻辑性。各部分内容之间要连贯，不能前言不搭后语。

（三）口语化

复述要用自己的话重新组织材料陈说、叙述，尤其要注意把书面词语和句式转化为口语，将原材料的内容自然、生动、通俗、口语化地复述出来。

三、复述方式及技巧

复述可以分为详细复述、简要复述、改编复述和扩展复述等。

（一）详细复述

1. 详细复述定义

详细复述是一种基本保持原材料面貌的复述方式。它要求忠实于原材料，内容上不做增加和删减，尽量完整、全面地把原材料的内容重述出来。有时也可以根据实际情况（听众的特点、自己的特长等），在语言风格、叙述顺序和人称上进行改动。

2. 详细复述技巧

（1）厘清原材料的主题思想、结构层次，对重点语句、生动的细节要强化记忆，做到既有框架记忆，又有细节记忆。

（2）注重对细节的复述，尽量做到完整、全面，保持原貌。对某些缺乏细节的材料可展开合理的想象，补充细节，让复述更生动。

（3）发挥口语表达的直观性、有声性优势，声情并茂、条理分明地将原材料复述出来；为了使复述通俗、易懂，尽量使用短句和通俗晓畅的口语。

（4）复述记叙性材料，要交代清楚时间、地点、人物、事件（起因、经过、结果）。复述说明性材料，要讲清原理，把事物的形状、方位、结构、性能、功用等交代清楚。复述议论性材料，要讲清论点、论据、论证过程和结论。

【示例】

狐狸和葡萄

《伊索寓言》

狐狸饥饿，看见架上挂着一串串的葡萄，想摘，又摘不到。临走时，自言自语地说：“还是酸的。”

详细复述：

有一天，天真热，狐狸又饿又渴，肚子咕咕地直叫，喉咙干得像火烧。

忽然，他抬头看见葡萄棚上挂着一些熟了的葡萄，他便说：“瞧我的运气多好，我可以好好吃一顿了，我看什么都没有葡萄好吃！”

于是，狐狸拼命往上跳，想把葡萄摘下来。最低的一串葡萄，他差点就碰到了。“再跳高一点就行了。”他说。他跳了跳，可是还是够不着。最后，狐狸太累了，一点也跳不起来了，他知道吃葡萄是没有指望了，只好看着葡萄走开，嘴里还不停地咕噜着：“那葡萄一定还没成熟，准是酸的，吃了要倒胃口，让那些嘴馋的鸟儿去吃吧，他们是什么都吃的。”

【评析】复述在忠实于原文的基础上，增加了人物的语言、动作和细节描写，让狐狸的人物形象更加丰满，故事更加具体、生动有趣。这样的详细复述更符合幼儿的欣赏心理。

【课堂实训】

（1）复述游戏：全班分组进行复述游戏，10 人左右为一组。教师先行准备复述材料（诸如会议通知、小笑话、说明文片段、议论文片段、小故事等），每组第一位同学抽签并阅读材料 2 分钟，然后把看到的内容告诉第二位同学，依此类推，直至最后一位同学。比一比：哪一组最后一个同学的复述更准确、更完整、更接近原文。

（2）对下面的材料进行详细复述。

①《手表与草帽》

②《人格是具体的》

（2-1　《手表与草帽》）　　（2-2　《人格是具体的》）

（二）简要复述

1. 简要复述定义

简要复述又叫概要复述，是把原材料的内容简明扼要地讲述出来的一种复述方式。它要求在保留原材料中心意思的前提下，对材料进行浓缩、概括、取舍，保留主干，舍去枝叶，缩减篇幅。

2. 简要复述技巧

（1）仔细阅读原材料，把握材料的内容、主题思想，厘清材料的结构、线索，然后进行分析、整理，确定主要内容和次要内容。

（2）紧扣中心、提纲挈领，删除原材料中铺垫、衬托、举例、联想等无损主题的段落和枝叶部分；保留紧要句了的主干，删去次要的修饰成分。删减时要防止取舍不当，偏离中心。

【示例】

羊的朋友们

傍晚，一只羊独自在山坡上玩，突然从树林中窜出一只狼来，要吃羊，羊跳起来，拼命用角抵抗，并大声向朋友们求救。牛在树丛中向这个地方望了一眼，发现是狼，扬蹄跑走了。马低头一看，发现是狼，一溜烟跑了。驴停下脚步，发现是狼，悄悄溜下山坡。猪经过这里，发现是狼，冲下山坡。兔子一听，更是如箭一般而去。

山下的狗听见羊的呼喊，急忙奔上坡来，从草丛中闪出，一下咬住了狼的脖子，狼疼得直叫唤，趁狗换气时，狼仓皇逃走了。羊回到家，朋友都来了。牛说：你怎么不告诉我？我的角可以剜出狼的肠子。马说：你怎么不告诉我？我的蹄子能踢碎狼的脑袋。驴说：你怎么不告诉我？我一声吼叫，吓破狼的胆。猪说：你怎么不告诉我？我用嘴一拱，就让它摔下山去。兔子说：你怎么不告诉我？我跑得快，可以传信呀。在这闹嚷嚷的一群中，唯独没有狗。

简要复述：

有一只狼要吃一只羊，羊拼命反抗并向朋友求救，它的朋友一看是狼都吓跑了，只有狗跑了上来救了羊。羊回到家，朋友们都来了，都纷纷说，羊如果喊它们，它们一定会把狼赶跑。这时候，狗却没有出现。

【评析】 简要复述删掉了原文中的一些对话和动作描写，但是主题、主要情节内容和原文一致。内容高度概括，语言简明扼要。

【课堂实训】 对下面的材料进行简要复述。

（1）《黑玫瑰》

（2）《草帽计》

（2-3　《黑玫瑰》）　　（2-4　《草帽计》）

（三）改编复述

1. 改编复述定义

改编复述是对原材料的表现形式和结构等加以改变的一种复述方式。改编复述的方式很多，主要有改换人称复述、改换结构复述、改换体裁复述等。

2. 改编复述技巧

（1）改换人称复述是改变原材料的叙述人称的复述。复述时要注意：人称应自始至终保持一致，不能随意转换；要对原材料的有关内容，如人物语言、景物描写等作相应的变动。例如变第三人称为第一人称复述时，原材料中有“我”未见未闻的内容应改为他人转述，景物描写应改为“我”之所见来叙述；变第一人称为第三人称复述时，“我”就成了局外人，“我”之所见所闻就应变成他（她）之所见所闻。

（2）改换结构复述是改变原材料叙述顺序的复述。复述时要注意用适当的语言进行衔接、前后过渡和照应。例如将顺叙改为倒叙时，先把事情的结局或最精彩、最突出、最感人的情节交代出来，造成悬念，然后再回过头来按时间顺序交代事情的开端和经过。将倒叙改为顺叙时，就要按照事情发生、发展的先后进行叙述。

(3) 改换体裁复述是对原材料的体裁加以改变的复述，例如可以把文言文变为白话文复述，把戏剧变为故事复述，把诗歌变为散文或记叙文复述等。它需要复述者发挥想象力，对原材料进行一定的加工和补充。

【示例】

题都城南庄

（唐）崔护

去年今日此门中，人面桃花相映红。
人面不知何所去，桃花依旧笑春风。

改编复述：

一年一度桃花盛开的时节，长安城里车水马龙、人头攒动。一个温润如玉、气宇轩昂的书生也走在这宽宽的石板路上，来赴这场与桃花的盛会，更是为着能逢到一个掩映在桃花后面的身影，她的脸灿若云霞、艳如桃李。终于来到了那个熟悉的地点，书生不禁心跳加速，满心期待，泪光盈盈，可是却不见了那个熟悉的身影，书生的心一紧，“我们去年约定好的呢？姑娘一定会来的呀？难道发生了什么变故吗？我该如何去寻找她呢？”书生的心顿时像沉入了无边的大海，茫然四顾后再回头看那桃花，虽然依然顾我灿烂，但是书生已没有了喜悦的心情……

【评析】这是一篇把诗歌改换成散文的改编复述，复述时没有受诗歌结构、句式的束缚，没有简单地、机械地翻译诗句，而是在不脱离原诗内容的基础上，充分发挥想象，合理地增加了肖像描写、环境描写、心理描写等，把去年和今日人不同而使人心中生发的无限感慨曲折充分地表达了出来。

【课堂实训】

(1) 将李白的诗歌《赠汪伦》改换体裁进行复述。

(2) 将寓言故事《牧羊的孩子和狼》用倒叙的方式进行复述。

(2-5　《牧羊的孩子和狼》)

(四) 扩展复述

1. 扩展复述定义

扩展复述是对原材料的内容进行扩充、展开，然后更生动更具体地将它复述出来的一种复述方式。

2. 扩展复述技巧

（1）根据原材料的中心内容确定重点扩展的部分。

（2）依据不同的材料进行有针对性的扩展：对记叙性材料要通过合理的联想、想象，运用描述、渲染等手法，增加细节、对话、人物心理活动等描写；对议论性材料的扩展主要是增加论证层次，补充论据材料，使复述更具说服力；对说明性材料的扩展则要对所述内容的原理增加更具体、更细致的说明。

【示例】

乌龟和兔子

选自《伊索寓言》

乌龟和兔子争论谁跑得快，它们约定了比赛的时间和地点就出发了。兔子自恃天生腿快，对比赛毫不在意，竟躺在路边睡觉去了。乌龟知道自己走得慢，一往直前，毫不停歇。这样，乌龟从睡着的兔子身边爬了过去，夺得了胜利的奖品。

这则故事是说，奋发图强往往胜过恃才自满。

扩展复述：

兔子长了四条腿，一蹦一跳，跑得可快啦。乌龟也长了四条腿，爬呀，爬呀，爬得真慢。

一天，兔子碰见乌龟，斜着眼对它说："乌龟，乌龟，你那四条腿有什么用？走路真慢！你看我的四条腿跑得多快呀！"乌龟一点也不生气，说："我承认你的腿长，跑得比我快，但要论起耐力和恒心，你就比不上我了，长跑比赛不一定谁赢谁输呢！"兔子哼一哼鼻子，说："那你敢和我来场跑步比赛吗？谁先到山下那棵大树下，谁就是胜利者。"乌龟点点头同意了。

乌龟和兔子赛跑可是一件新鲜事，森林里的所有动物都来观战了。大象当起了裁判，它挥一挥红色的旗子，大声喊道："预备，跑！"兔子撒开腿就跑，跑得真快，一会儿就跑得很远了。乌龟一步一挪，慢慢地往前爬。跑了一会儿，兔子回头一看，早没了乌龟的影子，心想：乌龟敢跟兔子赛跑，真是天大的笑话！我呀，先在这儿睡上一大觉，等它爬到这儿，不，等它爬到前面去吧，我再三蹦两跳地追上。它呀，绝对赢不了！哈哈……兔子笑着，伸伸懒腰，扭扭屁股，往草地上一躺，就睡着了。

乌龟爬得真慢，可是它一个劲儿地爬，爬呀，爬呀，爬得满身都是汗，终于爬到了兔子身边。看见兔子还在睡觉，乌龟也想休息一会儿，可他知道兔子跑得比它快，只有坚持爬下去才有可能赢。于是，它继续不停地往前爬、爬、爬，终于爬到了终点。兔子一觉醒来，向前看看，向后看看，都没看到乌龟的影子，心想：这乌龟爬得真慢，我都睡一觉了，它还没爬过来，不等了。兔子飞快地往前跑，等它跑到终点时，看见乌龟早已到了，在大树下等它呢。

乌龟赢了，大象把胜利的花环戴在它的脖子上。兔子输了，耷拉着耳朵，红着眼睛，低下了头。

【评析】扩展复述紧扣“奋发图强能战胜恃才自满”这一主题，根据原材料的基本故事框架，充分发挥联想和想象，运用描写、渲染的手法，补充了大量对话、行动、细节和心理描写，让复述更加具体、生动，所刻画的形象更加活灵活现，主题表达得更充分、更突出。

【课堂实训】将成语“滥竽充数”“画蛇添足”“狐假虎威”扩展成故事复述。

第二节　描　　述

一、描述概说

描述就是用具体形象的语言把人、事、物、景的特征及形态绘声绘色地描绘出来的一种口语表达方式。描述能塑造栩栩如生的听觉和视觉形象，让人产生如临其境、如见其人、如闻其声的感觉。

二、描述要求

1. 抓住特点，真实准确

为了让听者对描述对象产生深刻印象，必须抓住描述对象最突出的特点；为了让听者对描述对象有正确客观的认识，描述时必须符合描述对象的基本状况，不能肆意夸大其辞、故弄玄虚。

2. 生动形象，富有情趣

为了使听者产生如见其人、如闻其声、如临其境的感觉，描述要正确表达情感倾向，绘声绘色。

3. 条理清楚，语言口语化

描述时必须按照一定的顺序，不能东一榔头、西一棒子；语言要通俗易懂。

三、描述方式及技巧

描述可分为不同的种类，根据描述角度的不同，描述一般可分为直接描述和间接描述；根据描述详略的不同，描述一般可分为细致描述和简要描述。

（一）直接描述

1. 直接描述定义

直接描述又称为正面描述，就是把看到的、听到的、感受到的内容直截了当地描述出来，它是描述中最基本、最常用的方式，其优点是直观、具体。

2. 直接描述技巧

（1）突出特点。抓住描述对象的特点进行描述。描述人物，就要抓住人物独具特色的肖像、个性化的语言、与众不同的动作行为及可能产生的心理活动等进行描述；描述事物，就要抓住事物独特的形态、色彩、声音、功用等特征进行描述；描述事件，就要抓住事件发生的场景、人物的表现等进行描述。

（2）确定好顺序。根据描述对象的特点，灵活确定描述顺序：或按空间顺序，或按时间顺序，或按逻辑顺序，等等。

（3）描述要生动。要展开联想、想象，多用比喻、对比、拟人、借代、夸张等口语修辞手法。

【示例】描述油画《父亲》（作者：罗中立），如图 2-1 所示。

图 2-1　油画《父亲》

这是一张忠厚、朴实、慈祥的老年人的脸。在那一道道深深的皱纹中，仿佛隐藏了一生的艰辛。眼睛有些昏花，但却安详，没有悲哀和怨恨，有的却是无限的欣慰和期望。你看，他这双勤劳的大手，青筋罗布，骨节隆起，虽然粗糙得像干枯的树皮，却很有力量。

【评析】描述抓住了“父亲”肖像的主要特点：深深的皱纹、昏花的眼睛、青筋和骨节隆起的大手。岁月的侵袭、生活的磨难，“父亲”的脸上写满了沧桑。大量形容词和比喻手法的运用，让描述更加形象、生动。

【课堂实训】

（1）描述班上的一位同学，请大家猜猜他是谁。

（2）仔细观察下面的图片，并对图片中的内容进行描述。

图 2-2　秃鹫与女孩

（3）描述一系列的夸张动作，如学骑自行车、打老鼠、看足球比赛、吃麻辣烫等。

（二）间接描述

1. 间接描述定义

间接描述又叫侧面描述，它是通过描述与所描述的对象有关联的其他人、事、物、景等来达到突出所要描述对象的一种描述方式，在写作上称为“烘托”。间接描述的好处是曲折含蓄、烘云托月，能激发人的想象力，让人回味无穷。

2. 间接描述技巧

（1）依据描述对象的特点，联想与之相关的人、事、物，借用它们或从正面或从反面烘托描述对象。

（2）要避免使用反映所描述事物某一特征的惯用词语，尽量“说××，偏不说××”。例如，说天气很热，偏不出现“热”字，而是通过描述景物变化、人物举动等来表现“热”。

【示例】

秦罗敷

秦罗敷是汉代乐府诗中描写的美女。她到底有多美呢？瞧，她提着篮子走来了，正要到城南去采桑叶呢。看见罗敷走来，人们的眼睛像被吸铁石吸住了一样，目光齐刷刷地射向她。一位正急匆匆赶路的中年汉子慌忙卸下肩上的担子，停在路边看她，一边微笑，一边摸胡子点头。一群正在玩耍的少年看见罗敷走来，连忙停止了打闹，纷纷脱下帽子露出头，做出卖弄和炫耀自己的举动，以吸引罗敷的注意；正在路边农田里忙活的农夫们也停下了手里的农活；耕田的人看见罗敷，不自觉地停了犁耙；锄地的人看见罗敷，就忘记了挥动锄头……罗敷走过去很远了，他们还出神地看着……

【评析】这里没有直接描述秦罗敷的容颜，而是描述人们看到秦罗敷时的种种举动，生动而巧妙地从侧面烘托出罗敷的美貌，这样既富有浓郁的生活气息，又给人无尽的想象天地，收到了强烈的艺术效果。

【课堂实训】以“说×，偏不说×”的方式描述“冷”和“热”。

（三）详细描述

1. 详细描述定义

详细描述就是抓住描述对象的特点进行细致描述，写作上称之为工笔。这种描述方式往往需要调动各种技巧和手段，运用比喻、夸张、对比、比拟、借代等多种修辞手法对描述对象进行一笔一画的精雕细刻。详细描述能把描述对象的特征淋漓尽致地表现出来，给人留下深刻鲜明的印象。

2. 详细描述技巧

（1）调动视觉、触觉、嗅觉、听觉、味觉等多种感官充分感受描述对象，全面把握描述对象的特点。

（2）根据描述的目的，紧扣描述对象的特点进行合理推测、联想和想象，使描述对象的特点更加鲜明、突出。

（3）描述时多用动词、形容词、拟声词、俗语，善于运用感叹句、疑问句及对话形式等。

【示例】

“望梅止渴”成语的由来

“望梅止渴”是怎么回事呢？传说有一次曹操带兵打仗，找不到水喝，太阳像一盆火，晒得士兵的喉咙眼儿都冒烟了，他们肩膀上的刀枪越来越沉，两条腿像灌了铅，步子也迈不动了。这时，曹操骑在一匹大白马上，眉头一皱，计上心来。他清了清嗓子，大声说道：“大家听着，这一带地形我很熟，前面不远有一片梅林，年年这时候，梅子挂满了枝头，又甜又酸，好吃得很，大家快走，我们采梅子好解渴！”士兵们信以为真，顿时嘴里酸溜溜的，流出了口水，浑身也来了劲，一下子走了好长一段路，终于找到了水源。这就是“望梅止渴”成语的由来。

【评析】该示例根据历史资料，进行合情合理的联想和想象，将故事发生的场景、人物的神态和心理活动描绘得惟妙惟肖；比喻、夸张等修辞手法的运用让描述更加生动、形象。

【课堂实训】对下面两首诗表现的内容进行详细描述。

（1）《绝句》

（2）《游子吟》

（2-6　《绝句》）　　（2-7　《游子吟》）

（四）简要描述

1. 简要复述定义

简要描述就是用质朴简洁的语言描述出事物的本质和特征，是一种概要式的描述方式，在写作上也叫白描。简要描述只寥寥数语，就准确生动地传达出描述对象的特点和大体轮廓，简练传神，给人留下鲜明的印象。

2. 简要复述技巧

（1）抓住描述对象的本质特征。

（2）要言不烦，语言表达上可多选用动词、形容词或采用对话的形式等。

【示例】简要描述《鲁迅》画像

（图 2-3　《鲁迅》画像）

这是一张鲁迅的正面头像画。画面上的鲁迅面孔清瘦，鼻梁挺直，浓眉紧锁，目光深邃，八字须，头发一根根直竖起来，整张脸轮廓分明。

【评析】描述抓住了画像的主要特征，语言表达上极少修饰，用极简省的语言，准确地勾勒出鲁迅极富个性的形象，鲜明生动，“形”“神”兼备，颇为传神。

【课堂实训】

请简要描述自己经历中的一件令自己特别有自信的事情。

第三节 解　说

一、解说概说

解说就是口头上解释说明，它是解释事理、说明事物的一种口语表达方式。解说在日常的工作、学习、生活中运用十分广泛。介绍事物，推介产品，讲解图片、画面、景点等都需要解说，解说也是教师传道授业解惑时常用的一种教学口语。

二、解说要求

1. 条理清晰，真实准确

解说必须根据事物本身的逻辑关系以及人们认识事物的规律来安排顺序，不能颠三倒四，杂乱无章。解说必须遵循科学性原则，客观公正地反映事物，遣词造句讲究分寸，不能违背事实，信口开河。

2. 通俗易懂，简洁生动

解说要抓住事物的本质特征，突出重点。语言简明扼要、通俗易懂，少用专业术语，要深入浅出，把各种专业性的知识和抽象深奥的事理解说得让人一听就明白。在此基础上还应尽量生动形象，能感染听众，获得听众情感上的共鸣。

3. 把握节奏，关注听众

把握好解说的节奏，语速不宜太快太慢。说到数字、地名、专业术语以及关键性的难以理解的地方时，要说得慢一些，有时甚至要一字一顿地说，或做必要的重复。要利用重音和停顿突出关键词句，以增强表达效果。最好边解说边和听者交流，根据听者的理解程度，及时调整解说的用语、方式、速度。

三、解说方式及技巧

解说的方式多种多样。根据解说的详略可分为简约性解说和详细性解说；根据解说语言的风格可分为平实性解说、形象性解说和谐趣性解说；根据解说对象的特点可分为实物解说、程序解说和事理解说，等等。下面介绍几种常见的解说方式。

（一）简约性解说

1. 简约性解说定义

简约性解说就是用比较凝练、概括的话说明事物、解释事理。

2. 简约性解说技巧

（1）筛选、过滤关于解说对象的诸多相关知识和信息，提炼出最紧要、最能说明事物特征的信息。

（2）把解说对象的要点归纳在一起，或用一两句话做高度概括的解说，或分类别、分步骤（分成纲目）地解说。

（3）做到要言不繁、言简意赅，一语中的。

【示例】

（1）啃老族：指主动放弃就业机会，赋闲在家，衣食住行全靠父母的年轻一族。

（2）环境污染危害大。第一，危害人类身体健康。第二，影响植物生长。第三，使天气和气候恶化。

【评析】示例（1）用高度概括的语言解释了啃老一族的主要特征。示例（2）运用纲目性解说的方式，从三个方面列举了环境污染的危害，条理清晰，发人深省。

【课堂实训】

请选用概括性解说或纲目性解说解释下列概念或话题：

（1）什么是裙带关系？

（2）什么是幽默？

（3）可回收垃圾有哪些？

（二）详细性解说

1. 详细性解说定义

详细性解说也叫阐明性解说，就是对解说对象作详细的解释说明，它往往通过分析、判断、归纳或演绎，对事物的起因、发展过程、特征及原理等加以分析说明，使人对解说对象有完整、全面、具体的把握。常用举例子、列数字、作比较、打比方等方法。

2. 详细性解说技巧

（1）详细性解说一般要讲清“是什么”“为什么”“怎样做”。

（2）分解说明要在同一范围内进行，并力求全面，不可以偏概全。

（3）举例要真实、典型。对所举的例子只作简明扼要的概述。

【示例及评析】

（2-8　示例及评析：《正面管教》）

【课堂实训】请就下列话题作详细性解说：

（1）向日葵为什么会随着太阳转？

（2）彩虹是怎样形成的？

（3）说说自己喜欢的一位明星。

（4）说说体育锻炼的好处。

（三）平实性解说

1. 平实性解说定义

平实性解说就是用平淡朴实的生活化的口语把事物、事理解说清楚。

2. 平实性解说技巧

（1）直截了当，实话实说。

（2）语言上无须修饰，通俗易懂。

【示例】

“红丝带”的含义

“红丝带”是关注艾滋病防治问题的国际性标志，其形状既像一颗心，又与英文艾滋病“AIDS”的开头字母“A”相似。

20世纪80年代末，人们把艾滋病看作一种可怕的疾病，对艾滋病患者避而远之。1991年以纽约画家帕特里克和摄影家艾伦为首的15名艺术家成立了一个叫作“视觉艾滋病”的组织，希望创造一种视觉象征，以示对艾滋病患者的同情。于是他们选择了代表生机、激情和鲜血的红色作为丝带的颜色，倡导尊重艾滋病患者的人权，推广预防艾滋病的社会公益活动。其支持者们将红丝带剪成小段，并用别针将折叠好的红丝带标志别在胸前。随后，这一标志很快在全世界流传开来。许多关注艾滋病的爱心组织、医疗机构、公益活动纷纷以“红丝带”命名。

“红丝带”标志，象征着对艾滋病患者、感染者及其照顾者的关心、支持和接纳，象征着对生命的热爱和对平等的渴望，也象征着用“心”支持、参与艾滋病的防治工作、疫苗及治疗方法的研究等。

【评析】示例从形状、颜色、来历及含义四个方面对“红丝带”进行了解说，让人们对“红丝带”有了较全面的了解。语言简洁朴实，没有修饰和渲染。

【课堂实训】 请就下列话题进行平实性解说：

（1）对自己拿手的一种菜肴的制作进行解说。

（2）介绍自己的父母。

（3）介绍自己熟悉的一种产品的性能、特点及它的使用和保养方法。

（4）解说待客和做客的礼仪。

（四）形象性解说

1. 形象性解说定义

形象性解说就是运用描述、比喻、拟人、夸张、借代等修辞手法，借助具体形象对事物进行生动、可感的解释说明。形象性解说能把人们不熟悉的事物描绘得如在眼前，能把抽象深奥的事理解释得具体浅显。

2. 形象性解说技巧

（1）形象性解说离不开对事物的逼真描述。描述事物时要多用、巧用动词和形容词。要注意描述顺序：对事物做静态描述时要注意空间顺序，对事物做动态描述时要注意时间顺序。

（2）恰到好处地运用描摹、比喻、拟人、夸张、借代等修辞手法。

（3）适当注入解说者的主观感情，以增强解说的感染力，但不可作渲染抒情。

【示例】

有一个孩子发高烧，医生给他验血后说：“你的白血球太高了，体内一定有地方发炎。”孩子不懂，就问：“白血球是怎么回事？”正巧，科学家高士奇在场，他就告诉孩子说：“人的血液中有红血球与白血球，红血球好比一个国家的老百姓，白血球就像国家里的军队和警察。人在健康的情况下，白血球只保持一定的数量；白血球多了，说明‘国家’不稳定，有敌人来侵犯或国家内部发生动乱，于是大批军队就出来抵抗入侵的敌人，警察就来平息动乱。人身上长包或发炎化脓，这脓就是在和细菌作战中壮烈牺牲的白血球！”

【评析】 高士奇巧用比喻、拟人的修辞手法，把人们不懂的医学知识（人的身体有炎症时白血球就高）深入浅出地进行了解说，生动形象，联想丰富，富有情趣。

【课堂实训】

（1）对家乡的一处风景名胜作形象性解说。

（2）对自己熟悉的一种动物、植物、生活用品进行形象性解说。

（五）谐趣性解说

1. 谐趣性解说定义

谐趣性解说就是用诙谐风趣的语言解释事理、说明事物。它需要突破常规思维的限制，避免使用陈词套话或中规中矩的习惯表达方式，而多采用比喻、移就、双关、夸张、大词小用、欲褒虚贬、欲贬虚褒、民谚俗语等手法，化平实为俏皮，变平淡为妙趣横生。

2. 谐趣性解说技巧

（1）灵活运用比喻、夸张、双关、引用等手法。

（2）谐趣要幽默机智、自然而然的，切不可故意卖弄。

（3）谐趣是手段，把事物、事理解说清楚是目的，切不可喧宾夺主。

【示例】

崔永元巧答释“绯闻”

有一次，崔永元主持完一档节目，现场有观众问他：“生活中有没有关于你的绯闻？”崔永元诙谐地说：“表示好感的信，也收到过一些。但至今还没听说小崔的什么绯闻。一个原因是，受夫人领导多年，夫人管得很严；另外一个原因是，这些信不是冲着我，而是冲着中央电视台这块‘金字招牌’来的。因为多年前我在广播电台当记者的时候，真是又年轻又潇洒，帅呆了，但从来没有人写过这种信给我。”

【评析】崔永元面对“绯闻”这一敏感、不友好的问题，用诙谐幽默的语言巧妙解说，既表明了自己夫妻恩爱，不给别有用心者任何可乘之机，又透露出其谦逊的品质，轻松化解了“绯闻”之疑。

【课堂实训】

（1）以“趣说自己”为题，作谐趣性解说。

（2）以“我的好友”为题，作谐趣性解说。

（3）班级组织一次联欢会，认真观察后作谐趣性解说。

第四节　评　　述

一、评述概说

评述是对客观事物发表见解的一种表达方式。“述”是用复述或描述的方式叙述要评论的内容；“评”是针对“述”的内容表达自己的主张和感受。“述”是

“评”的基础，“评”是“述”的目的和深化。评述将叙述和议论结合起来，两者相辅相成，相得益彰。

二、评述基本要求

1. 评述结合、评述一致

评和述的关系是观点和材料的关系。述，要充分，要实事求是，提供的材料要能证明观点；评，要有针对性，要观点鲜明，表明的观点要能统率材料。

2. 语言简洁、条理分明

述的语言要生动形象，评的语言要精当准确；述要注意顺序，评要注意层次。

3. 表达得当、切境得体

述的语速可以稍快一些，评的语调略显平实。评述语有时需要用确定的语气，不容置疑；有时需要用商榷的语气以激发听众思考；有时需略带感情色彩，以使自己的观点倾向性更加鲜明。要和听众有思想感情的交流、呼应，根据听众的反应，灵活机智地调整评述用语的方式和速度。

三、评述方式及技巧

根据“评”和“述”的先后次序，评述可分为先述后评、先评后述、边评边述三种方式。

（一）先述后评

1. 先述后评定义

先述后评就是先用复述或描述的方式，把要评论的内容叙述出来，而后集中进行或全面或重点的评述，它是评述最简单最基本的方式。其特点是述多评少。

2. 先述后评技巧

（1）必须对述的内容进行周密分析并加以归纳。述要有选择性，要简洁、生动。

（2）评要按主次轻重的顺序进行。

【示例】

钱锺书的“三不愿”

20世纪80年代以后，钱锺书先生在国际上声誉大振，成了一位国际知名度很高的大学者。在钱先生八十寿辰之际，有关部门要给这位学术权威举行盛大的庆祝典礼。对此，钱锺书先生委婉而坚决地谢绝了。事后，有人问钱老为何拒绝举办这一庆典，钱锺书先生淡淡地说：“不愿花不明不白的钱，不愿见不三不四的人，不愿听不痛不痒的话。”

钱锺书先生不仅是著作等身的作家和学者，其说话艺术也堪称一绝。在陈述拒绝举办庆典的理由时，他运用排比手法，巧妙地说了三个“不愿”，接连引用三个“不”字短语，不仅使听者欣闻，还深刻表明了自己对待非正常手段得来的金钱、面对不像样的人和不能解决实际问题的话语的态度，也就是对这些都持否定、排斥的态度，同时暗含着对社会上不良风气的批评。钱锺书先生的淡泊名利、高风亮节令人钦佩，其高超的说话技巧可见一斑。

【评析】示例在“述”时，先概述事情的大致经过，接着详细复述了钱锺书回答拒绝举办寿辰庆典理由时所说的话。概述是为了让人了解事情的来龙去脉，详细复述则是为后面有的放矢地评钱先生的说话艺术做铺垫。可谓是述有选择，详略得当。示例在“评”时，抓住一点，着重分析了钱先生语言的技巧性和艺术性，高度评价“其说话艺术也堪称一绝”，可谓评有针对，观点鲜明，有理有据。

【课堂实训】请采用先述后评的方式评述下列事件。

一天下午，在幼儿园中班，一位实习老师带领幼儿在玩捉螃蟹的游戏。当实习老师扮演捉螃蟹的人出场时，几个孩子躲到活动时角落的一张桌子底下并招手：“来呀来呀！”这时，这位穿着美丽裙装的实习老师跪倒在地板上迅速地爬了过去……游戏结束后，一个男孩子走过来先向实习老师鞠躬，然后说：“老师，我们太高兴了，谢谢你，欢迎你下次再到我们班上来玩游戏！”实习老师激动得流下了眼泪。请你就这位实习老师的表现作评述练习。

（二）先评后述

1. 先评后述定义

先评后述就是先阐明自己的见解和感受，然后再叙述事实来证明自己的观点。特点是以评为主线，评多述少。先评后述，有利于听众直接迅速地了解自己的观点，产生先声夺人的效果，但也容易造成突兀，由于听众缺乏心理准备而影响听知效果。

2. 先评后述技巧

（1）首先要琢磨、推敲好观点，然后扣住观点、选好论据，思路、条理要清晰。

（2）现场评述时，可以灵活借助或依赖某种特定场合、背景或语境的支持，巧妙引出自己的观点，避免先评可能造成的突兀。

【示例】

战胜挫折

挫折是成功道路上的阻碍与打击。做任何事情都不可能一帆风顺，挫折是在所难免的，只有以一种勇敢顽强的心态去直面挫折，在挫折的磨砺中强大起来，才有可能取得人生的成功。19 世纪法国著名的科幻小说家儒勒·凡尔纳的第一部作品《气球上的五星期》连投了 15 家出版社，都被退稿，但他没有气馁，第 16 次投稿终被一家出版社赏识。丹麦作家安徒生的处女作问世时，有人知道他是一个鞋匠的儿子，就攻击他的作品“别字连篇”“不懂文法”“不懂修辞”。但他把这些攻击看作奋发向上的动力，仍笔耕不辍，终成世界著名的童话大王。

【评析】 此例开门见山，先阐明了对挫折的看法和观点“只有以一种勇敢顽强的心态去直面挫折，在挫折的磨砺中强大起来，才有可能取得人生的成功”。然后陈述凡尔纳和安徒生对待挫折的做法和结果来印证自己的观点。评的语言简洁干净，观点鲜明；述的事例十分典型，具有说服力。

【课堂实训】 自己设定教育对象，就下列话题作先评后述式的评述。

（1）大学生“裸贷”之我见。

（2）宁可在宝马车上哭，不愿在自行车上笑。

（三）边评边述

1. 边评边述定义

边评边述就是一边复述或描述客观事物，一边进行评论分析。其特点是“评”“述”交融。

2. 边评边述技巧

（1）述要熟悉内容，评要见解及感受独到。

（2）述与评交错进行、紧密结合。

【示例及评析】

（2-9　示例及评析：《等待自己的播种》）

【课堂实训】 对下列话题作边述边评式的评述：

（1）我看明星真人秀娱乐节目。

（2）我看“花样美男”现象。

第五节 故事讲述

一、故事讲述概说

故事讲述就是把自己读到的、听到的、改编的或自编的故事用口语的形式讲述出来给人听，是人们喜闻乐见的一种口语艺术形式。

讲故事不是简单地“读故事”“背故事”，它是一种语言和表演艺术。故事讲述者要运用富有感染力的声音和富有表现力的动作表情，生动地再现故事内容，将听众带入故事情景之中，从而打动听众、感染听众，引起听众的共鸣，激发听众的情感。

爱听故事是孩子的天性，会讲故事是幼儿教师必须具备的基本能力。讲故事是幼儿园教育教学活动中最常用的一种形式，也是幼儿最乐意、最容易接受的一种教育教学形式，因其具有强烈的趣味性、表演性，深受幼儿喜爱，它可以寓教于乐，让幼儿在快乐的笑声中，轻松愉悦地受到教育启发、开阔眼界、活跃思维、学习语言和知识，促进幼儿身心健康发展。

二、故事讲述要求

1. 语音标准，自然流畅

讲故事时普通话语音要标准，语言要口语化。应把故事文本化为自己的东西，顺口而出，自然流畅。

2. 故事完整，人物鲜明

讲故事要注意故事情节的完整性，有头有尾，前有交代，后有结局；要塑造出鲜明的人物形象，给听众留下深刻的印象。对于人物较多的故事，必须把人物之间的关系交代清楚。

3. 运用技巧，绘声绘色

讲故事时感情要充沛，精神要饱满，要灵活运用语言表达技巧，要把故事讲得绘声绘色，引人入胜。

三、故事讲述技巧

（一）选择故事的技巧

选择好故事是讲好故事的前提，选择故事一般要遵循如下原则：

1. 生动有趣，积极健康

单调乏味的故事引不起幼儿的兴趣，生动有趣的故事才能引起幼儿的共鸣；低级颓废的故事令人反感，积极健康的故事才具有教育性。

2. 分清对象，深浅适度

给2~3岁的幼儿讲故事，要选择篇幅短小、情节单纯、人物较少、主题明朗的故事；给4~6岁的幼儿讲故事，要选择情节比较复杂、曲折的故事。否则，给年龄小的幼儿讲复杂的故事，他们听不懂；给年龄大的幼儿讲简单的故事，他们不感兴趣。

3. 根据需要，讲究目的

讲故事是教育的手段，也是娱乐的工具。因此，应根据目的和需要确定主题，选择故事，这样才能使故事讲得得体，有针对性。

（二）加工故事的技巧

一般来说，可直接拿来讲给幼儿听的故事文本是很少的，为了让故事更符合幼儿的审美趣味和接受能力，讲故事之前常要对故事文本加以改造。

1. 改造情节

就是在不改变故事主体内容的基础上，对故事的情节进行充实、删减、调整，使故事变得紧凑、生动、完整。

对过于复杂的情节进行删减。可采取减少人物和删去过多的静态描写的方法让故事更单纯、紧凑。如原著《白雪公主》，其开头有大量的静态描写和王后在窗边缝衣服的情节，改编后的《白雪公主》就把这些删去了。

对过分简单的情节进行扩充。可采取增加人物的方法来扩展情节，例如根据伊索的《兔子和乌龟》改写的《龟兔赛跑》，就增加了小猴等动物的形象，在比赛结束后，增加了小猴给胜利者乌龟献花的情节。故事情节更丰富、生动、完整，而且烘托了气氛，渲染了主题。

对平铺直叙的情节进行调整。可以采取巧设悬念、增加波澜、时松时紧、有张有弛的方法来组织安排。

2. 改造形象

通过增加细节、个性化的语言、对话和动作，或者是把原文中平淡的叙述、静态的描写等改为人物的语言、对话、动作等方法，使人物形象更鲜活丰满。

3. 改造语言

把语言尽量改造成口语化、儿童化、标准化的语言。

把书面语改为口语。如，把“马良的父亲母亲早就死了”改为：马良的爸爸妈妈死得早；把“乌鸦觉得很纳闷”改为：乌鸦觉得很奇怪。

把文言词语和句式改为现代汉语词语和句式。如把“文首、白喙、赤足，名曰精卫”改为：它叫精卫，长着花脑袋、白嘴壳、红脚爪。

把复句改为单句，把长句改为短句。如把“狐狸先生和狐狸太太从窗口看到白兔妈妈带着一群小白兔蹦蹦跳跳地从门前经过”改为：狐狸先生和太太站在窗户前，看见白兔妈妈带着一群小白兔，蹦蹦跳跳地过去了。

把静态描写改为动态描写。如“瓜瓜嫌那西瓜太小，生气了”改为：瓜瓜斜眼儿瞧一瞧那西瓜，撅起了嘴巴：“哼，这也叫西瓜！”

4. 设计开头结尾

精心设计一个有吸引力的开头，激发幼儿听故事的兴趣；安排一个让人回味的结尾，加深幼儿对故事的印象。

开头的方式一般有悬念式、提问式、议论式、猜谜引入式等；结尾的方式一般有悬念式、提问式、总结式、情境式等。

【示例】

没有牙齿的大老虎（改编后）

在大森林里，谁都知道大老虎的牙齿厉害，小动物们都怕大老虎的牙齿。

可小狐狸却说：“你们怕大老虎的牙齿，我就不怕！我还要把它的牙齿全部拔掉呢！”

嘻嘻嘻，哈哈哈，谁相信小狐狸的话呢？

小狐狸拍拍胸脯说：“哼，不信，你们就瞧着吧！”

小狐狸真的去找大老虎了，他带了一大包礼物：“啊，尊敬的大王，我给您带来了世界上最好吃的东西——糖。”

“糖是什么？快给我尝尝！”老虎吃了一粒奶油糖，“啧啧啧，啊哈，好吃极了！你以后要多送点儿来。”

狐狸以后就常常给老虎送糖来。老虎吃了一粒又一粒，连睡觉的时候，糖还含在嘴里呢。

大老虎的好朋友狮子忙来劝他：“哎哟哟，糖吃得太多，又不刷牙，牙齿会蛀掉的。狐狸最狡猾，你可别上他的当呀。”

“嗯。”大老虎答应着，正要刷牙。狐狸来了：“啊，大王，您把牙齿上的糖全刷掉了，多可惜呀！”

“可听狮子说，糖吃多了会坏牙的。”

“唉，别人的牙怕糖，大王您的牙这么厉害，铁条都能咬断，还会怕糖吗？”

“对，对，狐狸说得对！”大老虎不刷牙了，“我要天天吃糖，我的牙不怕糖！”

啊哈，过了些时候，大老虎的牙痛得哇哇叫，它去找大夫。“喔唷，喔唷，痛死啦！快，快把我的痛牙拔掉吧。”可谁也不敢拔大老虎的牙呀，大夫们逃得远远的。

“喔唷，喔唷，痛死啦！谁把我的牙拔掉，我让他做大王！”

这时候，狐狸穿着白大褂来了。笑眯眯地说：“大王，我来给您拔牙吧！”

“谢谢，谢谢。”老虎捂着嘴巴说。

狐狸一看老虎的嘴巴就叫了起来：“哎哟哟，您的牙全得拔掉！”

“啊！”老虎歪着嘴，一边哼哼，一边说：“唉，只要不痛，拔……就拔吧……”

吭唷，吭唷，狐狸拔呀拔，拔了一颗又一颗……最后一颗牙，狐狸再也拔不动了。

嘿，有办法了！狐狸拿着一根线，一头拴住大老虎的牙，一头拴在大树上。然后他拿个鞭炮放在老虎耳朵边，一点火，呼——啪！“啊哟！”老虎吓得摔了个大跟头。最后一颗牙齿也掉下来了！

哈哈，哈哈……这只没有了牙齿的大老虎成了瘪嘴老虎啦！他还用漏风的声音对狐狸说：“还是你最好，又送我糖吃，又替我拔牙，谢谢，谢谢！”

【评析】原故事中人物形象较多，幼儿难以分清和记忆，讲述时也加大了用不同的声音给每个形象造型的难度。加工改造后删去了小猴、小兔、马大夫、牛大夫的形象和相关情节，故事情节更集中，主要人物形象更突出，讲述时还可以避免塑造角色时声音雷同。另外有些地方调整了语序，把静态的描写变成了人物的语言，增加了拟声词等，让人物形象更鲜活，也更符合幼儿的审美情趣。

[2-10　《没有牙齿的大老虎》（故事原文）]

（三）讲述故事的技巧

由于幼儿有意注意力的稳定性较差，加上幼儿的审美具有动态审美、感性审美的特点，给幼儿讲故事一定要做到绘声绘色、活灵活现，语气语调、动作表情都要夸张一些。

1.“讲”“演”结合

讲故事的魅力之一，在于把书面的文字形象变成鲜活的立体形象，因此，不仅要“讲”，还要“演”，要“讲”“演”结合。“讲”就是讲述，即讲故事的人叙述故事的情节和内容。“演”就是表演，即讲故事的人运用富有感情色彩的声音（从声音变化上演）和表情动作（用态势语演）等把故事中人物的性格、思想感情形象地表达出来，把故事发生、发展的环境气氛渲染出来。“演”的声音变化和动作表情要和故事内容要求相吻合，自然得体，恰如其分。尤其是表情动作设计一定要有情感依据、审美依据，切忌乱动，流于琐碎。

用声音表演时，注意用声音造型，拟声传神。要模拟故事中各种人物的声音，如老人的声音、小孩的声音、男人的声音、女人的声音等，要做到“声如其人”；有时还要模拟自然界中的各种声音，如风雨声、雷鸣声、枪炮声、鸡鸣狗叫声等。

用态势语演时，注意表情丰富自然，动作形象协调。在表情上，一般说来，没有特殊要求时，讲述应面带微笑，再根据故事内容和人物心理变化随时“变脸”，喜怒哀乐，全表现在脸上。特别要注意眼神的运用，眼睛要会说话。用眼睛传情，用眼睛和听众交流，或扫视或对视等。在动作上，如果故事中有动作提示，我们就模拟动作，如果没有明确的动作提示，我们要根据故事内容情境、人物形象的特点，设计相应的典型动作并加以表现。例如：

哥儿俩正闹着呢，狐狸大婶来了，她看见干面包，眼珠骨碌碌一转，（模拟转动眼珠的动作，形象地表现狡猾的狐狸正在想坏主意）说：“噢，你们是怕分得不公平吧？来，（设计招手动作）让大婶给你们分！”（狐狸说话时可设计它的身姿语：手捏兰花指、扭腰翘屁股、眼睛斜视、表情妩媚。动作夸张、做作，表现狐狸的狡猾和假热情）哥儿俩高兴地说：“好，好，咱们让狐狸大婶来分！”（设计拍手动作表示高兴）

“演”得好，可以增加故事的真实感、形象性，能让听故事的人有如见其人、如闻其声、如临其境的感觉。

2.“表”“白”分明

讲故事的语言分为“表”的语言和“白”的语言。“表”即叙述性语言，是指讲故事的人用第三人称的口气，客观地介绍故事发生的时间、地点、事件的进展、人物之间的矛盾冲突等。“白”即角色语言，是指故事中人物的语言。讲故事要做到“表”“白”分明，把叙述语言和角色语言区分开来。

一般说来，叙述性语言稍慢，角色语言稍快；叙述性语言力求生动，角色语言力求个性化，更为夸张有趣。

“表”的语言要生动，就必须根据故事的内容和情感，把握好语速、语调、重音和停顿，力求合适、恰当。如叙述写景处，语调平缓，语速适中，不快不慢；热烈、兴奋、激动、愤怒处，语调上扬，出言吐语要快些；危急处，语调适当压低，语速要快；悲伤、怀念、沉寂、伤心、失望处，语调下沉，语速可以放慢些；故事的开头和结尾一般以中速为宜，高潮部分语速要快些。为了强调某一事物、突出某种语意和情感，还必须恰当确立重音和停顿，突出重要的字、词或短句，并恰当实现重音和停顿，以表现语句的重点和作品的主题，同时增强语句的节奏感和表现力。

“白”的语言要个性化，就要根据角色形象特点，选用恰当的声音、语调、语速等刻画人物，做到“闻其声如见其人”。如用声音的粗细，区分大人和小孩、男人与女人；用声音的强弱，区分健康人和病弱人；用不同的语调，区分正面人物和反面人物；用不同的语气表达人物的不同情绪。一般来说，小孩的声音高而细，语速较快，老人的声音低而粗，语速较慢；刚直豪爽的人说话，声音厚实，吐字饱满有力，善良柔弱的人说话，声音半虚半实，吐字轻缓；正面人物说话字正腔圆、自然亲切，反面人物说话阴阳怪气、怪腔怪调。

3.“内”“外”协同

“内”指讲故事时的内部心理状态，“外”指讲故事时使用的语言表达技巧：停顿、重音、语调语速等。讲故事时内部心理状态到位，才能以情带声，语言表达技巧到位才能以声传情，“内”“外”协同，“内”“外”一致，才能准确地传达出故事的思想内容、情感主旨，讲故事才能吸引、打动听众。

讲故事前要深入分析故事的内容结构、主题思想，情节逻辑，分析故事中人物形象的身份、性格、心理、情感，分析人物语言及其内在语，分析故事的环境、气氛、细节等等，对故事的情节、人物产生强烈的情感和鲜明的立场，只有这样，才能进入故事的情境之中，才能恰当运用外部语言表达技巧。

【示例】

猴子吃西瓜

猴王｜找到了一个大西瓜，→（中速，微笑，双手胸前比画大西瓜）但是，他不知道（双手胸前摇动）｜西瓜的吃法。↘有心请教别人吧，（右食指斜指前方）又不好意思，（头稍低微摇）那样就显得自己太无知了。→（双手向下摊开）“这……（皱眉，右食指轻点脑袋，思考状）哎！↗有了！”↘（喜悦，微笑）猴王想出了一个｜妙计。→（竖起右手食指，表示1）

他把所有的猴子都召集到一块儿。→（中速，双手往胸前收拢）猴王说：“今天｜我找到了一个大西瓜，→（双手胸前比画大西瓜）把你们请来｜尝一尝。↗（双手指向听众）可是｜我要先考考你们。→（右食指随‘考考’二字向观众有节奏地轻点两下）这西瓜的吃法嘛，↗我｜是知道的，↘（右手拍胸）可我要看｜你们说得对不对。（右手指向观众）→谁说对了｜就多吃一份，↘（左手食指竖起表示1）谁要是说错了，↗是要受罚的。”↘（右手掌向右下斜劈）（猴王说话要装腔作势，声音粗壮有力，语气威严，语速适中）

小毛猴｜听了，→搔了搔腮说："我知道，我知道，西瓜是吃瓤儿的！"↘（挠腮，举手）（小毛猴聪明，性子急，说话声音稚嫩尖细，语调高，语速快。）

"不对！"（摇手）一只｜短尾巴猴说："我不同意他的说法！→（摇头）上次我到姑姑家吃过甜瓜，（比画一个小圆）甜瓜｜是吃皮的。↗（把小圆凑近嘴边）我想｜甜瓜是瓜，西瓜｜也是瓜，总而言之都是瓜。→（先后摊开左右手）西瓜｜当然也吃皮啦！"↘（短尾巴猴憨傻，声音稚嫩略粗，语速稍慢）

"吃西瓜吃瓤！"↗（举左手，语速稍快）

"不对，西瓜是吃皮的！"↗（举右手，语速稍快）

猴子们吵起来。→（中速）"这……"（皱眉）猴王不知道谁说得对，（摇头）就把眼光转到了年岁最大的｜老猴身上。→（中速，扫视后定睛）老猴一看，觉得自己出头露面的机会｜来了，就哆哆嗦嗦地｜站起来，清了清嗓子说："嗯、嗯，这个这个……吃西瓜嘛，↗当然｜是吃皮了，↘我从小｜就吃西瓜，而且一直｜是吃皮，↗我想我之所以老而不死，→正是因为｜吃西瓜皮的原因。"↘（老猴年岁大，倚老卖老，说话时弯腰理胡子，声音低沉沙哑，略颤抖）

有些猴子｜早就等不及｜要吃西瓜了，听老猴子这么一说，→（中速）都跟着喊叫起来："对，吃西瓜吃皮！↘吃西瓜吃皮！"↗（两句连着喊，不停顿，声音一低一高，一慢一快，并伸出左右手配合）猴王一看｜大家都说西瓜是吃皮，就以为找到了真正的答案。→（中速）他对大家说："你们大家说得对，↘吃西瓜是应该吃皮。（手指听众）↗哼，只有小毛猴｜说错了，↘（右手食指指另一处）那就罚它｜吃瓤，↗（右手掌向右下斜劈）我们大家都吃｜西瓜皮。"↘（双手摊开前伸）说着｜拿起刀"扑"地一下｜把西瓜切开。→（中速，右手变刀在左手手心模拟切西瓜，然后两手分开）

于是，大家伙儿｜是共分西瓜皮，→只有小毛猴｜吃着西瓜瓤。（微笑，模拟吃西瓜）小毛猴心里想：这西瓜｜真甜哪！↗（声音甜美带笑，语速稍快）

吃着吃着，一只小猴子｜觉得不是味儿，捅了捅旁边的猴子，→（中速，用右胳膊肘捅）说："哎，这东西｜怎么不好吃呀？↗"（右手掌立起，遮住左嘴角，避开其他人压低声音）另一只猴子说："那是你吃不惯。我常吃西瓜，西瓜嘛，↗就是这个味儿。"↘（双手捧西瓜放嘴边，转头侧上身，点头，声音做作以表示它的自欺欺人）

【评析】讲述故事前能认真分析故事情节及人物形象，能根据情节、情境和人物身份、年龄、性格等设计人物的声音、表情动作，能合理运用各种语言表达技巧，故事讲述生动有趣。

【课堂实训】

1. 阅读分析下面的故事，恰当设计语言表达技巧和声音、动作、表情，绘声绘色地进行讲述。

2. 根据全国职业院校技能大赛讲故事要求，对下面的故事进行合理加工，再绘声绘色地进行讲述。

（2-11　《给狗熊奶奶读信》）（2-12　故事《城里的猫和乡下的猫》《公主怎么挖鼻屎》）（2-13　全国职业院校技能大赛幼儿故事讲述要求、评分方法及细则）

第六节　命题演讲

一、命题演讲概说

演讲又叫演说或讲演，是指就某一问题或围绕某一中心，在特定的场合，面对听众，借助有声语言和态势语言等表达手段，发表意见、抒发感情，从而达到感召听众的一种口语交际活动。

演讲不同于一般的口语表达，它特别注重有声语言和态势语言的运用技巧，其思想内容的哲理美、有声语言的音响美、态势语言的视觉美，都对听众形成冲击，具有强烈的艺术性。演讲是演讲者的口才能力、品格修养、知识经验、思想情感、心理素质、风度仪表的集中展示。演讲具有综合性、现实性、鼓动性的特点。

演讲根据事先有准备或无准备分为命题演讲与即兴演讲。命题演讲就是根据事先给定的题目或限定的范围而进行的有准备的演讲，其从形式上可分为全命题演讲和半命题演讲。因为演讲之前做了充分准备，所以命题演讲具有严谨性、针对性和稳定性的特征。

二、命题演讲基本要求

1. 观点正确、主题鲜明

主题是演讲的灵魂。命题演讲要紧扣命题，主题鲜明突出；要充分锤炼观点，表明自己的主张和态度；观点正确，符合客观真理，能给听众正确的认识和指导。

2. 材料典型、新颖生动

材料是演讲的血肉。演讲者的真知灼见和情感表达是建立在大量材料基础上的。只有选用生活中真实典型、新颖生动的材料，演讲才能更具说服力和吸引力。

3. 思路清晰、结构严谨

结构是演讲的骨架。怎样开头、结尾，怎样突出重点，怎样铺垫和承接，等等，都应深思熟虑。思路清晰、结构严谨的演讲才能紧紧抓住听众。

4. 感情真挚、“讲”“演”结合

“感人心者莫先乎情。”演讲者要善用自己的真情、热情去感染、激励听众。演讲时注意“讲”“演”结合，使二者有机和谐地统一在一起，演讲才会散发出迷人的艺术魅力。

三、命题演讲的基本技巧

命题演讲的基本技巧是：首先，根据演讲的命题和目的、演讲的场合和听众的特点，认真写好演讲稿；其次，仔细研磨有声语言的表达技巧；最后，精心设计恰如其分的态势语。

（一）备稿

准备演讲稿是命题演讲的核心工作，也是演讲成功与否的关键。备稿的一般步骤如下。

1. 确立主题

主题的确立要综合考虑现实生活中急需回答、听众当时当地的需要、自己熟悉并有真知灼见的主题。

2. 选择材料

选出最能阐明主题、最使听众感兴趣、最能给听众深刻印象、最新颖科学的材料。切忌不认真选材，饥不择食，滥竽充数。

3. 编列提纲

编列提纲就是常说的“搭架子”，它是把演讲的基本构想简洁明了地展示出来的一种方式。在这个过程中，要梳理清楚各论点之间的关系（中心论点、分论点），先后顺序，仔细推敲层次是否清楚，结构是否完整，逻辑是否严密。这样演讲起来才会思路清晰、条理分明。

4. 撰写讲稿

演讲稿的一般格式包括：题目、称谓、正文、署名、日期。

（1）拟定题目

题目（标题）是演讲稿必不可少的组成部分，它直接决定了演讲的内容、风格、情调等。一个新奇生动、富有情感、具有启发性、鼓动性的题目，往往能引人入胜。拟题的一般要求是简洁、明快、别致、得体。拟题目的方式一般有如下几种：

① 揭示主题式。如《反对党八股》《成功要从做人始》等。

② 提出问题式。如《明星，你咋就得了那么多病》《是谁撕碎了教师的尊严》等。

③ 抒情式。如《我的青春我做主》《我骄傲，我是幼儿教师》等。

（2）拟定称谓

称谓要得体，要兼顾在场的每一个人。比如，在场的有校长、老师、同学，就要称呼：尊敬的各位领导、老师、同学们；如果在场的听众身份复杂，可以称呼：朋友们。称呼得体，体现了对听众的尊重。

（3）撰写正文

① 语言要求

◆ 通俗易懂、口语化。演讲的语言，演讲者说起来要“上口”、清楚；听讲者听起来要“入耳”、明白。语言简洁、通顺、有生活气息。应多用通俗易懂的口语词，少用文绉绉的书面语词、文言词语；多用明白晓畅的短句，少用冗长复杂的长句；多用正装句，少用倒装句等。

◆ 准确、精炼、形象化。演讲的语言要准确、精炼，概念明确、判断恰当、推理合乎逻辑；用词贴切，用最少的字句准确地表情达意；多运用作用于听众视觉、听觉、味觉、嗅觉和触觉的语言，把抽象的事物具体化，把深奥的道理浅显化，把概念的东西形象化；多运用比喻、比拟、夸张、排比、反语、设问、反问等修辞手法增添语言的光彩。

② 内容及结构要求

要使演讲获得成功，就必须对演讲稿正文的内容、结构进行周密的设计。一般说来演讲稿的正文分开头、主体、结尾三部分。一篇成功的演讲稿，要有引人入胜的开头、情理服人的主体和耐人寻味的结尾。

◆ 开头——引人入胜。

开头即开场白。开场白的作用有两个：一是吸引听众的注意力，创造一个适合演讲的气氛；二是为整篇演讲确定范围，自然引出主体部分。好的开头等于成功的一半。命题演讲要想先声夺人，就要精心设计好开头。常见的开头方式有如下几种：

* 开门见山式。开篇就交代讲题、主题或演讲意图，顺水推舟，引出下文。如李燕杰的《国家、民族与正气》的开场白：“每个青年都关心自己的祖国和民族的命运。国家的正气，民族的正气，是团结鼓舞群众积极向上的巨大力量；是一个国家、一个民族兴旺发达的重要精神支柱。我就想以‘国家、民族与正气’为题做一个发言。”

* 故事导入式。开篇先讲一个切合演讲主旨的故事，以打动听众，并为接下来的议论说理做好铺垫。如周光宁的《救救孩子》的开场白：“去年 5 月 24 日，《新民晚报》披露了这样一个事实：一个四年级的小学生，每天要带父母剥光了蛋壳的鸡蛋到学校吃。有一次，父母忘记给鸡蛋剥壳。差点憋坏了孩子，他对着鸡蛋左瞅右看，不知道如何下手，结果只好把鸡蛋带回。母亲问他怎么不吃蛋，回答很简单：‘没有缝，我怎么吃！’”

* 自嘲幽默式。开篇贬低或嘲笑自己，以拉近和听众的距离。如“新东方”创始人俞敏洪在一次演讲中的开场白：“有人说我对电线杆儿特别有感情，这话说得，跟说小狗似的！在刚创办新东方学校时，我骑着自行车沿街在电线杆儿上贴招生广告。寒冷的冬夜，刚刷好的糨糊，不等广告贴上去就冻成了冰……我并不聪明，上中学的时候不管怎么努力，从来就没有考过全班前 20 名，大学考了 3 次才考上。北大同学中有很多聪明的人，我起早贪黑地学，最后却还是以全班倒数的成绩毕业……”

* 趣言诙谐式。开篇先说几句幽默风趣的话，营造出一种宽松和谐的现场氛围，激发听众的听讲兴趣。如李敖在北大演讲的开场白：“你们终于看到我了。我今天准备了一些‘金刚怒目’的话，也有一些‘菩萨低眉’的话，但你们这么热情，我应该说菩萨话多一些。演讲最害怕四种人：一种是根本不来听演讲的；一种是听了一半去厕所的；一种是去厕所不回来的；一种是听演讲不鼓掌的。当年克林顿、连战等来北大演讲时，是走红地毯进入的，我在进门前也问道：‘我是否有红地毯？’校方说：‘没有，因为北大把你的演讲当作学术演讲，就不铺红地毯了。’如果我讲得好，就是学术演讲；若讲得不好，讲一半再铺红地毯也来得及。”

* 巧设悬念式。设置一个出人意料的开头，造成悬念，引起听众急切期待下文的心情。如袁超《明星，你咋就得了那么多病？》的开场白：“大家好！我已经很久没怎么看电视了，前天看了一下午，却让我大吃一惊：不知是从哪里刮来一股邪风，演艺圈里的男男女女、老老少少、大小明星居然集体患上了重病！这不，《亮剑》里的‘楚云飞’张光北刚刚染上了鼻炎，他戏里的冤家对头‘李云龙’李幼斌就患上了心脑病；‘皇帝’唐国强查出了不孕不育，‘和珅’王刚又感觉到颈椎疼；赵本山、曾志伟、冯小刚集体拉了肚子；江珊补钙补个不停。要说最可怜的

还属范伟，一会儿感冒，一会儿拉肚子，一会儿还觉得筋骨疼。眼看着演艺圈里的病魔肆虐，我不禁担心，这岂不是要让我们国家的演艺事业夭折?”

＊ 自我介绍式。开篇先介绍自己的身份、经历、性格爱好等，与听众进行沟通，以融洽气氛。如张恨水在某大学演讲的开场白：“今天，我这个‘鸳鸯蝴蝶派’的作家到大学区来演讲，感到很荣幸。我取名‘恨水’，不是什么情场失意，我取‘恨水’是因为我喜欢南唐后主的一首词《乌夜啼》：林花谢了春红，太匆匆，无奈朝来寒雨晚来风。胭脂泪，相留醉，几时重，自是人生长恨水长东。我喜欢这首词里的‘恨水’二字，我就用它做笔名了。”

另外还有提问开篇式、引用名言式、赞美听众式等。凡此种种，都是为了集中听众注意力，控制场上气氛，为接下来的内容做好铺垫。

◆ 主体——情理服人。

演讲稿在开场白后要迅速转入主体的撰写，主体是演讲的重点核心部分。主体部分的写作，设计时应注意以下几个问题：

＊“曲”主体。“文似看山不喜平。”演讲稿主体内容的安排要波澜起伏，节奏有张有弛，演讲的情感曲线应时起时落，直至达到高潮。

＊ 扣主题。主体部分要紧扣主题组织材料。锁定中心，或叙述或说明，或议论或抒情。不能“下笔千言，离题万里”。

＊ 兴高潮。演讲一定要构筑演讲高潮。所谓高潮，是演讲中最精彩、最感人、最扣人心弦的地方；是演讲者思想感情表达最鲜明、最动人、最有力的地方；也是听众受到震撼和冲击最强烈的地方。一般方法是：用简洁明快、铿锵有力的语言，借助排比、对偶、设问、反问等修辞手法，造成一种奔腾而下、不容置辩的气势来渲染气氛，加深听众印象，收到良好的演讲效果。

＊ 巧布局。结构层次的安排要井然有序，主次分明，前后照应，过渡自然，逻辑严密。可采用并列式、递进式等结构。

◆ 结尾——耐人寻味。

好的结尾能给演讲锦上添花，能使听众回味无穷。

＊ 以提希望、发号召的方式结尾。用热情洋溢、铿锵有力、富有鼓动性、号召性的语言激励听众。如陈月异《新时代的流行色》的结尾：“青年朋友们，我们肩负着历史的重托，是千里马，就应嘶风长鸣；是龙种，就应冲腾起舞。当今的世界有着千变万化的流行色，而只有这，自尊、自信、自强、自立，才是我们精神世界的流行色。我们要争当出头鸟，竞做弄潮儿，把我们的青春、热血、大智大勇，自觉地投入新时代的大熔炉里去，为中华的第三次腾飞发热发光吧!”

＊ 以引用名言警句的方式结尾。通过引用名人名言、诗文警句、谚语成语等

富有哲理性、启发性的话，深化演讲主题，将演讲推向新的高潮。如李志行《祖国，战斗在暴雪冻雨中》的结尾："最后，我想用陈毅将军的《青松》诗结束我的演讲：'大雪压青松，青松挺且直。要知松高洁，待到雪化时。'我战斗中的祖国，你有着青松凌寒斗雪的品格，在与暴雪与冻雨的搏斗中，你告诉了我们什么才是民族的坚强品格。而你告诉我的，我会把她刻进我的骨骼，融进我的血液。祖国，我相信，你的儿女相信，严寒之后，必然是共和国花朝如海的春天！"

* 用讲故事的方式结尾。讲一个与主题相关的故事，让听众深思、回味。如《命运掌握在我们自己手里》的结尾："最后跟大家分享一个故事结束今天的演讲。一个生活平庸的人带着对命运的疑问去拜访禅师，他问禅师：'您说真的有命运吗？''有的。'禅师回答。'是不是我命中注定穷困一生呢？'他问。禅师就让他伸出他的左手指给他看：'你看清楚了吗？这条横线叫感情线，这条斜线叫事业线，另外一条竖线就是生命线。'然后禅师又让他跟自己做一个动作，把手慢慢地握起来，握得紧紧的。禅师问：'你说这几根线在哪里？'那人迷惑地说：'在我的手里啊！''命运呢？'那人终于恍然大悟，原来命运是在自己的手里。"

* 用表决心、发誓言的方式结尾。表决心、发誓言，有助于坚定听众的信念，增强演讲的感召力。如竞聘演讲的结尾："各位领导，各位评委，古希腊哲人说'给我一个支撑点，我会把地球撬起'，而我现在要说：给我一个机会，我会干出我的风采！此次竞聘，无论成功失败，我都将以此为新的起点，更加努力工作，勤奋学习，迎难而上，把自己的全部智慧与精力奉献给我们公司！奉献给我所热爱的事业！"

* 以提问的方式结尾。提出与演讲主题关系密切的问题，引起听众的思考，深化演讲的中心思想。如沈敬峰《中国真的成为体育强国了吗？》的结尾："朋友们，面对金牌数量的突破，我们可以选择骄傲，可以选择欢欣鼓舞，但我们是不是更应该选择冷静呢？我们是不是更应该以超然和理性的态度面对国际舆论，将金牌的包袱卸下来，把全民健身运动搞上去，把人民的身体素质提高起来呢？你那声响亮的肯定回答和明天早上的行动，就是我们中国成为真正的体育强国的希望。"

结尾还可以采用总结式、感谢式、赞美式、幽默诙谐式等。演讲者要根据演讲的内容、听讲的对象、演讲的时境，灵活设计出恰当、新颖、令人回味的结尾，切忌冗长俗套、画蛇添足。

（二）讲练

演讲稿写好后，正式登台之前，演讲者还必须进行演讲练习。演讲练习，可以加深对讲稿的理解、记忆；可以及时对演讲稿进行修改、调整、润色；可以增强演讲者的信心和勇气。

认真揣摩讲稿，根据演讲的内容和情感，把握好停顿、重音、语调、语速，设计好相应的态势语，反复试讲，不断改进，把演讲稿的内容融会贯通，化成自己的有声语言和形体语言。

1. 练语言

语音要优美：清晰流畅、字正腔圆。

节奏有张弛：有轻重缓急、抑扬顿挫。

语调有变化：高低起伏、错落有致。

2. 练形体

表情要生动：喜、怒、哀、乐，相由心生，情随内容。

眼睛要说话：平视、环视、注视、虚视，运用自如，准确传神。

手势要自然：情意手势、指示手势、象形手势、象征手势，合体适度。

姿态要美观：一字型、稍息式、前进式，站姿自然稳重；前移、后移、左移、右移，移位切合内容。

3. 练感情

有声语言、态势语言，配合默契、情真意切、真挚自然。

4. 练上、下场

上场：从容走出，步履稳健。站定之后，或微笑点头，或敬礼鞠躬。

下场：鞠躬致谢后，自然退后两步转身从容走下。

（三）上场前的准备

1. 仪表准备：容貌干净整洁；服饰庄重大方、轻便协调、色彩和谐。

2. 心理准备：可采取“藐视”听众法、情绪转移法、心理调节法、积极暗示法、深呼吸法、闭目养神法等，克服怯场、消除紧张。

3. 情感准备：态度积极、感觉良好、满怀信心。

4. 临场准备：了解听众，了解场地、设备，做到心中有数。

（四）临场演讲

1. 控制调节现场气氛。用目光控场，及时调整自己的演讲。听众反应冷淡时，可以压缩听众不感兴趣的内容，增加提问或与演讲主题有关的故事、笑话来调节气氛。对个别窃窃私语的人可用眼神加以制止。

2. 忘词、卡壳时从容不迫。不能停下，或迅速瞟一眼讲稿，或随机应变，想到哪里就讲到哪里，以保证演讲的流畅。

3. 口误、说错话时随机应变。对无关紧要的话，听之任之，继续往下讲；对紧要的话，先巧妙圆场，再把正确的话说一遍。

【演讲稿赏析】《人生重要的不是地方，是朝向》（作者：佟丽娅）

（2-14　演讲稿赏析：佟丽娅《人生重要的不是地方，是朝向》）

【课堂实训】

（1）模拟演讲训练

观看两段演讲视频，细心揣摩演讲者处理有声语言和态势语的技巧，然后进行学习、模仿。

（2-15　刘媛媛《寒门贵子》演讲视频）

（2-16　佟丽娅《人生重要的不是地方，是朝向》演讲视频）

（2）有声语言训练

认真分析下面的演讲稿片段，根据它的内容和情感，对其做声音技巧处理（借鉴朗读技巧符号标出语速、停顿、重音、语调及其他特殊技巧），然后脱稿试讲。

同学们，我们已经进入了一个充满竞争，但也让人才尽显其能的时代。在这样的时代，如果一个年轻人还整天抱怨自己怀才不遇，那只能说明他不是人才，至少还缺乏一种才能，那就是自我推销的能力。而推销自己，需要口才；展示自己，需要口才；求助别人，需要口才；宣传鼓动，需要口才……总之，时代需要德才兼备、能说会道的现代型人才。

（3）态势语训练

认真分析下面的演讲稿片段，根据它的内容和情感，设计态势语（表情、动作、手势），反复练习，最后作脱稿演讲。

我家门前有一座漂亮的大楼，它高高地站在街上，傲慢地昂着头，望着天。它对身边的小楼说："你们又矮又丑，真难看。"它又低下头，对脚下的土地说："你是更不用说了，黑不溜秋地在我脚下躺着，有啥出息？"土地说："别看你个子高，长得好看，可是没有我，你就站不起来。"大楼说："没有你，我照样站着，气死你！"土地气得浑身发抖，它把身子往上一拱，大楼就倒了。一个人如果骄傲了，瞧不起身边的朋友，脱离他的母亲、他的祖国，那他一定会像大楼那样失败的。

（4）按命题演讲的训练要求，依据下列演讲稿进行模拟综合演讲训练。

（2-17　刘媛媛《年轻人能为世界做点什么》演讲稿）

（5）根据下面的题目与开头，构思演讲的脉络，先列出结构提纲，再写出演讲稿，最后做脱稿演讲。

题一：我选择了“叶的事业”

印度诗人泰戈尔说过：“花的事业是甜蜜的，果的事业是珍贵的，但让我干叶的事业吧！因为叶总是谦逊地重复着它的绿荫。”党的教育事业就是“叶”的事业，所以我毅然决然地选择了当一名幼儿教师。……

题二：用微笑面对生活

世界上有一种不会凋谢的花朵，那就是微笑；它不分四季，不分南北，只要有人群的地方就会开放。越是纯洁、温暖的地方，它盛开得越美。……

题三：与其亡羊补牢，不如未雨绸缪

有这样一个故事——一只野猪在大树旁勤奋地磨獠牙，狐狸看到了，好奇地问，既没有猎人来追赶，也没有任何危险，你为什么要这般用心地磨牙呢？野猪答道：一旦危险来临，就没有时间磨牙了，现在把牙齿磨得锋利些，危急时刻，危险就不会演变成灾难。故事里的野猪非常聪明。是啊，做任何事情，我们都要提前做好准备，只有未雨绸缪，才能防患于未然。……

（6）以“我是00后”“幼儿教师的责任心”为题撰写演讲稿并在班上进行演讲。

思考与练习二

1. 什么叫复述？复述的基本要求是什么？
2. 什么是详细复述？详细复述的技巧有哪些？
3. 对故事《田螺姑娘》进行详细复述。
4. 什么是简要复述？简要复述的技巧有哪些？
5. 对故事《豌豆公主》进行简要复述。

（2-18　《田螺姑娘》）　　（2-19　《豌豆公主》）

6. 什么是扩展复述？扩展复述的技巧有哪些？

7. 从下面的成语中任选两个，扩展成故事进行复述：

亡羊补牢、掩耳盗铃、杞人忧天、守株待兔、叶公好龙、指鹿为马、卧薪尝胆、邯郸学步

8. 什么是改编复述？改编复述的技巧有哪些？

9. 将下面的词改编成故事进行复述。

一剪梅

红藕香残玉簟秋。轻解罗裳，独上兰舟。云中谁寄锦书来，雁字回时，月满西楼。

花自飘零水自流。一种相思，两处闲愁。此情无计可消除，才下眉头，却上心头。

10. 什么是描述？描述可分为哪几类？主要技巧有哪些？

11. 尽量采用不同的描述方式，描述春、夏、秋、冬的景致，既要有静态描述，又要有动态描述，做到动静结合。

12. 用谐趣性解说方式介绍家庭成员或班级成员。

13. 现在《超级演说家》《开讲啦》《星空演讲》等演讲节目比较火，其中的一些选手和名人的演讲给我们留下了深刻的印象，请用“先评后述”或“边评边述”的方式选择几位人物及其演讲进行评述。

14. 练讲故事《两只笨狗熊》《小熊买糖果》《蜗牛搬家》。

（2-20　《两只笨狗熊》《小熊买糖果》《蜗牛搬家》）

15. 班级每人自选一个故事，练习一周，然后进行讲故事比赛。

16. 命题演讲的基本步骤和技巧有哪些？班级以“感恩的心”为题，开展一次演讲比赛。

真题再现

一、基础知识填空

1. 复述就是把读过、听过的语言材料重新叙述一遍。它是在理解和记忆的基础上对原材料的内容加以整理，________、________、有感情地把原材料的内容再现出来的一种________。

2. 描述的要求：一是抓住特点，真实准确；二是________；三是________。描述分为直接描述、________、________、________。

3. 准备演讲稿是命题演讲的核心工作，也是演讲成功与否的关键。演讲稿的一般格式包括：________、________、________、________和________。

4. 由于幼儿有意注意力的稳定性较差，加上幼儿的审美具有动态审美、感性审美的特点，给幼儿讲故事一定要做到绘声绘色、活灵活现，语气语调、动作表情都要夸张一些。讲述故事的技巧有________、________和________。

5. 详细性解说也叫阐明性解说，就是对解说对象作详细的解释说明，它往往通过分析、判断、归纳或演绎，对事物的起因、发展过程、特征及原理等加以分析说明，使人对解说对象有完整、全面、具体的把握。常用________、________和________等方法。

二、选择题

1. 下列词语解释有误的一项是（　　）

A. 万人空巷：“空巷”，是指街巷的居民都出来了；“万人空巷”指家家户户的人都从巷里出来了，多用来形容庆祝、欢迎等盛况。

B. 处心积虑：千方百计地盘算，多用作贬义。

C. 洗心革面：比喻彻底悔改，它所述的对象可以是人和物。

D. 安步当车：慢慢行走、就当着坐车的意思。

2. 下面古诗句描写的景色与其他三项不同的一项是（　　）

A. 诗家清景在新春，绿柳才黄半未匀。若待上林花似锦，出门俱是看花人。

B. 杨柳阴阴细雨晴，残花落尽见流莺。春风一夜吹乡梦，又逐春风到洛城。

C. 清明时节雨纷纷，路上行人欲断魂。借问酒家何处有，牧童遥指杏花村。

D. 山明水净夜来霜，数树深红出浅黄。试上高楼清入骨，岂如春色嗾人狂。

3. 下列对演讲的表述不正确的是（　　）

A. 演讲的时候语言不能过于平淡，应尽量多用些陌生化的比喻，这是吸引观众的一个策略。

B. 演讲的时候可以适当引用名人名言，可以使语言更凝练，还可以增强演讲的说服力。

C. 演讲的时候可以根据实际情况，与观众互动，这样会调动听众听讲的积极性。

D. 演讲的语言尽量口语化，另外恰如其分、生动典型的例子可以为演讲增色不少。

三、判断题

1. 在演讲中，演讲稿的撰写、口头语言的表达、态势语都是非常重要的，所以有时候有必要设计一些吸引眼球的态势语，即使和演讲的内容关系不大。(　　)

2. 在详细复述一个故事的时候，可以增加一些细节，也可以大胆发挥想象甚至改变故事的结局走向。(　　)

3. 一般说来，没有特殊要求时，讲述应面带微笑，再根据故事内容和人物心理变化随时“变脸”，喜怒哀乐，全表现在脸上。(　　)

四、职业语言技能分析题。

爱笑的小花

公园里有朵花，真好看，看见小天天，总是笑眯眯的。天天问花儿：你叫什么名字？花儿只是笑，不说话。天天伸出小手，要采这朵花。外公摆摆手说：天天别采！你不采她，花儿总是对你笑，你一采下来，花儿就哭了。天天不想看到小花对他哭，天天没有采。这时，小花笑得更可爱了。她成了天天的好朋友。天天回家以后，告诉外婆：公园里有一朵花，很乖很乖，对他一直笑，一直笑。外婆说：天天也很乖，你也是一朵爱笑的小花。

请把上述幼儿故事进行详细复述。

（2-21　幼儿教师资格证考试测试题参考答案）

03

第三章 一般性口语的技能训练——无图文凭借的口语技能

初步学会快速灵活地即兴演讲，融洽有效地与人沟通，机智敏捷地进行辩论。

本章导学

学习目标

1.了解并掌握即兴演讲、交谈、辩论的基本要求和技能技巧。

2.初步学会根据交际角色、交际场合准确得体、清晰流畅地进行口语表达。

3.初步学会快速灵活地即兴演讲，融洽有效地与人沟通，机智敏捷地进行辩论。

4.认识即兴口语表达在工作、生活中的重要作用，自觉、严格地进行训练，提高即兴口语表达能力。

内容树图

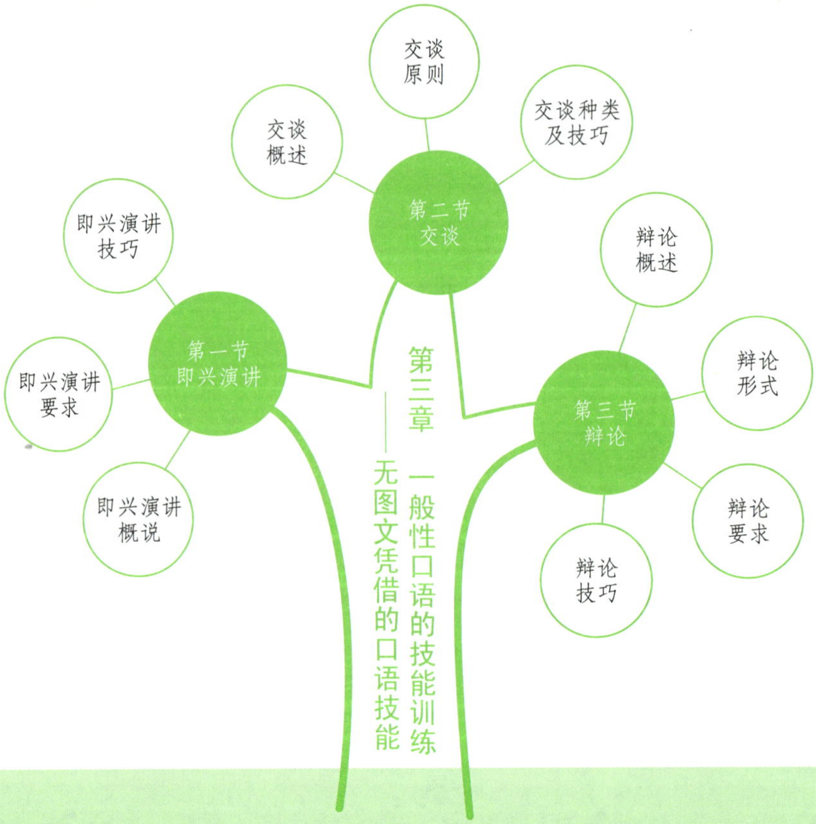

知识精讲

第一节 即兴演讲

一、即兴演讲概说

即兴演讲是在事先没有准备或准备不充分的情况下临场有感而发的演讲，比起命题演讲，即兴演讲在日常生活中使用范围更广，使用频率更高，使用难度更大。即兴演讲具有以下特点：

即兴而发，针对性强。即兴演讲是在特定场景和主题的诱发下，临时所作的演讲，虽然是即兴发挥，演讲的内容却必须切合场景和主题，要有针对性，不能海阔天空。

自然灵活，篇幅短小。即兴演讲是有感而发，可庄可谐，可长可短，达意即可，比命题演讲更为自然灵活。由于构思时间短，即兴演讲一般都比较简短，很少长篇大论。

二、即兴演讲要求

1. 思维敏捷，反应迅速

即兴演讲必须具有临场的应变能力、敏捷的思维能力、快速的语言转换（内部语言转换为外部语言）能力，而这些能力的形成与文化知识的储备、语言表达的储备、心理素质的锻炼等是分不开的。

2. 立意明确，内容集中

即兴演讲的话语要得体，符合演讲者的身份，内容要集中，切合特定的场景和主题，不能信口开河。

3. 精短生动，新颖幽默

即兴演讲要防止啰嗦，尽量做到要言不繁，新颖独到，生动有趣。少说人云亦云的话、老生常谈的话、枯燥干瘪的话、没有感情的话、又臭又长的话。

4. 语势连贯，条理清晰

即兴演讲要出口成章，自然流畅，语势连贯，条理清晰；不能吞吞吐吐，颠三倒四，前言不搭后语。

三、即兴演讲技巧

（一）及早准备

美国著名演讲家和演讲理论家戴尔·卡耐基认为：即兴演讲并不是“无任何准备的演讲”。即兴演讲也是可以有所准备的。

1. 预测性准备

参加活动之前，有预见地做一些准备。其做法为：翻阅一下跟活动的内容和主题相关的资料，扩大知识储备量，并从中提炼出观点、看法；酝酿一下腹稿，形成一个大体框架，把要讲的内容有条理、有层次地组织起来。

2. 临场性准备

在毫无思想准备的情况下临时被“点将”，应尽量争取时间准备。其做法为：第一，利用动作延宕法拖延时间。比如喝水、拉椅子、向听众挥手致意等，在施展动作的同时让大脑快速运转，考虑发言的内容，然后再开始讲话。第二，利用语言延宕法拖延时间。先说一些与主题关系不大的、无须深入思考的、易于表达的题外话（比如寒暄语、感谢语等），以便大脑迅速组织材料，确立讲话的主旨、中心，然后再慢慢切入主题。

（二）快速构思

即兴演讲的关键在于快速构思，即快速组织内部语言，快速地将内部语言转化为外部语言。快速构思的重点是快速找到演讲的话题，即解决讲什么的问题。

1. 巧借媒介，寻找话题

巧借媒介就是寻找思维刺激源，思维活跃了，就容易找到演讲的话题。第一，巧借情景媒介，从会场的布置、气氛、听众的情绪、周围的景物找话题；第二，巧借人物媒介，从现场的人物或者听众比较熟悉的人物或者自己身上找话题；第三，巧借事件媒介，从发生的事件中找话题；第四，巧借理性媒介，从会议的主题、别人的话以及格言警句中找话题。找到了话题，就可以借题发挥，引申开去。

2. 扩展语点，连缀成篇

话题找到后，大脑中会生成若干显得支离破碎的思维点，即语点。把这些语点用纸或以默记形式记下来，通过联想，扩展语点，再确定一个中心，形成语序，连缀成篇。即运用联想，把脑海中闪现出的语点——看似孤立的人、事、物有机地联系起来，并设法将这种联系上升到某种高度，以表现演讲的主题。这种构思方法叫散点连缀法。常用的散点连缀法有：

（1）并联式散点连缀。即将各个散点并列在一起，排比成篇，分析其中的关系，得出有意义的认识来。

（2）对比式散点连缀。即将对立的两个散点并立在一起，形成强烈反差，从而深刻地揭示演讲的主题。

【示例】

胡歌在第 11 届中国金鹰电视艺术节上的获奖感言①

我想说句心里话，我觉得我拿到这个奖，并不是因为我的演技有多么好，是因为我很幸运，我可能比更多的人更早地知道了演员应该是怎么样的。

刚才郑佩佩老师说了，我的第一部戏是跟她合作的。我记得是在横店的深秋，那个时候天气已经非常凉了。她拍戏的时候没有助理，有一场戏她要躺在地上，剧组在布景、布光，她就一直在那里躺了将近半个小时的时间。那个记忆让我非常深刻，让我知道演员在现场应该是什么样的。

我很幸运，我可能比更多的人更早地知道了，什么样的演员才是真正的演员。我要感谢林依晨，她对我说过两句话，是在我们拍摄《射雕英雄传》的时候。第一句话，她说：演戏是一个探索人性的过程。第二句话她跟我说：她是在用生命演戏。这两句话我会记住一辈子。

还有就是我有很多的机会可以在生活中看到一个真正的演员应该是什么样子。我昨天非常有幸和李雪健老师同一班飞机来到长沙，李雪健老师德高望重，这么高的年龄，他只带了一个随行人员。我很惭愧，我带了三个，而且体型都非常的壮硕。

所以我觉得今天这个奖杯拿在我的手里，它并不代表我到了一个多高的高度，而是代表了我刚刚上路。这是一条创新之路，也是一条传承之路，艺术是需要创新的，但是追求艺术，敬业的精神，是需要传承的，谢谢大家！

【评析】胡歌在演讲时巧借情景媒介，从现场人物找到演讲的灵感和话题，通过联想回忆郑佩佩、林依晨、李雪健的言行来扩展语点，最后用“演员该有的样子”的主旨将所有的散点并列起来，形成一个有机整体。这番演讲既表达了胡歌对演员职业的认识，又表现出他的谦虚好学。演讲主题与颁奖晚会的宗旨完美契合。

---

① 根据湖南卫视第 11 届中国金鹰电视艺术节暨第 28 届中国电视金鹰奖颁奖晚会上胡歌讲话的视频整理。

【示例】

家庭和睦的秘诀①

常言道："小不忍则乱大谋。"在家庭中则是"小不忍则乱家庭"。夫妻、父母、子女之间，有时难免有不同的意见，如果一方发点小脾气，你让他（她）一下，风暴便可平息。此时，如果你也不冷静，火冒三丈，轻则动嘴，重则动手，最终可能告到法庭，宣判离婚，岂不大可哀哉！父母、兄弟、姊妹之间，也有同样的情况。结果，一个好端端的家庭，会弄得分崩离析。这轻则会影响你暂时的情绪，重则会影响你的前途、生命。难道我这是危言耸听吗？总之，温馨是家庭不可或缺的气氛，而温馨的培养之道，不出两端，一真（真情）一忍（容忍）而已。

【评析】季先生由"小不忍则乱大谋"的经典名言生成语点，然后联想开去，扩展语点，陈述"忍"和"不忍"带来的两种截然不同的结果，将两个对立的散点并立在一起，形成鲜明的对比，充分说明了宽容豁达、真情容忍是家庭和睦的秘诀。

3. 借用即兴演讲的基本模式

（1）卡耐基的"魔术公式"。其要点是：

第一，尚未涉及演讲的核心内容之前，先举一个具体的实例，通过实例，把你想让听众知道的事透露出来；

第二，再用明确的语言说出你的主旨和要点，以及希望听众做的是什么；

第三，陈述缘由，进行分析，即向听众分析、陈述这样做的理由和好处。

【示例】

马未都的两脚②

20多年前，马未都先生来到新疆，在阿克苏路过一片杏林，大白的杏子挂满树枝，让人一看就嘴馋，直流口水。马未都想尝尝鲜，就向主人打听白杏怎么卖。主人告诉他："两毛一脚"，并解释说："就是两毛钱让你对着树踹一脚，掉下多少杏子，全都是你的。"天下居然有这么浪漫好玩的买卖？马未都直乐，交了钱，提着桶，向杏林深处走去。他选了一棵硕大无比的杏树，使出吃奶的力气，猛地向杏树踹了一脚，脚腕子都踹痛了，结果，杏树却丝毫未动，杏子一粒也没有掉下来。气急之下，马未都提腿刚想踹第二脚，老汉开口说话了："再交两毛。"这一回，马未都挑了一棵细弱的小杏树，不轻不重地给它一脚，顿时，枝摇杏落，满满地捡了大半桶。若干年后，马未都醉心收藏，当年在阿克苏给杏树的两脚，使他逐渐形成了自己的收藏个性——头脑要清醒，原则要坚持。

---

① 节选自季羡林的《家庭和睦的秘诀》。

② 节选自陈志宏的《马未都的两脚》。

为人处世，经营人生，头脑不能发热，不能想当然地胡乱踹上一脚，那样，既伤了自己的元气，也不会有任何收获。看清楚自己，洞悉自己的能力，有时，比紧盯目标更重要——下脚之前，先掂量自己的斤两，不贪心，不虚妄，在最可能成功的地方下脚，才能一脚踹出真实而沉稳的人生。

【评析】演讲开头先讲故事，接着用明确的语言说出故事包含的事理，最后结合故事分析说理，短小精悍，引人深思。演讲先讲故事不但能吸引听众，而且还能借故事把抽象、深奥的道理阐释得具体、浅显、明白，让听众信服，留下深刻的印象。

（2）“三么”模式。即把演讲的内容分成三部分：

开头部分——“是什么”（我的观点和看法）；

中间部分——“为什么”（分析原因，强调提出问题的必要性，事实与依据）；

结尾部分——“怎么办”（提出希望与建议）。

【示例】

最后一课①

上一次比赛结束之后我就一直在想，如果这是我的最后一次讲演我要传达什么，我想以一个老师的角度把今天当成我在这个舞台上的最后一课，对现场和电视机前的所有人，尤其是正在成长的青少年，说说我心里最重要的四个字：“厚德载物”。

为什么要说这四个字？因为你们生活在这个信息爆炸的时代，你们不缺知识、不缺技能、不缺创意，更不缺捷径，但是我不确定对于“厚德载物”这四个字，你们有没有真正地理解。你们觉得为什么我们会吃到地沟油、苏丹红？为什么会有那么多工业物质污染了水源？厚德载物就是说只有有了德我们才能承载所有的物质，如果德行不够，物质越多我们就越是无法承载，最终我们所拥有的终将失去，而那些暂时成就你的终究会毁灭。我家附近有一个小区曾经有一座楼，因为质量问题而倒塌，而那个开发商的儿子就住在那座楼里。有人说这是个巧合，不能说明什么。你错了，这不是巧合，这是必然。就好比如果我们每个人看到有人摔倒都不去扶的话，那么当我们自己摔倒的时候也不会有一个人来扶我们。那些制造黑心食品的商家，那些破坏环境的工厂，那些为了钱可以出卖一切的人，他们不懂这个道理，但你们不能不懂。

要做到厚德载物其实没有那么难，因为德就一直蕴含在我们的天性之中，正如孟子所说：“恻隐之心人皆有之，羞恶之心人皆有之，恭敬之心人皆有之，是非之

① 演讲者李承远，安徽卫视《超级演说家》第二季。

心人皆有之。”在你的未来也许会有一个时刻，你不得不在德和物之间做出选择，可能会有那么一个瞬间，你心里有个声音悄悄告诉你，你只是向物质的方面稍微挪动一点点，不会偏差得太多。在那个时刻你偏差的那一点也许就是让洪水决堤的那个蚁穴，在那个时刻如果你因为想起了我说的话，而守住了道德的底线，作为一名老师我今生无憾。

【评析】演讲开头就明确提出自己的观点和看法：厚德才能载物。接着分析原因，陈述理由，摆事实，讲道理，阐述了缺德的危害性：终将失去物质、失去所有。最后告诫我们：在德和物之间作出抉择的时候，应该守住道德的底线。整篇演讲层次清晰，环环相扣，直击人心，发人深省。

（3）理查得的“结构精选模式”。其要点是：

第一步：喂，请注意！（开头就激起听众的兴趣）；

第二步：为什么要费口舌？（强调演讲的重要性）；

第三步：举例子。（用具体事例形象地将一个个论点印入听众的脑海里）；

第四步：怎么办？（具体讲清大家该做些什么）。

【示例】理查德以“保障行人生命安全！减少交通事故”为题，对“常规模式”和“结构精选模式”进行了对比：

常规模式第一步：今天，我要讲的内容是保障行人生命安全，减少交通事故……

结构精选模式第一步：上星期四，特地购买的450具晶莹闪亮的棺材已运到了我们的城市……

常规模式第二步：交通安全很重要，这不是一个可讲可不讲的问题……

结构精选模式第二步：不讲交通安全，那订购的450具棺材也许在等待着我，等待着你，等待着我们的亲人……

常规模式第三步：造成交通事故的原因有如下几点，1……2……3……

结构精选模式第三步：举出一个个实例，分析说明那些会使人们送命的潜在因素。如，就在前几天，我目睹了一起惨不忍睹的交通事故，一名身怀六甲的妇女艰难地走在人行道上。一辆重型卡车疾驰而来，孕妇躲闪不及，被撞倒在地。随着一声惨叫，她在车轮下丧生，躺在血泊中的还有她未出生的、已经是血肉模糊的婴儿。闻讯赶来的丈夫一手搂着死去的妻子，一手托着没有一丝气息的婴儿，当场昏死过去。在场的人无不捶胸顿足，扼腕叹息。据调查，这是一起因司机酒后驾车造成的恶性交通事故。

常规模式第四步：我们应该做到以下几点，1……2……3……

结构精选模式第四步：下面我想告诉大家，当……时，应当……；当……时，应当……；当……

【评析】相比之下，常规模式演讲平铺直叙、枯燥干巴，吸引不了听众，演讲也就达不到目的。“结构精选模式”演讲一开篇就设置悬念，引起听众好奇心，接着又语出惊人，牢牢地抓住听众，并举出活生生的事例，分析说明使人们送命的潜在因素，震撼人心，警示效果强烈。最后具体生动地告诉听众应当怎么做，有的放矢，具有指导意义，达到了演讲的目的。

即兴演讲虽有技巧，但演讲能力的高低并非单纯的技巧问题，还在很大程度上取决于一个人的心理素质、知识广度、思想深度、语言表达和临场应变能力。这就要求演讲者平时要多锻炼心理素质，训练语言和临场应变能力，多读、多看、多思考，多一些知识和生活的积累。

（3-1　演讲比赛的基本流程及评分标准）

【课堂实训】

（1）观看“四大名嘴”在第10届金鹰电视艺术节上的即兴脱口秀，分析他们即兴演讲的技巧。

（3-2　“四大名嘴”即兴脱口秀）

（2）阅读下面两篇演讲词，分析其技巧和特色。

让“中国制造”在任何时候都能一锤定音①

（拿着一把普通榔头）这是一把德国造的榔头，但它在十几年前深深地刺激了我。1998年，研祥带着自己研发的产品去德国汉诺威参加行业最大的国际展，为了固定产品，所以我去超市买榔头。当地的销售员问我，先生，您要质量好的，还是要质量一般的？我说当然要最好的。当地人说，您要是要最好的，就买我们国产的，进口货质量一般都不太好。

① 演讲者陈志列，2007年CCTV中国经济年度人物颁奖盛典上的一分钟即兴演讲。

这句话非常深地刺激了我，我就从德国带回了这把榔头，十几年来，这把榔头让研祥的人明白了两个道理：第一，只有做最好的产品才能让“中国制造”在任何时候都能一锤定音；第二，只有做最新的产品，才能使“中国制造”让全世界的人尊敬！谢谢大家！

在中科院武汉教育基地报告会上的讲话①

今天我给大家作个解释。年轻人的英文叫“YOUTH”。我们把这几个字母大写：

第一个字母“Y”，像一棵小树。年轻人也像一棵正在成长的小树，受到雨露的滋润，不断地茁壮成长，成长的过程中需要园丁的爱护，才能不走偏差。

第二个字母“O”，像一张张开的嘴。这暗示我们需要摄取好的营养：摄取物质营养保持健康；摄取精神营养陶冶情操，开发智慧。

第三个字母“U”，像一个水杯，杯子是用来盛东西的。年轻人在宝贵的求学时光中应该学到更多的知识，填充你们心灵的水杯，充实你们的头脑。

第四个字母“T”，像一个帽子。你们将来要获得硕士学位和博士学位，就会戴上硕士帽和博士帽，这是你们的目标。希望你们能好好地完成你们的学业，能有更好的创新精神；同时也要做一个直立的人，不要背包袱，不让其他的虚名压弯了你们的腰。

最后一个字母“H”，很像一个杠铃，表示体育。我们除了要专心学习和工作外，还要注意锻炼身体，保持一个强健的体魄；没有强健的体魄，就很难完成艰苦的学业和研究工作。

我把年轻人的英文“YOUTH”作了如上的解释，跟大家共勉，希望你们珍惜宝贵的青春时光，努力成为健全的年青一代。

（3）接龙游戏：教师先说出一个词语或句子，然后请第一位同学以此开始，叙说一个故事的开头；接下来第二位同学必须把故事接下去；全班每位同学都必须进行续接，直至最后一个同学。要求每位同学的续句不少于五句话。

（4）扩展语点：请以下列句子为发端，迅速构思，扩成句群或语段。

① 最困难的事情就是认识自己；

② 精神成就事业，态度决定一切；

③ 心有多大，舞台就有多大。

（提示：理解句子，迅速确定中心意思，开门见山提出自己的观点主张，然后进行阐释。可以从正面、反面发表议论；或从“为什么”“怎么做”发表议论，或

① 演讲者为中科院副院长白春礼。

以适当的事例名言当佐证。）

（5）抽题游戏：每位同学拿纸条写一个题目，这个题目可以是一个字、一个词、一句话、一幅图等。教师把题目收上来，请同学随机抽题，就纸条上的题目演讲一分钟。演讲结束后，相互评析并打分。

（6）请以“我有一个梦想”或“我骄傲，我是一名幼儿教师”为题进行即兴演讲。

第二节　交　谈

一、交谈概述

交谈是指两个或两个以上的人在一起进行的口语交际活动，它是口语表达活动中最基本、最常用的方式，是社会交际的重要手段。美国著名人际关系学家戴尔·卡耐基说：“一个人的成功，约有15%取决于知识和技术，85%取决于沟通——发表自己意见的能力和激发他人热忱的能力。”我国古人早就说过这样的话：“一人之辩重于九鼎之宝，三寸之舌强于百万之师。”由此可见，交谈的作用和力量不可小觑。

交谈具有发生的随机性、话题的灵活性、因人而异性、表达的口语性和听说兼顾等特点。

交谈是一门艺术，交谈的技巧直接决定着交谈的效果。“一句话让人笑，一句话使人跳”正是不同交谈的结果。成功的交谈，才可以传递信息、交流思想、沟通感情、更好地完成工作。

二、交谈原则

（一）尊重对方，坦诚相待

尊重对方是交谈的基本原则。心理学家认为，每个人都渴望得到他人尊重，要使交谈顺利并取得满意的交谈效果，就必须顾及对方的心理需求。交谈时，在心理上、言语上、态势上体现出对对方的尊重。面带微笑，眼神交汇，辅以手势，向对方传递真诚友善，言谈礼貌，多使用谦敬语。

真诚坦率是交谈双方相互信任的基础。心地坦白不虚假，才能赢得对方的信任，从而敲开交谈对象的心扉；热情诚恳，才能使人感到亲切自然，交谈气氛才可能融洽，从而奠定交谈成功的基础；真心实意的交流、出自肺腑的语言，才能触动对方的心弦、激起对方感情的共鸣。

（二）把握分寸，注意避讳

把握分寸就是说话要看对象、看身份、看时机、看场合、讲原则、讲规矩。把握分寸，说话轻重适宜、进退有据、合情合理、婉转动听，交谈才能融洽愉悦。

交谈还要注意避讳，尽量回避对方忌讳的话题，不触及对方的生理缺陷、家庭不幸、不体面的经历和现状，不触犯对方的风俗习惯、宗教信仰等。

（三）结合语境，倾听回应

交谈脱离不了语境，特定的社会环境、自然环境、时间场合、交际对象、双方关系及言语表达的前言后语，都影响着倾听和回应，结合语境倾听和回应是交谈的重要准则。

英国著名评论家雷蒙德·莫蒂默曾说过，谈话“不像打高尔夫球，而是像打网球，打高尔夫球只顾打自己的，打网球总是一来一去”①。交谈也是一种有来有往的平衡活动，倾听和回应缺一不可、密不可分。交谈时集中注意力，认真倾听，积极回应，不仅是对他人的尊重，更是为了交谈顺畅、高效。

三、交谈种类及技巧

交谈，作为语言交流的基本形式，其种类繁多。根据交谈的形式差异，可分为单个交谈和群体交谈；根据交谈者在交谈中的地位和作用，可分为并列式交谈和主辅式交谈；根据目的和内容的不同，可分为非实用性交谈和实用性交谈。

（一）非实用性交谈

非实用性交谈是指无确定内容和目的的交谈，如寒暄、聊天，看似轻松随意，但也要讲究方式方法，只有这样，寒暄和聊天才能起到拉近距离、沟通感情、增进友谊的作用。

1. 寒暄的一般技巧

寒暄就是问寒问暖，泛指人们见面时打招呼、互致问候的应酬话，它是交谈的前奏，就好像是一首乐曲的过门，有着举足轻重的作用。寒暄的主要作用，是在人际交往中打破僵局，缩短人际间的距离，沟通彼此的感情，创造出一种和谐的气氛，为双方进一步的交谈做好铺垫。

寒暄应遵循礼貌、友好、尊重、简洁的原则。寒暄语可庄、可谐、可雅、可

---

① ［美］马吉欧：《说话的艺术》，正林、王权译，湖南人民出版社 2013 年版，第 16 页。

俗，身份不同、时间不同、地点不同、场合不同、地域不同，打招呼的用语、方式都应有所不同。对位尊者、年长者，要使用恭敬庄重的言词和语气；对同辈、年轻人可以随便些；对初次见面的人要文雅一些；对熟识的人可以诙谐一些；拜访时的寒暄语要表现出谦和；接待时的寒暄语应表现出热情；庄重场合下的寒暄语要注意分寸；一般场合下的寒暄语要亲切自然……总之，寒暄要因人、因时、因地而异，热情、真诚、妥帖、有分寸。

寒暄语基本类型有：

（1）问候式。问候式寒暄语丰富灵活，有表现礼貌的问候语，如：“您好”“新年好”；有表现思念之情的问候语，如“久违”“多日不见”；有表现关心的问候语，如“最近身体好吗”“工作还顺利吗”等。

（2）攀认式。抓住交谈双方的某些共同点而攀认某种关系：攀亲戚、攀友人、攀同学、攀同乡、攀同事、攀兴趣爱好等，以求得对方的认同感，达到与对方顺利接近的目的。如“我们是老乡”“我也喜欢金庸的武侠小说”等。

（3）关照式。关注对方的心理感受和物质需求，让对方感觉到温暖和体贴，以拉近彼此的距离，如“您在寻找什么吧”“您需要帮助吗”等。

（4）言他式。寒暄一时难以找到话题，可以先谈论彼此本身以外的其他事情，说说天气、景物、时事新闻、风土人情等，架起寒暄的桥梁。如“今天真热”“这里真美”等。

（5）夸赞式。夸赞可以使人得到心理的满足，活跃寒暄的气氛，如“您的孙子真可爱”“您的大会发言很精彩”等。

（6）敬慕式。表达对对方的敬重和仰慕，适合于初次见面时的寒暄，如“久仰大名”“幸会幸会”等。

2. 聊天的一般技巧

聊天是没有主题和中心的闲扯，无拘无束。聊天应遵循轻松、和谐、愉悦的原则。聊天要注意以下几点：

（1）选择双方感兴趣的话题。或聊彼此相似性话题，如相似地域、相似职业、相似遭遇、相似兴趣爱好等；或聊彼此熟悉的话题，如电视电影、文学书籍、音乐美食、运动旅行、环境大气等；或聊时下热门的话题，如时事新闻、奇闻趣事等。避免谈论敏感或有争议的话题。

（2）话题展开之后，要保持专注的态度和适度的热情；要对对方的话作出适当的反应；要谦和，多给对方说话的机会，不要轻易打断对方的话。

（3）不问隐私，少说扬己贬人的话、批评抱怨的话、指教他人的话以及低级无趣的话。

（4）善于在聊天中捕捉信息（包括有声语言和无声语言两方面的信息）并调整闲谈内容，或将话题延伸，或转移话题。

【示例】

甲：您好！您是武汉人吧？

乙：是啊。您是怎么知道的？

甲：您说话没有翘舌音，把人说成 nén，对人热情又豪爽，我就知道了。

乙：看来您对武汉人很了解。

甲：我曾在武汉呆过七年，咱们算是半个老乡。

乙：可不是！幸会！幸会！

甲：十多年没回武汉了，听说武汉发展很快，越来越美。

乙：是啊，武汉……

【评析】这是一段两个陌生人之间的寒暄聊天，彼此均称呼对方为“您”，表现出初次交谈应有的庄重和礼貌。甲善于观察和聆听，从乙的言谈举止中获取一定信息后搭讪，用攀认式、夸赞式寒暄拉近彼此的距离，消除双方的拘束和陌生感；乙用敬慕式寒暄语“幸会”给予热情回应。你问我答，双方由寒暄进入聊天，气氛轻松、融洽。

【课堂实训】

（1）分小组由同学自设身份，扮演角色，演练第一次到同学家做客，跟同学的爷爷、奶奶、爸爸、妈妈、弟弟、妹妹寒暄聊天的情境。

（2）你乘火车去外地旅游，周围坐着几位年龄、性别、身份不同的陌生人（一位抱小孩儿的年轻妇女，一位军人，一位农民老大爷，一位正在看书的男学生），你怎样和他们寒暄聊天？以小组为单位，扮演角色，进行情境表演。

（二）实用性交谈

实用性交谈是指有具体内容和明确目的的交谈，比较正式严肃，如讨论问题、交换意见、洽谈工作、批评教育、说服、采访、咨询等都属于此类交谈。尽管这些交谈的目的、内容多种多样，但其共同点是寻求沟通，交谈也有一些共同的策略。

第一，善于提出话题。主要方式有：

（1）开门见山法。直截了当地从正面提出交谈的话题，表明交谈的目的，或提出要询问的问题，明确探讨的重点。咨询、访问、联系工作等谈话常使用这种方法。前提是事先选好对象，了解有关情况，并分析双方的关系，便于把握交谈的深浅。

（2）迂回切入法。先不入正题，而是从对方关心、感兴趣的事谈起，创设良好的氛围，拉近彼此的距离，消除对方的戒心，然后再巧妙切入正题。求助、劝谏等难度较大的交谈常用这种方法。

（3）即境入题法。遇到敏感的话题不便直接提出来，或对方不喜欢交谈时，可以即境入题或创造情境，请君入瓮。说服、劝慰等交谈常用。

第二，善于控制话题。主要方式有：

（1）提醒法。发现交谈对象偏离了话题，直接提醒对方，把话题拉回到中心话题上来。提醒方法要因人而异：对长者、位尊者，不可直接打断，而要用眼神、手势作出暗示或借端茶倒水的机会悄悄提示；对于平辈或相熟的人，可以礼貌地说："对不起！请允许我打断一下您的话，我们刚才的话题还没说完呢。"

（2）重申法。发现交谈对象对中心话题的内涵和外延没有很好地理解把握时，应重申交谈的宗旨，对中心话题的重点、范围作必要的解释，最好用有针对性的提问，或用商讨的语气拉回话题。例如："关于×××的问题，大家还有什么看法？""请各位继续围绕×××话题进行探讨，至于其他的问题，我们以后再安排时间商议。"

（3）引导法。为避免交谈者东拉西扯、漫无边际，应注意说话的导向性。一种是"正向引导法"，即围绕中心话题，充分发表自己的看法，力求有深度、有新意，引起交谈者的重视，引导交谈者深入探讨；另一种是"逆向引导法"，即当发现交谈者对中心话题不关心时，可以故意提出相反意见，甚至作出不合常理的分析，重新激起交谈者的兴奋情绪，把话题引向深入。

第三，巧妙转换话题。

当一个话题的谈话内容枯竭、交谈难以维持时，当有人失言或出现意外的尴尬局面时，当产生不同意见又不便争论时，当交谈一方对正在进行的话题不感兴趣甚至有厌恶情绪时，当话题触及别人的隐私、隐痛时，当进行不便公开的密谈来了第三者时，都需要适时、巧妙、自然地转换话题。常用方式有：

（1）"顺手牵羊"法。利用眼前的环境因素，如景色、物品、陈设、声音、天气等，巧妙转移话题。如"呀！我才发现您家里有一盆兰花，养得真好！"

（2）避异趋同法。搁置有争议的话题，另起炉灶，谈论双方有共同兴趣的话题。如"这个问题我们以后再谈。对了，你最近看什么好电影了吗？"

（3）谐音改口法。失言或遇到不能、不便说的内容，巧妙借助汉语中的同音字或近音字来跳转话题。如戏剧《雷雨》中，鲁侍萍见到了自己日思夜想的儿子周萍，情不自禁地喊出他的名字"萍"，但彼此身份地位的差异和眼前的情势，使得她不能相认，所以她只好谐音改口，转移话题："你是萍……凭什么打我的儿子？"

（4）答非所问法。面对别人提出的难题，可以采取迂回战术，或模糊作答，或偷换概念，或故意说错，答非所问，使对方无法得到预想的答案。如：杨幂参加

《金星秀》节目时，金星问杨幂："有人把你、黄圣依、刘亦菲、王珞丹称为'四小花旦'，你们四个人里谁动刀最多？"杨幂回答说："我动的刀子最多，因为我生孩子了啊！"面对金星问的"整容"难题，杨幂故意曲解，偷换概念，答非所问，既巧避了难题和尴尬，又彰显了她的机智幽默。

(5) 歧解转意法。谈话过程中想弥补口误或掩饰某种事物而自圆其说，或对话意作出别出心裁的解释。如：张作霖在一次宴会上给日本人题字，落款时将"张作霖手墨"写成了"张作霖手黑"。随从低声提醒"墨"字下面少了个"土"。张作霖说："我还不知道'墨'字下面有个'土'？就因为这是日本人索要的东西，这'土'就不能给，这叫寸土不让！"张作霖将错就错巧妙解释，既掩盖了自己的失误，又表明了其守护国土的志向。

实用性交谈除了掌握上述策略，在谈话的过程中，还应注意言之有物、言之有理、言谈有序、言谈幽默。

【示例】

孙老师和家长的交谈

孙老师：琪琪妈妈、壮壮爷爷你们好！很抱歉！今天壮壮咬了琪琪。我先跟琪琪妈妈说声对不起！

琪琪妈妈：怎么回事？

孙老师：今天区角活动时，琪琪抢壮壮的玩具，壮壮不高兴就咬了琪琪的手。事后我带琪琪去医务室看了，医生说不要紧，不需要治疗。我也教育了壮壮。

壮壮爷爷：琪琪妈妈，对不起呀！

琪琪妈妈：没事没事，小孩子之间难免打闹。

孙老师：我想问问，壮壮、琪琪在家时有没有争抢玩具的情况？

壮壮爷爷：壮壮在家也很霸道，他的玩具别的小朋友碰都不让碰，我们拿他没办法。

琪琪妈妈：是啊，琪琪也很自私，什么东西都想占为己有。

孙老师：你们也别太着急。孩子两三岁时常会出现这种情况，他们正处于物权意识的关键期，对自己的东西很看重，所以常常出现争抢东西的情况。

壮壮爷爷、琪琪妈妈：那怎么办？该怎么教育呢？

孙老师：我的建议是做家长的不能指责打骂，应该加以引导。比如，在平时的生活中多给他讲一些分享的故事，或者亲身给他示范。当孩子愿意分享时，我们要接受，跟他说谢谢，让他感受到分享的快乐。当孩子看到别人的玩具想要拿的时候，要跟他说：这个玩具不是你的，你要经过别人的同意了才能拿……

【评析】孙老师跟家长谈话时，不绕弯子，开门见山，提出话题，并给家长道歉，态度坦诚。接着她简要陈述事情的经过和自己的处理办法，让家长了解详情，从而取得家长的谅解。两位家长通情达理，选择道歉和原谅。至此谈话好像就要结束，但孙教师找家长谈话的目的并不仅限于此，而且希望家长配合对幼儿进行教育，因此孙老师通过提问控制话题，把话题引到家庭教育，并给予家长一定的教育方法指导，最终实现交谈的目的。

【课堂实训】

（1）说说下面案例中谈话人使用了哪些交谈的技巧？其智慧之处表现在何处？

① 在一次颁奖晚会上，央视“名嘴”孙正平对姚明进行采访时问：“你认为在NBA打球和CBA打球最大的区别是什么？”姚明笑着说：“在NBA打球需要翻译，而CBA就不需要。”

② 在一次访谈节目中，有位观众向央视主持人白岩松提问：“您在中央电视台做主持人，一个月有多少收入？”白岩松笑着答道：“应该说，养活一个老婆是足够的！央视主持人的收入不是固定的，要看你上节目的多少和档次的高低。有时这个月收入很高，下个月只有它的零头。我从不走穴，没有什么外快。”

③ 作家谌容到国外某大学演讲时，不怀好意的西方记者问：“听说您至今还不是中共党员，请问你对中国共产党的私人感情如何？”谌容回答道：“你的情报很准确，我确实还不是中国共产党员。但是，我的丈夫是个老共产党员，而我同他共同生活了几十年，尚无离婚的迹象，可见，我同中国共产党的感情有多深。”

（2）分析下面的交谈，说说父亲和护士的沟通存在什么问题？请就相同情境重新设计他们之间的对话并进行情境演示。

年轻的父亲带着两岁孩子去输液，刚入职不久的小护士负责为孩子扎针。父亲心疼孩子，孩子害怕哭闹，小护士非常紧张。

父亲：孩子小，你动作轻一些。

护士：好的（在小孩手上拍了半天，找到静脉血管，扎针失败）对不起！

孩子：（撕心裂肺地哭）

父亲：（心疼）你到底会不会扎呀？不会赶紧叫护士长过来。

护士：（又连续扎了两针，都失败）对不起，对不起！

父亲：（生气）什么水平？

护士：（辩解）这么小的孩子，看不见血管，别说三针，扎十针都是正常的。

父亲：（愤怒）你这不是把我家孩子当试验品吗？你成心的吧？

护士：不试验怎么能扎得准呢？多扎才能扎准。

父亲：（打护士）我打死你。

（3）就“网络是否应该加强监管”的话题与同桌进行交谈，交谈过程中，注意运用如下技巧：对方谈兴不浓时，以情绪感染他，诱发其谈兴；对方表述不全时，及时补充，完善内容；对方谈兴正浓时，认真倾听，并加以赞扬；对方表述抽象时，以例补证，有理有据；对方意犹未尽时，提问探究，把话题引向深入；发生争吵时，暂时搁置，巧转话题。

1. 劝说谈话的基本技巧

劝说是指劝人做某种事情或使人对某种事情表示同意，是以说服为目的的交谈，也是一项艰苦细致的思想工作。劝说必须做到以下几点：

其一，了解对方的情况和想法。

其二，站在对方的立场上考虑问题，以心换心。

其三，维护对方的尊严，保全对方的面子。

其四，灵活运用劝说的技巧。

劝说常用技巧有：

（1）先美其长法。人人都希望被欣赏赞美。赞美对方的长处，可满足对方的自尊心，降低对方的抵触情绪。例如：

英国杰出化学家道尔顿年轻时，在一所学校给校长当助理，一边工作一边自学，坚持十多年后还未取得成功，就气馁了。校长劝他说："这些年来，我眼中的你可是积极勤奋的，每天早早就来到办公室，很晚才离开回到住处，年纪轻轻的你能这样坚持，我都自叹不如。不过人不能把眼睛盯着成功，它有时候就在不远处，但你就是看不见它，只要你能坚持自己的想法，目不斜视地坚持往下走，终有一天会与它迎面相撞。"

（2）替他着想法。站在对方的立场上分析问题，为他着想，消除对方的防范心理，取得对方的信任。例如：

电视剧《人民的名义》中侯亮平劝说高小琴说出祁同伟的下落："我们都是为人父母的，如果你现在告诉我祁同伟在哪里，我可以向你保证，我会亲自去见他，我会尽最大的努力劝他回头。如果你什么都不说，那我也无能为力，谁也帮不了祁同伟，他这么走下去，只有死路一条。你想过没有，如果祁同伟死了，你的孩子就没有父亲，孩子从小心灵上的缺失，对孩子来说是多大的损失啊，如果你告诉我他在哪，这是立功的表现，你还有机会早日出狱陪伴孩子成长。"

（3）借此说彼法。利用两个事物之间的某一相似点，借此说彼，巧妙暗示，往往能收到事半功倍的效果。例如：

某学生早恋，成绩下滑，班主任把她叫到办公室说："我们村子有一大片枣树园，寒来暑往，春华秋实。有一年秋末冬初，我突然惊奇地发现，有些就要落叶的果树上竟然开出了一簇簇小小的花。不久，花谢了，居然也结出了小小的果子。可惜没几天，霜冻来了，叶落尽了，小果实也烂掉了。那时，我捧着这些可怜的小果子，心里很难过。后来，我才明白，不该开花结果时开花结果，违反了自然规律，所以才难以成活。近来，同学们中的一些事情又引起了我的思索，我认为这与你们的年龄是不相符的。我希望你能够从这个事情中得到一些启迪！”

（4）投其所好法。巧妙地把话题转到对方的特长和兴趣爱好上，投其所好，以情感化，再迂回包抄，转入正题。例如：

某学生酷爱篮球，常常旷课打球，成绩不好，班主任劝说道：“其实我也很喜欢篮球运动，很喜欢飞人乔丹、蝙蝠侠皮蓬、魔术师约翰逊、鲨鱼奥尼尔、小飞侠科比等，但我不喜欢篮板王罗德曼，他打球不动脑子，只能称之为一介莽夫，像乔丹、科比才是把身体与智慧结合起来的篮球之王呢！如果只打篮球不学知识，就容易变成罗德曼那样的莽夫。面对未来，没有足够的知识怎么行呢？相对于篮球，目前功课更加重要，你说是不是啊？”

（5）欲擒故纵法。在劝说对方时，顾及对方的自尊心，故意放开他，引而不发，以退为进，使对方自省。例如：

球王贝利童年时染上了抽烟的习惯，父亲发现后不但没打他，而且像对待老朋友似的对他说：“你踢球有点天分，要是吸烟损坏了身体，球就踢不成了，这事你自己决定吧！要是你还要抽，最好抽自己的，老讨别人的烟抽很丢人。我这里还有点钱，你拿去吧。”

（6）反语激将法。就是有意识地运用反面的刺激性语言“将”对方的“军”，刺激对方的自尊心，有时能收到“点石成金”的奇效。例如：

某班竞选班长时，无一人上台，为了打破僵局，班主任说：“你们作为新世纪的中学生，有理想，有抱负，有创新精神，都想将来成就一番事业，可是你们现在却瞻前顾后，连站起来说话的勇气都没有，连为班级建设出点力都不敢，还想将来怎么样，纯属一群胆小鬼，太令我失望了。”

（7）以弱克强法。渴望同情是人的天性，要说服比较强大的对手，不妨在他面前示弱，争取对方的同情，从而达到劝说的目的。例如：

某实习生上课时，幼儿们吵闹不听，她突然停下，然后说：“老师头疼，嗓子也哑了，你们心疼老师吗？你们爱老师的话就不要吵闹了。”幼儿们顿时安静下来。

劝说的技巧还有许多，如以情动人、以理服人、感同身受、自我暴露等等，劝说交谈要根据实际情况灵活、综合运用劝说技巧。

【课堂实训】

（1）说说下面材料中小姑娘是如何说动中年男人的，运用了哪些劝说技巧。

有一个15岁的山区小姑娘，不幸被拐卖到一座大城市。当天晚上，天下着小雨，小姑娘的房门被打开了，一个中年男人走了进来。小姑娘的心跳到了嗓子眼儿。不过，她还是很快地镇静下来，机智地叫了声：“伯伯！”中年男人一愣，人像是被魔法定住了似的。小姑娘小心翼翼地说：“我一看伯伯就是好人，看您的年龄，与我爸差不多，可我爸比您苦多了。我爸腿脚不好，为了给家里多挣点钱，他每天一瘸一拐地上山采药拿去卖，前几天下雨路滑，他不小心从山上摔下来，家里没钱给他看病，只能让他躺在床上，现在不知道是死是活？……”说着说着，她的眼泪就哗哗地流下来。男人的脸涨得通红，短暂的沉默后，低低地说了一句：“谢谢你，小姑娘。”然后他开门走了。

（2）就下面假设的情形，写出你的劝说提纲和劝说方法。

① 你的同学因父母离异变得特别消沉。

② 你的好友沉迷于网恋，无心学习。

③ 劝说家长不要溺爱孩子。

④ 劝说上幼儿园哭闹的幼儿。

2. 求职应聘谈话的基本技巧

求职应聘是学生毕业后都要面临的问题。求职应聘谈话，是求职者向用人单位面对面地推销自己的谈话，也是用人单位对求职者举止仪表、谈吐应对、业务能力、思维能力、品德修养等全面检测的谈话。

求职应聘谈话应遵循自信（Positive）、个信（Personal）、中肯（Pertinent），即三 P 的基本原则。求职应聘谈话技巧有：

（1）自我介绍的技巧。

① 谈吐上，礼貌文雅，口语化。主动、有礼貌地招呼面试官，恰当使用称呼语与敬语，始终面带微笑，用谦虚、恭敬的语气按照要求自我介绍或回答问题，吐词清晰，语速平缓流畅，适时使用答谢语。自我介绍可以事前准备，但面试时切忌背稿子，语言表达应口语化。

② 内容上，针对岗位，摆成绩。围绕所求职业的岗位人才要求和招聘单位的用人标准展示特长，并用事实佐证，要做到简洁明确，亮点突出。

③ 用语上，掌握分寸，留余地。自我介绍既要坦诚，又要有分寸，不要过高赞美自己，也不要过于谦虚，遣词用句要客观准确。避免“大概可以”“可能会是”等模棱两可类的语言，也要克服“我绝对有把握”“今后就看我的”等狂妄自负的话。

（2）当面对答的技巧。

① 听清问题，切忌答非所问。听清面试官的提问，根据情况迅速确定表述的重点，从容、有序地作答。

② 弄清意图，切忌盲目应对。面试官为了选拔人才，也许会在求职面试中设置各种语言陷阱，或者“声东击西”，以考查应聘者的应变智慧和抗压能力。应聘者要善于识破陷阱，明确面试官的主要意图，从容应对，对症下药。

③ 适度肯定，切忌节外生枝。求职面试作答时，应真诚而客观，多从对方的表述中引申作答，不节外生枝与对方争论，适度赞美对方，表达求职意愿，回避对方敏感话题。

此外，在求职面试中有可能因为受考验而陷入尴尬境地。当应聘者面对尴尬危机时，切忌临阵慌乱或强词夺理，否则会显得难当大任或蛮横无理，要镇定自若，另辟蹊径，巧妙周旋，幽默化解。

【示例】 博士毕业生魏××到某单位面试的交谈片段

面试官：你并非毕业于名牌大学？

魏某：马云、李书福、牛根生，太多有成就的人都不是出身于名牌大学，有的甚至连大学都没读过。是否毕业于名牌大学，不应该成为衡量人才的标志，更不应该成为公司用人的标准。

面试官：你的学历对我们来说太高了。

魏某：我可以把博士和硕士学位证书收起来，只把学士学位证书带进公司。

面试官：你刚毕业没有经验。

魏某：诸葛亮出山前从没带过兵打过仗。一张白纸有空间能画出更好的画，没有经验也意味着没有思维定式，不受条条框框的束缚，更易创新。

面试官：你看起来很瘦弱，恐怕难以承受强大的工作压力。

魏某：我不是来当保安的。孙悟空瘦小，却能在山下被压 500 年，换成猪八戒就不成了。

面试官：欢迎你加入我们公司。

【评析】 魏某面对面试官咄咄逼人的问题，没有生气，而是沉着应对，机智作答，有理有据，将自己被对方视为劣势的方面，巧妙地转化为优势，表现出很好的心理素质和应变能力。

（3-3　面试基本问题的问与答）

【课堂实训】

（1）说说下面材料中求职的大学生是怎样打动面试官的。

有一个新毕业的大学生去某合资公司求职，一位负责接待的先生递过来一张名片，大学生神情紧张，接过名片匆匆一瞥，脱口说道："藤野先生，您身为日本人，抛家别舍，来华创业，令人佩服。"那人微微一笑："我姓滕，名野七，地道的中国人。"大学生面红耳赤，无地自容，片刻后，神志清醒，诚恳地说道："对不起，您的名字使我想起了鲁迅先生的日本老师——藤野先生。他教给鲁迅许多为人治学的道理，让鲁迅受益终生。希望滕先生日后也能时常指教我。"滕先生面带惊奇，点头微笑，最终录用了他。

（2）说说下面材料中的求职者为什么失败了。

面试官：你对自己有什么评价？

面试者：我这个人吧，特别勤快，一点都闲不住，看到活儿就想干；而且我做什么事都很努力，具有不做成就不罢休的精神；我特别和善，非常善于处理人际关系；另外，不管干什么事情，我都非常认真……

面试官：（皱眉）打断一下，我还有点事要办，你回去等消息吧。

（3）设想你要到某幼儿园求职，参照"面试基本问题的问与答"中提出的九个问题认真做准备，全班分组进行模拟面试训练，并互相评议。

3. 讨论的一般技巧

讨论是指人们在集体场合就某一问题发表意见或论证，以寻求共识和解决问题的一种交谈形式。讨论一般包含两个方面的内容：商讨和争论。通过商讨和争论可以达到增进理解，达成共识，明辨是非，化解矛盾，拓宽思路，加深认识的目的。讨论除了要遵循紧扣议题、言无不尽、包容合作的原则外，还应掌握以下技巧。

（1）主持讨论的技巧。

① 充分准备。主持者在讨论前应明确讨论的话题、目的、程序、要求、人员；围绕话题查阅搜集相关资料；精心设计开场白、提问、可能出现的问题及其应对策略；必要时，提前通知相关人员做好讨论前的准备。

② 控制现场。讨论开始后，主持者应观察讨论的动态，及时调整、把握讨论的方向和节奏。用有效的方式交代讨论的主题、范围、目的，让参与者觉得与其密切相关，调动参与者的讨论热情；善于运用赞赏、鼓励、开放性提问等技巧引导参与者思考发言；以提醒、制止、转换话题等方式，有效处理讨论中偏题、离题、重复讨论及不良争执现象。

③ 做好小结。讨论结束时，主持者自己或者邀请参与者总结讨论的要点和结论。

（2）参与讨论的技巧。

① 认真倾听，分析梳理。认真倾听他人发言并记录，分析梳理其发言的要点，思考和辨析不同意见、建议的合理性，随时修正完善自己的观点。

② 围绕话题，言之有理。针对议题的关键发表意见，发言要做到观点鲜明，有理有据，一般按照“是什么→为什么→怎么样”的思路展开，态度和善，语言礼貌有分寸，避免引起争吵，让他人心悦诚服地接受自己的观点和意见。

③ 文明得体，求同存异。讨论中，不随意打断别人的发言，不抢话争话，不强词夺理，不讽刺挖苦，不人云亦云，对不同观点可持保留意见，以平和的心态面对和接受他人的不同意见。

④ 良性互动，力求共识。讨论的过程中，要听说兼顾。既不能自命清高，以自我为中心唱独角戏，也不能以“没准备好”而缄口不言。讨论本身就是一个从“没想好”逐渐走向想好的过程，“不成立”的观点同样闪烁着智慧的火花，只要大胆说出，就可能互相启发。讨论参与者充分发表意见，相互切磋，一切服从大局，力求达成共识。

【示例】关于“碎片化阅读”的讨论

主持人：随着智能手机的普及，人们通过手机获取海量信息，碎片化阅读愈发普及，人类不可或缺的整体化阅读、经典性阅读受到严峻挑战。碎片化阅读被许多专业人士大加谴责。碎片化阅读到底好不好呢？请大家畅所欲言，就碎片化阅读的利与弊展开讨论。

A：碎片化阅读优势明显，能随时随地及时获取大量信息，提高零散时间的利用率。

B：碎片化阅读弊大于利，容易使人形成惰性依赖，习惯通过搜索、提问、交互来获得知识碎片，不容易形成深度的、批判性的、理性的、系统的知识，对人们的知识体系、思维方式、判断能力等的形成有很大影响。

C：相较于不读，碎片化阅读毕竟是读，对培养阅读习惯还是有用的。

…………

主持人：大家的讨论非常热烈，发言非常精彩。对碎片化阅读问题我们达成了一致认识：一是碎片化阅读正逐渐成为一种阅读趋势，有利有弊；二是尊重人们乐于碎片化阅读权利的同时，要大力提倡整体性、经典性阅读；三是要为碎片化阅读提供更多优美、精短的内容。

【评析】主持人简明扼要地说明讨论的背景，明确提出讨论的问题及范围，调动参与者讨论的积极性。参与讨论的人紧扣话题，踊跃发言，观点鲜明，有理有据有说服力。最后主持人总结发言，归纳讨论形成的主要观点。通过讨论，大家知道了碎片化阅读的利和弊，加深了对碎片化阅读的认知和了解。

【课堂实训】

（1）运用所学理论，分析下面案例中使用了哪些讨论技巧。

在一次幼儿园的教研活动中，大家以特殊儿童为主题展开讨论。当谈到性格特殊儿童的教育时，一位青年教师专心地听其他同事发言，听到有价值的内容时，低头做一些笔记。当这位教师发言时，她说："刚才各位老师提出的几点建议，我很受启发，如其中的……其实在我们班，也有这么几种性格比较特殊的孩子：一种是经常有攻击性行为的孩子，一种是容易退缩的孩子，一种是过分好强的孩子。首先，我个人认为对那些有攻击性行为的孩子，不能体罚他们，要用讲道理、讲故事、角色扮演等方法让孩子知道不良行为的后果；还可以用'冷处理'的方法，就是……然后，我说说容易退缩的孩子……最后，我有一个困惑，就是当我们用尽以上教学手段仍然不能取得效果时，如我班有个孩子……这时候用什么办法好呢？"

（2）前不久，某大学发布了《关于严禁学生在校期间饮酒的规定（试行）》，引发围观，人们议论纷纷，就"是否该严禁大学生在校期间饮酒"的话题开展讨论。请你根据下列内容和场景，合理设计发言。

① 设计一个能激发讨论热情的开场白。

② 讨论过程中，有位发言人情绪激动，骂骂咧咧，喋喋不休，面对这种情况，你该如何处理？

③ 对这一话题，你的观点和看法是什么？

（3）为了防止学生上课玩手机，辅导员课前收取学生的手机，集中保管，下课后再把手机交还学生。针对这一做法，以 8 人为小组展开讨论，然后每个小组派一个代表汇报讨论结果。

（4）以 8 人为小组任选一个活动，讨论活动方案：幼儿园庆"六一"活动、元旦庆祝会、慰问敬老院老人等，每组选派一位代表公布方案，全班交流后选出最佳活动方案。

第三节　辩　　论

一、辩论概述

辩论是参与各方围绕同一问题发表不同观点，彼此力证自己观点正确、驳斥对方观点错误的一种口语交际活动。辩论不仅有助于人们探求真理、明辨是非、获取知识，还有助于提高人们的思维敏捷性和话语的应变能力。

辩论具有对抗性、逻辑性、应变性的特点。辩论的对抗性是指辩论双方对同一问题的观点和看法是对立的，或是或非，这样才有辩论的可能。辩论的逻辑性是指辩论双方都必须遵守逻辑思维的规律，否则只能是诡辩。辩论的应变性是指辩场风云瞬息万变，机会与陷阱同在，辩论者必须反应迅速、机智敏捷、随机应变。

二、辩论形式

（一）日常辩论

在人际交往中，由于思想观念的差异，人们对人、事、物及问题的看法不尽相同，观点的对立在所难免，所以辩论无所不在。这种辩论是为了辩明事理、统一思想、沟通感情而相互劝说。由于辩论的各方都想推翻对方的看法，树立自己的观点，因此辩论又和寻常说话不同，有唇枪舌剑之意。日常生活中，要用真情、善意、美感与人辩论，否则就会伤及人际关系。

（二）辩论赛

辩论赛也叫辩论会，是指辩论的双方在事先规定人数、规定程序、规定题目、规定时间的情况下，按抽签所选定的各自立场，通过交替发言，论证本方观点、攻击对方观点，最后通过评委打分来决定胜负的一种竞赛活动。辩论赛既是为了探寻真理，又是为了考查参赛队伍的综合能力，包括知识能力、思维反应能力、语言表达能力等。辩论赛是辩论双方思想的交锋、语言和智慧的较量。辩论赛也是训练口才的一种有效的手段和形式。

三、辩论要求

（一）紧扣论题、观点鲜明

辩论的双方都必须紧紧围绕论题发表见解和看法，观点必须鲜明，赞成什么、反对什么，毫不含糊。

（二）能守能攻、逻辑严密

守，是立论；攻，是驳论。攻守都要逻辑严密，滴水不漏，攻守结合，才能出奇制胜。

（三）尊重对手、注重风度

辩论的双方在人格上是平等的。辩论的过程中，要尊重对手、注重风度，做到“讲理不伤人”。

四、辩论技巧

（一）立论的基本技巧

立论是指在辩论中鲜明地提出自己的观点，并用确凿的事实、严密的逻辑推理加以阐述的过程。没有立论，自己的观点就没有支撑，就会“不攻自破”；立论不稳，就会被对手抓住破绽，被动“挨打”。只有坚固如铁的立论，才能使自己的观点“站”起来，才可能站稳脚跟去攻击对手。

1. 巧妙破题，找到立论的根本

（1）科学、全面、透彻地分析论题。

① 阐释命题概念。采用下定义、外延列举、特征描述、词语解释等方法阐释辩题所包含的每一个概念。例如，将“温饱是（不是）谈道德的必要条件”中的“温饱”解释为“饱食暖衣”，“道德”解释为人们共同生活及其行为的准则和规范。

② 分析“同位替换概念”。即在辩题中同一个位置上换一个别的词，并作相应分析。例如，将“功可以补过”中的“补”字换成“改”“替”，看看意思是什么。分析“同位替换概念”的主要目的，是防止对方偷换概念。如果对方在反驳“功不能补过”时，论述“功”不能改变“过”所产生的影响，就是偷换概念。

③ 分析论题蕴含的逻辑关系。比如分析“温饱是谈道德的必要条件”这个辩题，从逻辑上看，就是“有之不必然，无之必不然”，需要论证的就是“没有温饱，就决不能谈道德”。反之，反方只需证明“没有温饱也能谈道德”则可。

④ 分析辩题的利弊。分析辩题对双方的有利和不利之处。预测对方可能会抓住哪些有利因素立论和怎样攻击本方的薄弱之处。

（2）对论题作出有利于本方观点的界定。

① 对命题中的概念巧作解释，重新定义。对辩题中不利于我方的概念重新定义，比如“流动人口能确保当地社会经济效益的增长”，其中“确保”一词太过绝对，对己方不利，可重新定义：“我们这里讲的‘确保’并不是百分百的保证，如同我们经常看到医院的宣传条幅上写的‘为了确保您的健康，请注意个人卫生’一样，并不是说只要您注意个人卫生了，您就会百分之百地获得健康。这里的‘确保’是一种良性的推论。”重新定义“确保”之后，原来的辩题就变成了“流动人口可以促进当地社会经济效益的增长”。这样定义，立论更加完善，反方的驳斥也不那么容易了。

② 为命题追加前提条件。任何观点的成立都依赖于一定的前提条件，前提条件发生变化，观点也会发生相应的变化。给自己的辩题追加一个有利于我方的前提

条件，能使立论更加严密和具体。例如青年欧提德莫斯认为：欺骗、偷盗是不正直的。苏格拉底运用追加前提的方法对其进行反驳：如果一个孩子有病不肯吃药，父亲骗他说药不苦、很好吃，哄他吃下去了，结果治好了病，这种行为该属于哪一类呢？如果一个人发了疯，他的朋友怕他自杀，偷走了他的刀子和利器，这种偷盗行为是正义的吗？苏格拉底的提问反射出欧提德莫斯的立论不够严密，缺乏必要的前提条件，给对手留下了反驳的余地。

2. 巧妙立论，经得起逻辑的推敲

（1）确立一个最有利于攻防的总论点。总论点要观点鲜明、符合逻辑、无懈可击。用之攻，它就是“矛”；用之守，它就是“盾”。比如在亚洲大专辩论赛上，北京大学队在对香港中文大学队的比赛中，就巧妙地把自己的辩题“发展旅游业弊大于利”的论点确立为“无条件、无节制、盲目地发展旅游业弊大于利”。这样，逻辑上经得起推敲，进可攻，退可守。

（2）准备典型有力的理论和事实论据。理论和事实论据是支撑总论点的基石，没有了基石的支撑，论点就会成为空中楼阁。理论论据包括马列主义、毛泽东思想的基本原理，科学的定义、法则和规律，一般的公理、常识以及成语、谚语等。事实论据是指客观存在的事例和数据，它是证明论点的最有说服力的材料。

（3）设计逻辑严密的立论思路。运用严密的逻辑思维设计立论思路，可以使自己的论证过程清晰、无懈可击。

（4）打破常规，选好立论的角度。

① 出其不意，破中求立。立论时突破对方立论的防线，巧妙地提出一个全新的观点，给对手一个“措手不及”，削弱对方的攻击力。如全国大学生辩论赛上，吉林大学队的立场是：大学毕业生择业的首要标准是发挥个人专长。南京大学队作为反方其立论思路虽有很多，但却提出了一个极其大胆的观点：大学生择业复杂多样，没有也不应该有一个统一的首要标准！没有证明大学生择业应当有一个统一的首要标准前，就去强调这个首要标准是“发挥个人专长”，这无异于在流沙上盖楼。南京大学队的观点从根本上动摇了吉林大学队精心设计的立论，吉林大学队顿时乱了阵脚，毫无反驳之力。

② 另辟蹊径，“李代桃僵”。立论时引入一个新概念与对方周旋，确保己方立论中的某些关键概念隐在后面，不直接受到对方的攻辩。当辩论中碰到一些在逻辑上或理论上都比较难辩的辩题时，可以采用“李代桃僵”的办法，引入新的概念来化解困难。比如“艾滋病是（不是）医学问题，不是（是）社会问题”这一辩题就是很难辩的，因为艾滋病既是医学问题，又是社会问题，很难把这两个问题截然分开。复旦大学辩论队要阐述“艾滋病是社会问题，不是医学问题”，完全否认艾

滋病是医学问题，有悖于理，于是他们在辩论中引入了“医学途径”这一概念，强调要用“社会系统工程”的方法去解决艾滋病，而在这一工程中，“医学途径”则是必要的部分之一。这样一来，对方得花很大气力纠缠在他们提出的概念上，其攻击力就大大地弱化了。

【示例】 辩题“温饱不是谈道德的必要条件”立论陈词①

刚才，对方辩友把温饱放到了压倒一切的位置，还问了我们很多问题。我要告诉对方辩友的是，比温饱更重要的是道德。人活着不仅仅是为了吃饭。我方认为，温饱不是谈道德的必要条件。有理性的人类存在，才是谈道德的必要条件。只要有理性的人类存在，在任何情况下都能谈道德。走向温饱的过程当中，尤其应该谈道德。第一，温饱绝不是谈道德的先决条件。古往今来，没有解决衣食之困的社会比比皆是，都不谈道德了吗？今天，在衣不蔽体、食不果腹的埃塞俄比亚就不要谈道德了吗？在国困民乏、战火连绵的索马里就不要谈道德了吗？古语说：“人无好恶是非之心，非人也。”人有理性，能够谈道德，这正是人和动物的区别所在。无论是饥寒交迫还是丰衣足食，无论是金玉满堂还是家徒四壁，人都能够而且应该谈道德。第二，道德是调节人们行为的规范，由社会舆论和良心加以支持。众所周知，谈道德实际包括个人修养、社会弘扬和政府倡导三层含义。我们从个人看，有衣食之困但仍然坚持其品德修养的例子，实在是不胜枚举。孔老夫子的好学生颜回，他只有一箪食，一瓢饮，不仍然“言忠信、行笃敬”吗？杜甫的茅屋为秋风所破的时候，他不还是想着“安得广厦千万间，大庇天下寒士俱欢颜”吗？说到政府，新加坡也曾经筚路蓝缕。李光耀先生就告诫国人：我们一无所有，除了我们自己。他强调道德是使竞争力胜人一筹的重要因素。试想，如果没政府倡导美德，新加坡哪里有今天的繁荣昌盛、国富民强呢？第三，所谓必要条件，从逻辑上看，也就是“有之不必然，无之必不然”的意思。因此，对于今天的辩题，我方只需论证没有温饱也能谈道德。而对方要论证的是，没有温饱，就绝对不能谈道德。而这一点对方一辩恰恰没有自圆其说。雨果说过：“善良的道德是社会的基础。”道德是石，敲出希望之火；道德是火，点燃生命之灯；道德是灯，照亮人类之路；道德是路，引我们走向灿烂的明天。以上我主要从逻辑上阐发了我方的观点。接下来我方辩友还将从理论、事实、价值三方面进一步阐述我方观点。

【评析】 这段立论陈词，阐述的主要观点是：“只要有理性的人类存在，在任何情况下都能谈道德”，辩论者用大量的事实论据、理论论据加以论证，最后得出在不温饱的情况下也是可以谈道德的结论。这样就逻辑严密地阐释了论题“温饱不

① 复旦大学辩论队一辩姜丰发言。

是谈道德的必要条件”。论点鲜明突出，引经据典，论证有力。

【课堂实训】

(1) 阅读下面案例，回答问题。

在一场“获得奖学金要（不要）请客”的辩论中，正方这样立论：

获得奖学金应该请客。校园人脉是重要的资源，请客是加强沟通、融洽人际关系最重要的手段。再者，奖学金本来就是天上掉下来的横财，用这样的钱做人情消费，一举两得……

① 具体说说上面的立论是否稳固，有无漏洞。

② 请你就上面的辩题，从正反两方立场各写一段立论。

(2) 就“读书有（无）用”或“青春偶像崇拜有利于（不利于）青年人的成长”的辩题，分组讨论，一组代表正方立论，一组代表反方立论，每组派代表发表立论陈辞，全班进行评析。

（二）驳论的基本技巧

驳论，就是用充足的论据去揭露和批驳对方的错误。寻找对方的漏洞，捕捉战机，发动攻击，驳倒对方，是为了更好地树立自己的观点。在辩论的过程中，反驳尤其需要智慧，尤其需要注意方法和技巧。

1. 釜底抽薪术

抓住对方论据或论证中的纰漏进行攻击，以此推翻对方的立论。使用釜底抽薪术，可以出其不意、举重若轻，三言两语就能陷对方于无言以辩、无法自圆其说的困境，从而抢占上风，争取主动，赢得论辩的胜利。

【示例】 明代著名戏曲家汤显祖任浙江遂昌县令时，召集乡勇进山除灭危害乡民的老虎。有个被称为皮神仙的人来到汤县令跟前说：“天降神虎下凡，惩罚恶人，千万不能乱杀。死在虎口的人都是天命注定，不是前世留下冤孽，就是今生做了坏事；行善积德的人就是放在虎口，老虎也会避开，不敢伤他！”汤显祖厉声喝道：“那就将你皮神仙放在虎口试试，看看你到底是善人还是恶棍！”皮神仙一听，吓得屁滚尿流，连忙求饶：“使不得，使不得，我还要多活几年啊！”

【评析】 皮神仙认为不能灭虎，论据是老虎是上天派来惩罚恶人的，只吃恶人，不吃善人。汤显祖发现其论据的漏洞，来了个釜底抽薪，要将皮神仙放到虎口，看看他是恶人还是善人，这出其不意的一击，让皮神仙吓得屁滚尿流。皮神仙的言行彻底证明了其论据的虚假，从而也否定了其论点的错误。

2. 引申归谬术

假设对方的观点正确，顺着对方的逻辑推导出一个明显荒谬的结论，进而否定其观点的正确性。使用引申归谬术，不但能让对方搬起石头砸自己的脚，还能增强论辩的趣味性和讽刺意味。

【示例】有位单身女作家擅长写言情小说，其作品深受读者喜爱。但有人抨击她是因为自己生活放荡不羁才能把男女情爱写得逼真又精彩。于是女作家反驳道：“如果这种逻辑能成立，我想请问，是不是只有登上过火星的作家，才能写出关于火星人的作品？难道写灵异或科幻小说的人，一定要先死一次到了地狱做了鬼，才能写出来吗？”

【评析】女作家借用抨击者的“逻辑”思路，列举出类似情况进行推理，得出“先做鬼再写文”的结论，有力地批驳了诽谤，具有不可辩驳的逻辑力量。

3. 反例斥谬术

用与对方观点相反的事实或事例，驳斥对方观点的错误。当对方作出一个绝对性推断时，只要找到一个反例，就能证明对方犯了“以偏概全”的错误。

【示例】

甲：天下乌鸦一般黑，全国官员腐败案件屡见不鲜，现在就是无官不贪，无官不腐！

乙：据我所知，在日本、澳大利亚等地就发现了白色的、灰色的乌鸦，何况在我们身边还有孔繁森、吴天祥这样的官员呢！

【评析】甲认为“天下乌鸦一般黑”“无官不贪，无官不腐”，这个观点就是一个绝对性推论；乙举出与之相反的具体事例，说明甲犯了轻率概括的错误，彰显出其观点的偏激之处。

4. 揭露矛盾术

“以子之矛，攻子之盾”，揭露对方辩论过程中的矛盾之处。或直接揭露出论敌前后的明显矛盾，或揭露论敌论点中隐含的矛盾，或作出一个真实的与论敌观点相矛盾的命题来揭露其矛盾。

【示例】青年玛丽娅大声宣扬：“我已经看破了红尘，世界上的一切都是假的……”这时一个小学生问她：“大姐，你是一个人难道也是假的？”玛丽娅被小学生的一句话问得张口结舌。

【评析】“你是一个人”是一个真实性再明显不过的命题，这与“世界上一切都是虚假的”是相矛盾的。小学生通过反问使得玛丽娅难以自圆其说，从而轻松地以敌制敌，获得辩论胜利。

5. 借力反击术

巧妙借用对方的论点、论据和论证方式，进行推理分析，使之为我所用，以取得辩论胜利。这种反击方式可谓绵里藏针，机智、轻松、有力，有事半功倍的效果。

【示例】 英国诗人乔治·英瑞出身木匠家庭。一天，一位贵族子弟因为嫉妒他的才华，在大庭广众之下，羞辱他："请问阁下的父亲是不是木匠？""不错，您说得对。"乔治彬彬有礼地回答。"那他为什么没把你培养成木匠？"贵族子弟说完，非常得意。乔治礼貌地反问道："先生，阁下的父亲是不是一位绅士？""那当然！"那位贵族子弟傲气十足、不假思索地说。乔治微微一笑说："那他为什么没把你培养成一位绅士？"众人听了哄堂大笑。

【评析】 面对嘲讽和挖苦，乔治·英瑞没有慌乱，而是巧妙地借用贵族子弟的论证方式（有什么样的父亲，就应该有什么样的儿子）和句式，进行反问，借力打力，指责对方毫无绅士之风。借得巧妙，讽得辛辣。

6. 两难制敌术

置对方于两难处境，不论对方选择哪一种，结果都对他不利，从而束手就擒。

【示例】 从前有个县官非常可恶，凡来打官司不给钱的，就会被他打个半死。当地有个艺人编了出《没钱就要命》的戏。县官看了戏，回到衙门就命衙役传讯艺人。艺人穿了龙袍，大摇大摆地跟着去了。县官一见艺人，把惊堂木一拍，喝道："大胆刁民，见了本官为何不跪！"艺人指了指身上的龙袍说："我是皇帝，怎能给你下跪？""你在演戏，分明是假的！""既然你知道演戏是假的，为什么还要把我传来审问？"县官张口结舌，无言以对，只好任他走了。

【评析】 艺人使用两难制敌术，要县官在演戏是真是假二者之间加以选择。县官选择真，那么艺人是皇帝，不能下跪；选择假，那么就不能审问艺人。县官陷入两难，总有一错，只好气得干瞪眼。

7. 连环发问术

从不同角度巧妙设计一连串的问题，让对方无法回答，哑口无言，其论点自然不攻自破。发问包括设问、反问和质问。连环发问能让反驳显得无可争辩、气势逼人。

【示例】 一乡绅很迷信，不相信医生，他对李时珍说："所谓神医，不过如此。我去年生了一场重病，吃了一个月的药也不见好。后来上山拜神，诚恳祈求后，病果然就好了。"李时珍问道："你求神后，药可曾停了？"乡绅说道："那倒不曾。"李时珍又说："既然你相信求神就能治病，又何必吃医生开的药呢？"乡绅无言以对。

【评析】 对乡绅的谬论，李时珍先提出一个问题，得到回答后，又以此为依据，提出更犀利的问题——既然信神，为何吃药？让乡绅的话前后矛盾，自乱阵脚。

反驳的技巧和方法还有很多，这里就不一一列举了。在辩论的过程中，善于发现对方的谬误，切中要害，找准最佳切入点，灵活、巧妙地运用多种方法进行反驳，才能攻破对方的堡垒。

【课堂实训】

（1）下面案例中使用了哪种辩论技巧，好处何在？

① 姚晨在《跨界歌王》节目中一展歌喉，让人惊艳。不料有人说：“嘴巴大唱歌就是好听！像戴玉强、王祖蓝、陈建斌都是‘大嘴’，他们唱起来都好听。”姚晨听了，却不认同这种说法，直接反驳道：“我不相信嘴大唱歌都好听，不信你们让河马来唱歌我听听！”

② 英国陆军元帅蒙哥马利在洛阳参观时，看了戏剧《穆桂英挂帅》之后说道：“这出戏不好，怎能让一个女人当元帅呢？当元帅的女人不是真正的女人！”中方陪同人员熊向晖说：“英国女王也是女性，她可是全国武装部队的总司令。”

（2）根据下列情境，请你进行反驳。

① 一位青年要求到爱迪生的实验室工作，他对爱迪生说：“我要发明一种万能溶液，这种溶液能够溶解一切物品。”青年的话有错吗？如何反驳？

② 加拿大人朗宁1893年出生于湖北襄阳，是在中国长大的。他参加加拿大议员竞选时，反对派说他是喝中国人的奶长大的，身上有中国血统。请你帮朗宁进行反驳。

③ 从前有个皇帝向全国宣布说：“如果有人能说出一件十分荒唐的事，使我说出这是谎话，那我就把我的一半江山分给他。”人们闻讯，纷纷来到王宫，说了各种弥天大谎，结果都被皇帝一一驳回。请问你能用什么好方法拿住这个皇帝？

辩论不仅要掌握立论和驳论的技巧，还应该掌握“说”和“听”的技巧。“说”要紧扣论题，说得清晰明白，有逻辑性；说得理直气壮，有气势；说得言简意赅，有哲理性；说得生动形象，有幽默感。“听”要认真专注，听出对方的破绽。听对方辩论中有无常识性的错误；听对方的论点是否有破绽；听对方的论据是否真实可靠；听对方所列论据是否能论证论点；听对方辩论中是否偷换概念；听对方辩论中有无自相矛盾之处；听对方辩论中有没有利于己方的言辞等。

（3-4　辩论比赛的基本流程及评判规则）

【综合实训】

1. 分析下面的文章，说说他们的立论分别是什么，又是怎样反驳对方的，运用了哪些反驳方法，父亲为什么能取得辩论的胜利。

辩出来的诺贝尔奖

彭龙富

土耳其作家奥罕·帕慕克，荣获2006年度诺贝尔文学奖。获奖之后，帕慕克多次向媒体强调，是他与父亲的一场论辩，改写了他的整个人生，使他走上了文学创作之路。

那年，帕慕克19岁，同一个女孩子双双坠入爱河，除了爱情，他似乎把一切都抛到九霄云外去了，学业荒废了，人也颓废了。这事被他父亲发现了。父亲觉得儿子此时还不适合谈恋爱，于是在一次晚餐之后，父子俩发生了一场精彩的论辩。

父亲：（和蔼地）奥罕，你还太小，谈恋爱早了一点。这事就到此为止吧，听爸爸的话！

儿子：（理直气壮地）太小？爸爸，我已经19岁了，是一个男子汉了。而你，当年只有17岁不就和妈妈好上了吗？

父亲：（平静地）你说得没错。可是，你知道吗，我17岁的时候，已经在葡萄酒作坊当酿酒师傅了，已经有自己的职业和事业了。

儿子：爸爸，职业，事业，这同谈恋爱有关系吗？

父亲：关系大着哩！我当时每个月能拿2000万里拉。我是说，我已经能够自食其力，有一定的经济实力为爱情埋单。你呢，一个里拉都挣不到，你凭什么心安理得地去谈情说爱？

儿子：爸爸，你是封建古董！

父亲：（语重心长地）奥罕，不是爸爸封建古董。你想想看，一个男人，没有经济基础，不能为他的爱人提供必要的物质保障，如果你是女子，你会怎么看待这样的男人？儿子，我告诉你，我一直都认为，一个男人，如果没有一份赚钱的工作，不能自食其力，哪怕他40岁甚至50岁，都不配谈恋爱，谈了，就是早恋；相反，只要他有立业挣钱养家的本事，不到20岁恋爱也不算早恋！

儿子：（诚恳地）听爸爸的，我去读书吧。

从此奥罕·帕慕克终止了早恋，专心致志、发愤读书，后来爱上了文学事业，辛勤笔耕，终于成为著名的小说家，直到获得了诺贝尔文学奖的殊荣。

2. 全班分为若干小组，进行辩论比赛。

参考辩题：

（1）网上交友利（弊）大于弊（利）。

（2）出身于平凡（富裕）家庭是幸福。

实战演练

思考与练习三

1. 什么是即兴演讲？即兴演讲的技巧有哪些？

2. 阅读下面的即兴演讲词，分析其演讲技巧。

今天，我参加“钻石表杯”业余书评授奖会，我想说的一句话是：钻石代表坚韧，手表意味时间，时间显示效率。坚韧与效率的结合，这是一个人读书的成功所在，一个人的希望所在，谢谢大家！

3. 根据预设的情绪和物品，临场即兴创编生动有趣的故事内容。

（1）情绪：喜悦；物品：旧照片。

（2）情绪：愤怒；物品：新手机。

（3）情绪：惊奇；物品：一瓶矿泉水。

（4）情绪：悔恨；物品：一辆自行车。

4. 假定你到幼儿园实习，在实习欢迎会或实习总结会上，你突然被点名发言，你怎么说？请作即兴演讲三分钟。

5. 请以“我最崇拜的人”“微笑面对生活”“我的青春我做主”为题，分别选用不同的即兴演讲模式作三分钟即兴演讲。

6. 什么是交谈？实用性交谈的一般技巧有哪些？

7. 下面的材料中，张大千的谈话、某民间人士的谈话为何给人不一样的感受？该民间人士的话可以怎样修改一下？

抗日战争胜利后，著名画家张大千要从上海返回四川老家。他的学生设宴为他饯行，邀著名京剧艺术家梅兰芳等社会名流作陪。宴会开始后，张大千向梅兰芳敬酒说：“梅先生，你是君子，我是小人。我先敬你一杯。”梅兰芳不解其意，众宾客也莫名其妙。张大千含笑解释道：“你是君子——唱戏动口，我是小人——画画动手。”一句话引得满堂大笑不已。

我国一位民间人士，参加一次国际会议。宴会上，这位人士侃侃而谈，其口才受到了外国友人的称赞：“先生的口才真好，你可以当外交官。”“这句话很对，”他答道：“我是应该做外交官的，而我没做，这是我国外交部的一个失误。”这些话立即使在座的外国友人和当地政府人员愕然失色。

8. 劝说别人赞同你的一个建议和设想。

9. 劝说你的一位同学改掉一种不良的习惯（吸烟、爱骂人、赌博等）。

10. 分析下面求职面试交谈案例，说说谁的应答更为恰当。

（1）学历和专业相同的毕业生A和B，同去某公司参加招聘面试。该公司人事部经理问：“这份工作有难度，需要有一定的工作经验，你们能否胜任？”

A：我刚刚毕业，毫无工作经验，不知道能否胜任，但我愿意尝试一下，或许能够逐步适应。

B：我虽是刚毕业的学生，缺乏实际工作经验，但我学的是相关专业，具备了较好的专业基础知识，也经过一段时间的实习。只要我努力向前辈学习、勤奋工作，我相信自己能尽快缩短适应期，胜任这份工作。

（2）A和B都是英语专业的优秀毕业生，两人同时应聘一家独资公司的高级秘书职位。人事经理看了两个人的简历以后难以取舍，说：“你们先自我介绍一下。”

A：我今年22岁，刚从某大学毕业，所学专业是英语，浙江人。父母均是高级工程师。我爱好音乐和旅游，性格开朗，做事一丝不苟。我很希望到贵公司工作。

B：关于我的情况简历上介绍得比较详细了。在这里我强调两点：我的英语过了8级，口语不错，曾利用假期在旅行社做过导游，带过欧美团。再者，我的文笔较好，曾在报刊上发表过6篇文章，如果您有兴趣可以过目。

11. 什么是辩论？辩论时立论和驳论的技巧有哪些？

12. 分析下面案例中反驳的智慧。

（1）姚明参加美国的一档脱口秀节目，主持人傲慢地问：“中国有13亿多的人口，为啥培养不出来几个像样的篮球运动员呢？”姚明不慌不忙地反问道：“你们美国有3亿人，那为啥却连一个打得好乒乓球的人都没有呢？我们中国篮球打不过你们美国，可是你们想要打赢我们的乒乓球也是不可能的啊！”主持人哑然，只能干笑。

（2）俄国著名作家赫尔岑应邀参加一个音乐会。演出不久，赫尔岑就十分厌烦地用双手捂住耳朵打起了瞌睡。女主人感到很奇怪，问他：“先生，你不喜欢音乐吗？”赫尔岑摇了摇头：“这种低级轻佻的音乐有什么好听的？”女主人惊叫：“你说的什么呀？这里演奏的都是流行的乐曲呀！”赫尔岑平静地反问：“难道流行的东西就是高尚的吗？”女主人不服气地说：“不高尚的东西怎么会流行呢？”赫尔岑风趣地说：“那么，流行性感冒也是高尚的吗？”

13. 观看国际大专辩论赛精彩视频，了解辩论赛的程序、规则，分析辩论者的辩论语言及技巧，学习辩论的方法、技巧并模仿练习。

14. 全班分为两组，以“大专女生应该（不应该）讲究装扮”“网络使人们更亲近（疏远）”“文凭（学历）比学历（文凭）更重要”“应（不应）将学前教育纳入义务教育”为辩题进行自由辩论比赛。

15. 按照辩论赛的规程要求，组织全班同学进行辩论比赛。先征集辩题，然后组织辩论队，推选主席和评委，经过抽题做好充分准备后，再进行正式比赛。

真题再现

一、单项选择题

1. 手工制作完成后，孩子们都开心地把作品拿在手里。小明兴高采烈地奔向老师，举起手里的作品向老师炫耀，可是老师瞟了一眼说：“看你做的是什么呀，难看死了。”老师的做法（　　）

A. 正确，从小培养幼儿的认真态度　　B. 正确，从小对幼儿进行挫折教育

C. 不正确，挫伤了幼儿的创造热情　　D. 不正确，扼杀了幼儿的竞争欲望

2. 某幼儿园一直试着让幼儿做一些力所能及的事儿，如发勺子、分碗、搬凳子等。一天，小英用乞求的目光注视着老师，轻声说：“老师，让我发一次勺子好吗？”老师说：“你每次吃饭最慢，上课从不举手发言，还发勺子呢！”下列做法正确的是（　　）

A. 老师让小英先举手再发言　　B. 老师让小英先吃饭再做事儿

C. 老师应该让小英搬凳子　　D. 老师应该让小英发勺子

3. 吃午饭时，孩子们吵吵嚷嚷，不好好吃饭。李老师说：“咦，教室里怎么飞来这么多小蜜蜂？嗡嗡的好吵呀。快把他们请出去，别打扰我们吃饭。”孩子们听后便安静地吃饭了。李老师的语言具有（　　）

A. 教学性　　B. 趣味性

C. 鼓励性　　D. 示范性

4. 吃橘子时，兰兰说：“老师，你给我剥皮。”王老师大声说：“咱们来帮小橘子脱衣服吧，看谁做得又快又好！”小朋友们争着说：“好，我来！”大家争相动手起来，兰兰在模仿中学会了剥橘子皮。王老师的行为体现了善于（　　）

A. 综合组织各领域教学内容　　B. 创设与教育相适应的物质环境

C. 维护每一个幼儿的人格与权利　　D. 培养幼儿的初步生活自理适应力

5. 午餐时，有些幼儿边吃边玩，为了让幼儿专心就餐，王老师正确的说法是（　　）

A. 没吃完的不许睡觉　　B. 比比谁吃得最快

C. 我看看谁吃得最香　　D. 看看谁还在那磨叽

6. 豆豆在幼儿园午睡时尿床了，赵老师恰当的说法是（　　）

A. 你真烦，下次再尿床，就切掉你的小鸡鸡

B. 豆豆，尿床没有什么大不了的，老师小时候也尿床，后来就好了

C. 快看，豆豆尿床了，你们可不能像他一样哦

D. 你呀，少喝点水，就不会尿床了

7. 胆小内向的红红，回答老师提问时答对了，但声音非常小，李老师恰当的说法是（　　）

A. 红红回答非常正确！不过有的小朋友没听清，请你大声地再说一遍好吗？

B. 声音这么小，难道你是蚊子吗？

C. 说话声音太小了，以后大点声。

D. 红红真棒。

8. 王老师在给孩子们讲故事时，讲到“大象用鼻子把球卷起来”时，用手做出“卷”的动作；讲到“大象把球扔到河里去了”时，又用手做出“扔”的动作。孩子们跟着做动作，脸上洋溢着笑容。这体现出教师劳动的（　　）

A. 复杂性　　　　B. 示范性

C. 长期性　　　　D. 创造性

9. 小光很有舞蹈天赋，小小年纪已经参加过很多大型比赛，但他不愿参加幼儿园组织的科学活动，方老师劝说道：“老师很喜欢会跳舞的小光，可是如果你在其他方面也很能干的话，大家会更加喜欢你。”方老师的做法（　　）

A. 不合理，不利于幼儿发展特长

B. 不合理，不尊重幼儿的兴趣爱好

C. 合理，教师应该关注幼儿的全面发展

D. 合理，幼儿必须在各个学习领域平均发展

10. 老师上课时，小明爱举手，但总是答错；小强不爱举手，但老师点名总能答对。老师下列做法中正确的是（　　）

A. 批评小明总出错，表扬小强爱思考

B. 批评小明总出错，批评小强不发言

C. 启发小明多思考，鼓励小强多举手

D. 表扬小明爱举手，批评小强不发言

二、材料分析题

材料：

小二班有个叫涛涛的孩子，因为有全家人的宠爱，自己的东西从来不让别人碰，还很任性。

一天，幼儿园开展区域游戏活动，涛涛想去搭积木，可是建构区里已经挤了很多孩子，涛涛不管那么多，拼命往里挤，边挤边推正在堆积木的幼儿，嘴里还嚷嚷：“你们让开，我先玩。”看见没有人让自己，他一屁股坐在地上大哭起来。这个过程被李老师看在眼里，李老师走过去将涛涛扶起来，说：“涛涛，你继续哭的话，那么多好玩的玩具你都玩不到了，不如我们先到别的地方玩，等一会儿再回来搭积木。”涛涛止住了哭声，点了点头，跟李老师走到另一个活动区玩起了拼图，一会儿就拼出了小花，涛涛开心地笑了。李老师趁机说：“我们能不能邀请其他小朋友一起来拼出更有趣的图案呢？”涛涛点点头，高兴地跑去找小朋友了。

之后，李老师有意引导涛涛和其他小朋友玩游戏，慢慢地，涛涛不再只顾自己的感受，也能与同伴分享玩具。

问题：结合材料，从教师职业道德和教师语言艺术的角度，评析李老师的教育行为。

三、写作题

请以“宽容”“仁爱”为话题写一篇议论文。要求：

（1）题目自拟，字数不得少于 800 字；

（2）文章论点鲜明，有说服力；

（3）文章富有逻辑性；

（4）文章论据充分，论证方法得当。

（3-5　幼儿教师资格证考试测试题参考答案）

第二部分　幼儿教师职业性口语训练

01 第一章 幼儿教师教学用语训练

熟练运用幼儿园教学用语，为适应幼儿园工作需要打下良好的基础。

本章导学

学习目标

1. 了解幼儿教师教学用语的基本特点和基本要求。
2. 掌握幼儿教师教学用语的基本技能技巧。
3. 熟练运用幼儿园教学用语，为适应幼儿园工作需要打下良好的基础。

内容树图

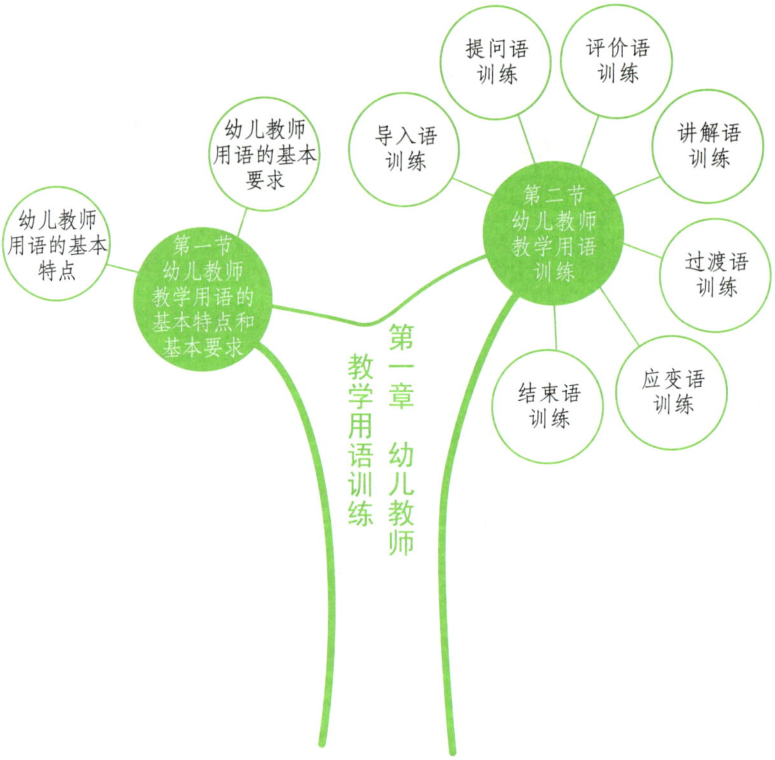

知识精讲

第一节　幼儿教师教学用语的基本特点和基本要求

一、幼儿教师教学用语的基本特点

教学用语是幼儿教师从事教学活动时所使用的职业口语，也就是幼儿教师在把知识、技能传授给幼儿过程中使用的工作用语。幼儿教师教学用语具备如下特点。

（一）语音准确，词汇规范通俗

幼儿教师应当运用符合现代汉语语音、词汇、语法等各方面标准的普通话开展教学活动。科学实验证明，幼儿期是语言发展的最佳期和关键期，这一时期，幼儿语音的模仿能力强，语汇量增加速度快，口语理解与表达能力发展迅速。这个阶段的幼儿主要靠模仿成人语言的方式学习语言，因此幼儿教师的语言是幼儿有声语言的楷模。在语音方面，教师要使用符合普通话的标准发音，做到发音清楚、吐字准确，不使用方言，不念错字。避免出现将“快进教室（shì）来”说成“快进教寺（sì）来”，将“用积木给洋娃娃搭一张床（chuáng）”说成“用积木给洋娃娃搭一张船（chuán）”；不能将“黄泥（ní）”说成“黄梨（lí）”，“蝴（hú）蝶”说成“福（fú）蝶”，“山（shān）脚”说成“三（sān）角”，“水獭（tǎ）”说成“水赖（lài）”。在词汇方面，不使用方言词，不生造词汇，也要慎重使用尚不稳定的“新词”，如不说“蛮屌”（很棒）、“洗口”（刷牙）等普通话中没有的词汇，尽量少使用像“神马”“hold 住”等新词。教师的口语应该贴近幼儿生活，符合幼儿的心理特征和认知水平，语流通畅，节奏明快，语气活泼，防止咬文嚼字、堆砌辞藻、说话成人化，避免磕磕巴巴，重复啰嗦或“嗯”“啊”“那么”等口头禅，以免影响幼儿的语言发展。

【示例】

（1）教师教幼儿进行家畜家禽分类，把动物卡片和画着房子的两张纸片发给每个幼儿，对大家说：“我请小朋友让小动物们分别住进两间房子里，动脑筋想一想，哪些动物能住在一起？”

（幼儿操作，讨论）

“小朋友们把牛、马、羊、猪放在一间房子里，为什么这样住呢？噢，因为它们都有四条腿，有蹄子，有尾巴；能生小牛、小马、小羊、小猪；还能喂奶，又都是家里养的。它们有共同的特点，所以让它们住在一起，我们管这样的动物叫家畜……”

（2）教师教幼儿以自己身体为中心认识上、下方位。在带领幼儿散步时，引导幼儿观察：“小朋友们抬头看看，你们上方有什么？”引导幼儿说出：“我的上方有天空，我还看到了树上的小鸟和树叶。”再引导幼儿看看自己的脚下有什么，教他们说出：“我的脚下有马路、小草、小石子、泥土、蚂蚁……”

【评析】

案例（1）中，教师从这四种动物的共性推导出“家畜”的概念，思路为：“因为……有共同的特点，所以……住在一起。”在讲述中使用了幼儿容易理解的语句，用词规范、准确，整段话条理清楚，语义明确。

案例（2）中，教幼儿认识空间方位是幼儿实际生活的需要。由于幼儿对空间方位的认识程度是随着年龄的增长而逐步发展的，不同年龄的幼儿的空间方位知觉有明显差异，因此教师在教幼儿认识空间方位时，用语一定要准确，要说明是以“什么”为中心，否则幼儿极容易出错。

（二）表述简明，用语具体、形象

幼儿的认知能力较差，有意注意的时间短，对于繁多冗长的话难以记忆和理解，所以教师的话必须简洁通俗。教师应使用幼儿能听懂的词语，选择幼儿喜欢的简短句式。幼儿的思维方式以形象思维为主，他们需要依据视觉形象、听觉形象及其他感官形象来认识事物。所以幼儿教师的口语要鲜明，要有动态感觉，有情感色彩，能唤起幼儿对具体事物的真切感知。愈是同年龄小的幼儿说话，愈要具体、形象。在词语的运用上，多选用拟声、摹色、摹状类的词语，并使用比喻、拟人、夸张等修辞方式。说话时，要加上手势、体态的变化，帮助幼儿更好地理解和感受。

【示例】

（1）教师给小班幼儿描述刮风下雪的情景时，用抑扬顿挫的声调说：“北风呼呼地吹着，雪花一片、一片地从天上飘落下来。”教师在讲到风吹时，举起一只手左右摇动几下；在讲到雪飘时，头稍抬起，视线由上向下移动，手的动作也同时由上向下。

（2）“有一只小猪，它长着圆圆的脑袋，大大的耳朵，小小的眼睛，翘翘的鼻子，胖乎乎的身体，真有趣！”“小白鹅，真美丽，红红的帽子，白白的羽毛。”

(3) 讲《三只羊》故事时，教师说：“大灰狼从洞里窜出来，向三只羊扑去。三只羊一起对付大灰狼，小羊用头撞，中羊和大羊用角顶，它们一起把大灰狼撞倒了，大灰狼滚下山摔死了。”

【评析】

案例（1）中，教师贴切自然的态势语可以增强语言的表现力，这样讲话，幼儿很喜欢听，也能听懂。

案例（2）中，教师通过摹形、摹色，小猪、小白鹅的形象就活灵活现、具体生动了。

案例（3）中，教师一连用了八个动词，表现了大灰狼的奸诈狠毒和三只羊坚强勇敢的性格，生动地再现了羊和狼斗争的场景，渲染了紧张气氛。而斗争的胜利又会使幼儿兴奋不已。教师在教学过程中运用声音的力度和传神的语调来强化这些动词的感染力，再加上态势语的运用，更增强了教师口语的鲜明性和形象性。如说到“窜出来”时，教师上身前倾，头用力向前伸；说到“扑去”时，两手张开上举，瞪起眼睛等。这些无不使幼儿兴奋欢悦。

（三）育德明理，开启心智

幼儿教师担负着培养幼儿良好品德、行为，发展他们良好个性的重要任务。作为教育手段的口语，其表达内容和形式都要为这个总任务服务。幼儿教师的教育口语还应该具备一定的知识信息量，以使幼儿能在受教益的同时开启心智，增长见识，获得经验。

幼儿园不以课堂教学为主，而以生活、游戏、活动为主。除了每天15~30分钟的集中讲授外，一日生活皆教育，教师要将教育语言贯穿于幼儿的一日生活常规，如晨检、进餐、如厕、盥洗、户外活动等，随时随地对幼儿进行教育。这里所说的教育，既指非智力因素教育，又指智力因素教育。也就是说，幼儿教师的教育口语既包括思想品德教育内容，又包括知识、技能、情感、行为习惯等教育内容。因此，要求幼儿教师在对幼儿教育的过程中的所有语言，都应具有明显的明理启智的特点。

【示例】

(1) 小鸡和小鸭

一天，小鸡提着小桶和小鸭一起出去玩。它们走到一条小河边，小鸡不会游水，过不了河，小鸭说：“我来驮你过河。”它们过了河，走到山坡上，玩得很高兴。小鸭不小心掉进坑里去了，土坑太深，小鸭怎么爬也爬不上来。小鸡说：“你别急，我来想办法。”小鸡走到河边用小桶盛水，再回到坑边，把水倒进坑里，小鸭浮上来啦！小鸡、小鸭又在一起玩啦。它们高兴地说：“你帮我，我帮你，我们俩是好朋友。”

【评析】这个故事把小鸡、小鸭当成两个孩子，它们有人的特征：会游泳，会提水，会说话，有思想，有智慧；它们之间友好相处，团结友爱。一切都反映着人的灵性，使幼儿感到新奇有趣，而用这些小动物来教育幼儿也特别能显出效果。

【示例】(2) 滴水穿石

(1-1　滴水穿石)

(四) 口语适度儿童化

幼儿教师口语的儿童化，不是指一味模仿幼儿语法混乱、用词不当的娃娃腔，而是指教师的口语应贴近幼儿生活，符合幼儿的心理特征，表现幼儿的情感，富有儿童情趣。在幼儿期，孩子由于生活经验少，掌握的概念及表达概念的词汇还很贫乏，掌握的句式也比较简单，因此教师必须用他们所能理解、接受的语言来说话。幼儿期孩子的无意注意常常支配着他们的行动，因而往往注意力不能集中、持久。教师的语气语调应抑扬顿挫，神态表情要富于变化甚至略带夸张，还要根据幼儿听力较弱的特点，注意语速的适度和节奏的变化，从而调动幼儿学习的积极性，吸引他们的注意力，产生教学的魅力和生机。

幼儿教师怎样才能使自己的口语富有儿童情趣呢？首先，要热爱幼儿，理解幼儿，真诚地对待幼儿，把幼儿当做自己的朋友；其次，要从幼儿的角度出发，在自己的口语中注入幼儿喜爱的趣味因素，如说理故事化、生活游戏化、学习娱乐化等；再次，与幼儿说话时要态度亲切、情绪饱满，形成宽松、欢悦、和谐的语境，使幼儿在心理上接受教师的教育。

【示例】

(1) “小朋友，看老师在干什么！”（抿着嘴笑）“我的嘴张开了一点，该怎么说？”（微笑）“眼睛眯着笑呢？”（笑眯眯，眯眯笑）

(2) 教师边说边做涂色示范：“今天，老师给汽车穿上一件红衣服，漂亮吗？可是汽车太多了，老师一人穿不了，请咱们小朋友一起给汽车穿衣服吧！看谁穿的衣服最漂亮！”

(3) 教师兴致勃勃地说：“小朋友们，你们知道今天是什么日子吗？今天是阴历腊月初八，食堂的叔叔阿姨给你们做了一锅香喷喷、热腾腾的腊八粥，好吃极了！”幼儿吃粥，教师又说：“粥里有红红的枣、黄黄的豆，还有……你们看看还有什么?"

【评析】

案例（1）中，教师用丰富的面部表情，亲切柔和的语气、语调，唤起幼儿的注意力，引导幼儿复习所学过的词语，提高幼儿的理解水平。

案例（2）中，教师生动的语言使平淡的涂色活动变得有趣，小朋友们争着给汽车穿漂亮的衣服，涂色时很认真，收到了很好的教学效果。

案例（3）中，教师的话生动、吸引人，用了叠音词、摹色词，使声音和谐响亮，色彩鲜明，令人印象深刻。

【课堂实训】

（1）比较改编前后的语言，说说幼儿更喜欢哪一种教学语言，为什么?

改编前：蔚蓝的天空没有一丝白云。一条溪水从卵石中间潺潺流过，卵石清晰可见，溪边端坐着一位长者，面庞清癯，双目炯炯有神……

改编后：啊，这天可真蓝啊，一点儿云彩也没有。有一条小溪哗哗地流着，这水可清可亮啦，里面有好多圆圆的石头，看得清清楚楚的。溪边坐着一位老爷爷，虽然长得瘦一点儿，可是两只眼睛闪闪发光，可有精神啦!

（2）分析下面教师的教学语言，说说有什么特色?

教师引导幼儿认识动物有几只脚时说："小猴子开了个鞋店。仙鹤说：'请你给我做一双鞋，等我跳舞的时候穿。'小马说：'请你给我做两双鞋，等我拉车的时候穿。'蜻蜓说：'请你给我做三双鞋，等我飞行的时候穿。'大虾说：'请你给我做五双鞋，等我游泳的时候穿。'蜈蚣来了说：'我要做鞋。'小猴急坏了：'你有二十一双脚，我什么时候能做完呢?'"

（3）分析下面教师的教学用语是否合适?如不当，问题在哪?

①"小明，你灯笼的结构画错了。"

②"小朋友，雨水有什么作用呢?雨水能浇灌植物，促进植物生长，还能湿润空气、调节气温。但过多的雨水也会给人们生活带来不便或害处。"

③"轰!轰!轰!小朋友们，你们听!白云生气了，变成了黑色（乌云），它翻了个大白眼（闪电），哇哇地叫起来了，轰!轰!轰（打雷）!过了一会，它的眼泪掉下来了，它哭得真伤心。"

二、幼儿教师教学用语的基本要求

幼儿园工作的特殊性，要求幼儿教师职业口语具有较高的表达效果，即音量适中，音色甜美，情感真挚，绘声绘色，语气、语调要符合表达内容；修辞方法运用熟练；要注意语速的适度和节奏的变换；等等。

（一）音量大小适中

教师对幼儿说话时，音量不宜过大、过高。过大，教师的声音会缺少美感和亲和力，幼儿会感到突然、恐慌；过高，会刺耳，幼儿会听不清楚，情绪焦躁。当然音量也不宜过小、过低，应以中音区发音为主，音量应让最后一排的幼儿听清，又不使前排的幼儿震耳。这样，教师说起来不吃力，幼儿听起来也不感到疲劳。另外，还应克服声音虚化、弱化、吞音、字尾消逝等归音不到位的毛病。要做到：高而不燥，低而不虚，沉而不浊，字正腔圆，有内在的声音力度。

在工作中，幼儿教师说话的音量也不能太平，要有变化，这样才能唤起幼儿听讲的注意力，显示出口语表达的层次和情感。例如：

好朋友

走下楼梯，	叙事，音量中。
那里是一片绿绿的草地。	
那里有陌生的笑声，	“陌生”一词有胆怯感。
那里有陌生的游戏。	注意“草地”“游戏”的归音。
走下楼梯，	叙事，音量中。
我远远地看着这片草地，	
这新房的周围，	
原来有那么多的美丽。	“原来”一词有惊喜感，可稍微提高音量。
我轻轻地说了句：	“轻轻”一词音量弱。
“能不能带我来，	试探性口气。
参加你们的游戏？”	
草地上一下子没了声息。	注意“声息”的吐字归音。
我想，他们要来赶我了，	音量弱，有胆怯感。
就像赶走一只小鸡；	
哗啦，他们围上来了，	音量增加，动作感强。
一下子把我围在圈里。	
“来呀！新朋友，	音量强，欢呼口气。
我们欢迎你！”	

草地上多了一个我，多了一个你，
多了许许多多的美丽。

音量中，抒情口气。

【课堂实训】

（1）模拟空谷回音，大声喊话。

小明！你在哪里？请你回答！我是大山！

（2）学声音，从小声到大声。

吱吱吱（鼠叫）——喵呜，喵呜（猫叫）——嘎嘎（鸭子叫）——汪汪汪（狗吠）——哞哞（牛叫）——嗷嗷嗷（虎啸）

滴答滴答（钟表声）——嘀嘀（汽车喇叭声）——呜，哐当，哐当（火车汽笛声，轮动声）

（3）根据提示朗读下面短文。

小熊醒来吧

［法］罗蒙

熊妈妈很早就起来干活了。小熊还在睡觉。

鸟儿唱："嘀哩哩！嘀哩！嘀哩！"老鼠叫："吱吱吱，吱吱吱！"旱獭喊："斯西，斯西！"小熊睡得很香，什么也听不见。

"啪嗒！啪嗒！"是河狸来了。小熊还在睡觉。

"蓬蓬！蓬蓬！"是驼鹿走过。地都震动了，小熊还在睡觉。

熊妈妈回来了，轻轻地朝他说："小熊醒来吧！"小熊听得很清楚，回答说："噢！妈妈！我睡得多香啊！"小熊醒来了！

（提示：在这篇童话中，那么多的声音都没有吵醒小熊，可是妈妈轻轻地说了一句话，就叫醒了小熊。朗读时要读出其中的情趣，读好象声词和妈妈亲切、温柔的语气，表达出作品中的母子情感，注意加点词语的音量强弱。）

（二）语速快慢适度

有节奏感的语言是生动的、悦耳的，具有音乐美感的，幼儿教师有节奏感的教学口语，能够吸引、感染幼儿。教师说话要有快慢、急缓变化，如果从始至终都用同一速度讲话，幼儿会感到疲劳和厌烦。

教学口语速度一般分慢速、快速、中速三种，慢速多用于讲解、叙述平静庄严的事情，表达沉稳有力、忧郁失望的感情，烘托悲壮气氛。快速用于叙述急事，表达慌乱惊恐、兴奋激动的情绪，烘托紧张气氛。中速用于一般的叙述说明，表达平淡的感情。例如：

小　草

有一棵小草，从泥土里钻出来，第一次看到了美丽的世界，真高兴啊！突然

（快速），它发现有个又红又圆的球挂在天上（中速），给自己送来光明和温暖。

小草就问那红红的球：“你是谁呀？为什么给我光明和温暖？”“我是太阳，送你光明和温暖是我应做的事（慢速）。”小草听了，愉快极了。

几天以后，小草觉得渴了，身上也有点脏了。这时候，小草发现一滴、两滴……有许多小水点落在它的身上（快速），让它喝水，给它洗澡。

小草高兴地抬起头问小水点：“你是谁呀？为什么给我喝水和洗澡？”“我是雨水，给你喝水和洗澡是我应做的事（慢速）。”小草愉快地长高、长大，它想：“是太阳和雨水帮助了我，我也应该帮助别人（中速）。”

【课堂实训】

（1）朗读下面短文，注意语速的变化。

孙悟空三借芭蕉扇（片段）

牛魔王变成白鹤飞到天上，孙悟空变作老鹰追到天上（中速）。牛魔王一个跟头栽到地上变作梅花鹿，孙悟空变作老虎咬梅花鹿（中速）。牛魔王变作一头大白牛，孙悟空就拿金箍棒朝大白牛打（快速）。牛魔王知道，这一棒打下来，他就没命了，连忙说：“饶命，我借给你扇子。（中速）”他只好从嘴里吐出扇子，乖乖交给孙悟空（慢速）。孙悟空拿了扇子回到火焰山（停一停，指图）一扇，就把火焰压下去了，又一扇，火焰熄灭了，再一扇，下起雨了（快速）。好凉快呀（慢速）！孙悟空把芭蕉扇还给铁扇公主，和唐僧他们过了火焰山，到西天取经去了（中速）。

（2）根据提示朗读儿童诗《小弟和小喵》，注意体会节奏变化。提示：“|”表示停一拍，“‖”表示停两拍，“·”表示重读。

（1-2 小弟和小猫）

（三）语调抑扬顿挫

幼儿教师要善于运用自己的语调，使语言更丰富、更灵活、更加儿童化，或舒缓或激昂或低沉或曲折，增强口语的表现力，用语调的变化紧紧吸引幼儿。

语调的运用应该注意两点：第一，语调的变化应该与重音的变化相结合；第二，运用语调还要注意句末的情调。一般是，句末如果表示平淡、庄严、沉郁等情调，声音强弱高低变化不明显，句末落音平直；表示疑问、愤怒等情调，句末落音上扬；表示感叹、祈愿、坚定等情调，句末落音下降；表示讽刺、幽默等情调，句末落音曲折颤动（或先升后降，或先降后升）。例如：

（1）表示平和的语调：

我们班的小朋友都坐好了，现在老师开始点名。

→

小朋友们，谁知道一年有几个月呀？

↗

（2）表示欢快的语调：

今天是“六一”国际儿童节，小朋友们，你们高兴吗？

↗ →

（3）表示悲哀的语调：

那个卖火柴的小女孩，又冻又饿，死在大街上了。

↘ ↗ ↘ ↘

（4）表示讽刺反语的语调：

好个狡猾的狐狸！你是什么东西！

↗ ↘ ↗↘→ ↗

【课堂实训】

（1）句末语调训练。

①语调先低后高。

花花今天表现特别好。（加强、上扬）

②语调先高后低。

这人间毕竟还有（稍扬）真情在。（短而低）

③语调有高低曲折变化。

狡猾的狐狸向小白兔猛扑（拖长、上扬、加强）过去。（下抑、短而低）

④语调平直舒缓。

小白兔害怕了（拖平、延长），轻声哭起来。（拖平、延长）

（2）根据括号内的提示，用不同的语调读“你到这里来过？”这句话，注意体会不同的感情。

① 高兴（这太好了！）

② 怀疑（这可能吗？）

③ 惊讶（真没想到！）

④ 惋惜（唉！不该来呀！）

⑤ 轻蔑（真太不像话了！）

（3）读下面的故事片段，体会悲、喜的感情，并能用适当的语气、语调表现出来。

流　星　花

一天夜里，老星星突然叹了一口气："唉……"

丑小花问："老星星，您干吗不高兴?"

老星星说："每天，我们星星一出来，花儿就睡了，我从来没见过开放的花。现在我老了，快要离开这个世界了，真想看一看开放的花……"

丑小花说："那，我请最美的花，开给您看！您等一会儿。"

丑小花叫醒了牡丹花。牡丹花说："不开不开，明天比美的时候我才开。"

丑小花叫醒了玫瑰花。玫瑰花说："不开不开，比美的时候我才开。"

美丽的花儿没有一朵肯在夜里开。

"老星星，我……长得丑，您看了……别难过……"丑小花把花瓣张开了。她的花，小小的，瘦瘦的。天上，传来了老星星的声音："啊，多美的花儿，真美……谢谢……"

是吗?是吗?丑小花高兴得有点想哭了……

（四）用词通俗形象，表意准确贴切

幼儿思维的特点是具有形象性、直观性；语言的特点是词汇贫乏，语法规则不易掌握，语言情境性成分较多等。因此，幼儿教师运用的口语语汇应浅显、平易、通俗。句子要短，句式结构应简单。要善于把抽象的概念具体化，深奥的道理简单化。尽量说大白话，一听就明白；说大实话，不拐弯抹角。幼儿教师口语还应注意具体、生动、形象、活泼，经常使用一些比喻、拟人、对比、夸张等修辞方法，使幼儿似乎看得见，摸得着。这样，孩子听得懂，记得牢，能捕捉，易领会，喜欢听。

【示例】

(1)"麦苗喝饱了水，使劲往上长，长啊长啊，长得比大树还高。"

(2) 跟我走（小班）

教师扮演狗妈妈，幼儿扮演小狗，狗妈妈带着小狗一个跟一个走，边走边念："走，走，走，跟着妈妈走"，念到最后一个字，就停下来学一声狗叫。然后教师和幼儿再变成其他小动物做练习。

(3) 绘画课"猜猜画画"

教师："我先说个谜语，请小朋友们猜猜是什么动物，猜对了，把它画在纸上。

身体高大像房子，

鼻子长长像钩子，

牙齿长长像刀子，

耳朵宽大像扇子，

四条粗腿像柱子，

尾巴细小像辫子。"

幼儿："是大象！"

(4) 对比

教师对幼儿说："昨天我到商店买东西，长长的柜台里站着两个售货员。左边那个售货员满脸笑容，远远地对我点头；右边那个售货员愁眉苦脸，不爱搭理我。你们猜我到哪一边买东西去了？"

(5) 体育活动"跳跃"（中班）

上肢运动　教师："秋天到了，秋风轻轻吹，苹果树摇摇摇。"（做二个八拍）

下蹲运动　教师："秋风把苹果吹到地上，我们把它们捡起来。"（做二个八拍）

腰背运动　教师："苹果树妈妈真高兴，连忙说：'谢谢！谢谢！'"（做二个八拍）

跳跃运动　教师："今年苹果大丰收，小朋友们真高兴。"（做二个八拍）

【评析】

案例（1）中，教师用拟人、夸张的方法，绘声绘色的讲解，激发幼儿对事物的想象力。

案例（2）中，教师采用比拟的方法，增加了幼儿的愉悦感和参与意识。

案例（3）中，教师连用了六个比喻，把大象的整体形象和部分特征说得具体而生动，便于幼儿感知。说到"房子""钩子""刀子""扇子""柱子""辫子"时，语气要强调，吐字要清晰，这样才能激发孩子的想象，也才能给教师的口语平添几分趣味，增强表达效果。

案例（4）中，教师用了两组对比：一组是柜台的"左边""右边"，另一组是"满脸笑容""愁眉苦脸"。前一组是空间对比，后一组是表情对比。通过后一组对比，幼儿对不同的表情和在这种表情中蕴藏的不同思想、情感能有较深的了解，也能增强辨别能力。

案例（5）中，教师启发幼儿把自己想象成一棵棵苹果树，在秋风中摇晃，向帮助自己的小朋友弯腰致谢，这样做使原本平淡的体操运动充满了情趣，也激发了幼儿的表演欲望，同时还在活动中对幼儿进行了形象的文明礼貌教育。

【课堂实训】

(1) 两人一组，一人说物，另一人说它像什么。如：牵牛花——像喇叭；月儿弯弯——像小船。

(2) 讲述故事《小柳树和小枣树》，体会故事中对比方法的运用。

（1-3　小柳树和小枣树）

第二节　幼儿教师教学用语训练

依据在不同的教学环节中的运用，教学口语可分为导入语、提问语、评价语、讲解语、过渡语、应变语和结束语等。幼儿教师只有根据幼儿的实际学习情况和教学内容，科学而又灵活地设计并运用这些教学口语，才能确保教学活动充实、有序地顺利实施。

一、导入语训练

导入语是教师上课开始时所讲的与教学目标相关、能活跃气氛、激发学习欲望或引出新课的一席话，就是所谓的“开场白”。一般的导入语类型有故事式、谜语式、提问交流式、表演导入式、教具演示式、实验式、情景式、游戏式等，其中很多方法经常综合运用。这些都是幼儿喜欢的、能满足幼儿好奇心的、直观的导入形式。设计导入语主要是选好导入点，然后用简洁、生动而富有启发性的语言导入新课内容。导入点应是幼儿熟悉的身边的人或事物。

【示例】

（1）认识鱼（小班）

教师：“老师今天钓了许多鱼，可高兴啦！现在老师把鱼盆搬到你们面前，让你们仔细看看。你们看，鱼在干什么？鱼看见小朋友非常高兴，它们在水里游来游去，还要跟小朋友说话哩！你们听！”（打开录音机）

鱼：“小朋友，你们好！你们知道我是谁？我的名字叫鱼。你们看，我身上有些什么？”（关录音）

教师：“小朋友，鱼请你们看它身上有些什么，大家仔细看，看清楚了就说给鱼听。”

（2）看时钟（大班）

教师：“会说没有嘴，会走没有腿，它会告诉你，什么时候睡，什么时候起。小朋友们，你们猜，老师给你们带来什么礼物呀？”

幼儿：“时钟！”

教师：“你们知道时钟是用来做什么的吗？”

幼儿：“看时间！”

教师：“没有时钟会怎么样呀？”

幼儿："妈妈上班会迟到！"

幼儿："我就看不到动画片了。"

教师："时钟的用处可大啦，那么你们会看时钟吗？今天老师就教小朋友看时钟！"

（3）什么沉 什么浮（中班）

教师："小朋友们，今天我们来做个小实验好不好？"

幼儿："好！"

教师："请小朋友将充气玩具放进水里，看看有什么事情发生。"

幼儿："它不沉下去，总浮上来。"

教师："用力往水里按充气玩具，试试能不能让充气玩具沉在水里。"

幼儿："不能！"

教师："这是为什么？"

幼儿："有个力往上顶。"

教师："用手再按一按玩具，感受一下，这是一种什么力量？"

教师："这就是水的浮力。"

（4）美工——听诗绘画"未来的太空"

（课前，组织幼儿观察画有太空飞行物的图片）

教师："画画儿前，我们先来听一首好听的诗。"（打开录音机，放《弯弯的月亮》配乐诗录音带）

弯弯的月儿，小小的船，
小小的船儿两头尖，
我坐在船上往上看，
只看见闪闪的星星、蓝蓝的天。（可反复一次）

"谁能告诉老师，刚才诗中的小朋友坐在小船上看见了什么？"（幼儿回答）

"如果你坐在上面，能看见什么呢？"（幼儿讨论后，请他们把说的、想的画在作业纸上）

【评析】

案例（1）中，常识活动的目标是"认识鱼"。教师采用直观导入的办法，将活生生的鱼摆在小朋友面前，并用拟人的话语让小朋友观察鱼身上有些什么。导入语亲切、自然、生动，有启发性。

案例（2）中，导入从谜语入手，可以增强孩子的好奇心，训练其思维能力。这则谜语不仅能引发幼儿思考，提出本课的主题，还能丰富幼儿的语言，是幼儿教学导入语常用的方法之一。

案例（3）中，实验导入式能充分体现出幼儿参与活动的主动性。这个导入语通过让幼儿玩水中的玩具，促使幼儿自己发现问题，激发其强烈的求知欲望。“为什么总按不下去充气玩具呢？”这个问题，可以引领他们勇敢而兴致勃勃地探索下去。运用实验式导入要注意幼儿的操作过程是否规范、安全。教师要事先讲明要求，实验过程不要过于复杂，必要时教师可以和幼儿共同参与，并随时指导。

案例（4）中，教师用儿歌将幼儿引入想象的世界，为后面的绘画活动准备了丰富的素材。用儿歌导入式时要注意选材的质量，内容要简单、押韵、朗朗上口，适合幼儿诵读。

【课堂实训】

（1）分析下面教学导入语，说说哪段较好，为什么？哪段差，应该怎么说？

①“好，今天我们还是上计算课。”（出示喇叭）“请小朋友们跟着老师一起数数，一共多少只喇叭？（答：共有 5 只）对了，再请小朋友看看，这 5 只喇叭中有几只绿色的喇叭？有几只黄色的喇叭？……这说明 5 可以分成 3 和 2，3 和 2 合起来是 5。今天我们用 5 只喇叭来做算术题。”（大班　“5 的加减运算”）

②幼儿看情景表演，讨论、学习自我保护的方法。

教师：“有一天，兔妈妈带小兔白白到商店买衣服，商店里的东西可多了。兔妈妈只顾自己挑衣服，小兔白白一个人跑到卖玩具的地方，看了很长时间，等它想起妈妈的时候，妈妈已经不见了，白白哭了起来。这时，一只狐狸悄悄地走到白白身边说：‘你别哭，我认识你妈妈，你跟我走吧，我带你去找妈妈。’小朋友你们想一想，到底发生了什么事情呀？”（中班　“我该怎么办”）

（2）下面教学活动中，教师的导入语属于什么类型？有什么好处？

（1-4　盐能溶解于水，棉花能吸水）

（3）为中班语言活动“猜猜我有多爱你”设计导入语

二、提问语训练

提问语是指教师根据教学目的要求和幼儿的实际情况提出的问题，促使幼儿思考钻研，以加深理解教学内容的教学语言形式。提问能引起注意，启发思考，在回答问题的进程中培养幼儿的口语表达能力，发展智力。

提问语要具备启发性、层次性、辅助性、提示性、趣味性等特点，不要提出那些幼儿难于回答的问题、似是而非的问题或简单到只用“是”“不是”“好”“不好”“美”“不美”就能回答的问题。句式要短，问题要落在实处。

一般来说，小班可以提一些范围小、单一的问题。例如：“这是什么？”“小狗的妈妈在哪里呀？”“故事里讲的是谁？”中、大班则可以提一些描述性、概括性、发散性的问题。例如：“蜻蜓为什么是益虫？”“除了猫、狗，你们还知道哪些动物全身有毛，有四条腿，是胎生而且还是家里喂养的？”“故事说明了什么道理？”

另外，提问语还要注意问的顺序。一般应由浅入深，由易到难，由表及里，这样幼儿可以顺着教师的思路作层层深入的回答。

【示例】

（1）教师：“我看见你们把水分别滴到了面巾纸和牛皮纸上，谁能告诉我结果有什么不同吗？”

（2）教师发给每个小朋友一枚荔枝，然后问：“你们看荔枝的外壳是什么颜色的？摸摸它，手上有什么感觉？是光滑的，还是粗糙的？现在剥开外壳，看看里面的果肉是什么颜色的？放在嘴里吃它，感觉有什么味？吃完果肉以后要吐出里面的硬东西来。谁知道这又黑又硬的东西叫什么？”

（3）教师：“我看见你画了两张画，能告诉我这两张画有什么不同吗？”

（4）一个幼儿拿三块积木搭了一个房子，想把他的橡皮泥小动物都装进房子里，可是房子太小怎么也装不下。教师走过来，对他说：“你能不能把这三块积木换成更大一些的？……要不然，就再多加几块积木搭一个宽大些的房子，你看怎么样？”幼儿照教师说的两种方法都试了，果然成功了，他很高兴。

（5）教师：“你能用磁铁让大头针在塑料板上跳舞吗？”

【评析】

案例（1）中，提问语具有启发性，它能激发幼儿的思维，让幼儿努力寻找解决问题的各种答案，调动了他们主动学习的积极性。

案例（2）中，提问语具有层次性，从表到里提出一系列有关荔枝的问题，便于幼儿有条理地认识事物和说明事物的特征。

案例（3）中，提问语有意地辅助幼儿了解事物的相同点、不同点，以便获得“分类”的知识。

案例（4）中，教师通过提问旨在提示幼儿怎样做可能获得成功，至于做不做，完全有他们的自由；怎么去做，也得靠他们自己实践。这样的提问是商量，是提醒，可以给幼儿以“柳暗花明又一村”的惊喜感。

案例（5）中，用磁铁隔着塑料板吸大头针的实验，教师采取了趣味的问法，这比“你能用磁铁吸住塑料板上的大头针吗?”对幼儿更有吸引力，也能更好地调动幼儿探索的积极性。

【课堂实训】

（1）有位小朋友搞不清“昨天”“今天”“明天”的时间概念，说：“明天老师教我跳了一个舞，今天我回家跳给爸爸妈妈看。”请你按照提问语的要求设计一些问题，帮他厘清概念。

（2）给下列活动设计一段提问语。

① 中班《伞》(诗歌)

活动目标：感受诗歌的语言美和意境美，理解蕴含在诗歌中的动物与各自“伞”的相互关系。

伞

下雨了，
下雨了，
快快撑开美丽的伞。
红红的花朵是蝴蝶的伞，
黄黄的落叶是蚂蚁的伞，
绿绿的荷叶是青蛙的伞。
下雨了，
下雨了，
大家都有一把伞。

② 小班　鸡的一家

活动目标：通过观察并结合生活经验了解鸡的一家的组成成员以及它们的特征和生活习性，产生喜欢小动物的情感。

③ 大班　认识人民币

活动目标：引导幼儿认识面值10元、5元、1元、5角的人民币，能说出它们的单位名称；帮助幼儿了解人民币有纸币和硬币，并有不同的面值，初步学习钱币的换算。

三、评价语训练

评价语是指对幼儿在学习、思想、生活中的表现所作的总结和评判。它告诉幼儿什么是好，什么是坏；什么是对，什么是错；怎样做能成功，怎样做就会失败；等等。评价语可以激发幼儿学习的积极性，培养他们良好的品质。评价要实事求是，不能虚夸。无论是作肯定、赞扬、鼓励的评价，还是作否定、批评、纠正的评价，都要抓住关键，用语贴切中肯，语气亲切感人，语调自然平缓。否定和批评的评价不要过严，话语要温柔和气，要让幼儿乐于接受，避免产生挫折感和愤怒情绪。

对学习习惯或表现进行评价，常用“你今天有进步”“你坐得很稳，真像人们说的‘坐如钟，站如松’”“大家听讲非常专心”“看明明多认真”“你能坚持到底，真是好孩子”等语言。

对幼儿的认识和理解水平进行评价，常用这样的语句：“冬冬说得很对，让我们给他鼓鼓掌。”“你们以前不喜欢猫头鹰，现在知道它能保护庄稼，是益鸟，就喜欢猫头鹰了。你们现在的想法非常好，我为你们高兴！”“丽丽观察得真仔细，知道蚯蚓只有一个头。”“小朋友们的本领真大，很快就把一首好听的诗歌编好了。老师把你们编的诗歌读一下，大家听听我读错没有？”

对幼儿的学习兴趣和能力进行评价，可以这样说：“好，这次你成功了，祝贺你！”“你取得了好成绩，老师送你一朵小花！”“这次你没有做对，下次努力！”

对不良言行的评价，可以这样说：“丁丁这样做会使老师不高兴的。”“小白兔不喜欢笑笑这样做，它喜欢和有礼貌的孩子交朋友。”

【示例】

（1）一个孩子用与众不同的方法玩橡皮泥，教师看到了，对他说：“哦，你用勺子来压橡皮泥，真是个好主意！我也要这样做，不过我还有用勺子把儿来压橡皮泥，你看好玩吗？”

（2）一个孩子在娃娃区把两个锅碰得砰砰直响，其他孩子捂起耳朵不愿听。教师看到这情景，走过来对这个孩子说：“你能让锅发出响声这很好，可是声音太大会伤到别人的耳朵，你能小一点劲儿敲锅吗？……你还能用锅装什么东西吗？”

【评析】

案例（1）中，教师对幼儿聪明的头脑和独立的操作技能进行了由衷赞扬，不仅夸他主意好，还表示向他学习，这个评价确实令幼儿振奋。

案例（2）中，教师对幼儿不良行为进行了否定和纠正。教师没有板起面孔训斥孩子，而是给他讲道理——声音大会伤别人的耳朵。同时，还指出他应该怎样做，才能避免发出很大的响声。这既告诉孩子错在哪里，为什么错，又没有使他受挫难堪。

【课堂实训】

（1）分析下面的评价语正确与否，如不正确怎样改正。

① 教师：“小朋友们最近学了一首儿歌《小动物唱歌》，你们听我说的对吗？”教师有意说错儿歌，小丽说：“不对。”

教师："小丽很爱学习，她把这首儿歌都背下来了，所以能知道我的错误。她还很勇敢，敢给老师挑错。好，这种精神值得大家学习，让我们给她鼓鼓掌！"

② 幼儿午睡起床后，教师发现贝贝的鞋子穿反了，说："你怎么又把鞋子穿反了？我教你多少遍了？看你是学不会了！"

（2）下面案例中，教师没有对幼儿的回答作出及时的反应和评价，既让幼儿不明是非，不知好坏，又可能打击幼儿的积极性。请你替教师设计恰当的评价语。

（1-5　起名字）

四、讲解语训练

讲解语是教师讲述、阐释教学内容的用语。主要讲清"是什么""为什么""怎样做"等问题。讲解语要求规范、准确、形象、生动，还要带有趣味性、启发性，使幼儿觉得学习是一种快乐，而不是一种负担。

讲解常与示范结合起来。语言的示范要清楚、响亮，富有表现力；动作或用具的示范要面向全体幼儿，使大家都能看到并听清楚。

【示例】

（1）"请小朋友看清楚，这是什么？"（番茄）"对，是番茄。其实，番茄还有个名字，就像我们班贺毅又叫飞飞一样，番茄也有两个名字，又叫什么？"（西红柿）

（2）"小朋友知道人体共有哪些部分吗？"（头、躯干、手、脚）"现在我们来画《小弟弟看花》。小弟弟应该画在正中间，上下画面要留出一定的空间。花画在小弟弟的左右两边，与小弟弟站在同一地平线上。长得最高的花，应画在小弟弟身高的一半或稍矮点儿的地方。将小弟弟的身高平均分成三份儿。先画小弟弟的头，头是圆形的，占身体长度的三份儿中最上面的一份儿；再画躯干……"

（3）大班"自然测量"活动中，教师要小朋友用冰棒棍作为测量工具，测量桌子的边长有多少个冰棒棍长度。教师："……量时，冰棒棍的一头要对齐桌子的边角，在冰棒棍的另一头用粉笔画一条短线作为记号，第二次量时要从记号开始接下去量。"

（4）在小班结构游戏中，教师用边搭边讲的方法教幼儿如何用积木搭娃娃床。"娃娃要睡觉了，快给她做张床吧！你们看，先放一块长方形的积木，再在这一边放一块积木，在那一边也放一块积木，娃娃的床就搭好了，像不像啊？让娃娃躺下试试看，看谁会自己给娃娃搭床。”

(5) 大班“学习倒顺数”活动，教师引领幼儿做游戏“找座位”。教师：“秋天到了（放有秋天意境的音乐），果园里红苹果、黄苹果沉甸甸地挂在枝头，到处是一片丰收的景象。小朋友你们愿意到果园里去采苹果吗？每个小朋友胸前都有一个苹果标志，颜色不同、数字不同，你们去找和你们颜色一样、数字一样的椅子，找到了，你的苹果也就采到了。”

【评析】

案例（1）中，教师打着比方，寥寥数语，把幼儿带入了新的知识领域。

案例（2）中，教师按照幼儿认识事物、掌握知识的进程，按照画画的重点、先后顺序，有条不紊，一步步讲解清楚，使幼儿很容易操作。

案例（3）中，教师边讲解边示范，每一个步骤都讲得很清楚，幼儿边听边做，具体可感。

案例（4）中，小班幼儿对结构游戏感兴趣，他们经常把结构材料堆起垒高，然后推倒，不断重复这种动作，从中得到快乐和满足。这样的游戏无目的，也不会事先构思。教师在指导时要边做边讲，引导幼儿构思，并学会用结构材料将物体的主要特征表现出来。

案例（5）中，教师的表达自然准确，生动有趣，形象具体，幼儿能轻松地按要求完成。

【课堂实训】

（1）分析下面的讲解语，哪段好些，哪段差？应该怎样说？

①“装饰画就是作装饰用的画。”

②“现在老师来拍皮球，我一拍，你们就做皮球向上跳一跳。跳的时候要像老师这样。如果我用力拍，‘球’就跳得高；如果我轻轻拍，‘球’就跳得低。”

（2）设计讲解语，讲解清楚“上下”、“左右”、“里外”等方位概念。

（3）讲解古诗《静夜思》，要求讲出诗的大意，描绘诗的意境。

五、过渡语训练

过渡语是教学环节间起连接、过渡作用的话。恰当运用过渡语可以使讲课内容层次分明，连接紧密，这对吸引幼儿注意力、发展他们的思维能力起到促进作用。

幼儿教学中的过渡语简短、粘连，藏而不露，常常是一个词语、一句问话或一个感叹、一个要求。

【示例】

（1）学表情（大班）

讲课前幼儿集体观看《大头儿子的故事》，里面表现了大头儿子的哭、笑、急、怒、惊讶等多种表情的变化……

教师：“过去，你们都哭过吗？”

教师：“说说看，你是为什么哭的？”

幼儿甲：“妈妈不给我买玩具。”

幼儿乙：“我刚上幼儿园的时候哭。”

幼儿丙：“老师批评我的时候哭。”

…………

教师：“你是怎么哭的？”（要求幼儿用恰当的词句描述哭的表情，如，闭着眼睛哭，哇哇大哭，伤心地哭，难过地哭……）

教师肯定：“哭的时候，眼角朝下，嘴角也向下。小朋友说得真好。谁能学一学大头儿子是怎样哭的？”

教师：“这个大头儿子哭得真伤心，他为什么哭呀？”（启发幼儿可以任意推测。）

教师：“我们看见小朋友哭了应该怎么办？”

【评析】在这段教学中，画横线的是过渡语，它连接了小朋友哭的共性特征和大头儿子哭的原因，从而分析小朋友爱哭的原因和哭的坏处，来帮助爱哭的小朋友改正这一缺点。这样使幼儿对表情的表象认识上升到理性认识的高度，可以培养幼儿良好的心性。

【示例】（2）看图讲述《小猪的礼物》（大班）

［1-6　看图讲述《小猪的礼物》（大班）］

【课堂实训】

设计过渡语。

（1）教师讲完《孙悟空三借芭蕉扇》，想活跃一下气氛，让幼儿找一找教师课前藏在桌椅下的小芭蕉扇和金箍棒。应该怎样过渡？教师想让幼儿表演这个故事，应该怎样过渡？

（2）先做沉水实验，再讲沉水原理，中间应怎样过渡？讲完“沉”的原理，接着做“浮”的实验，应怎样过渡？然后又讲“浮”的原理，应怎样过渡？

（3）教师讲解《红　黄　蓝》，帮助幼儿认识红、黄、蓝三原色后，引导幼儿做染纸的游戏，应该怎样过渡？

六、应变语训练

应变语就是教师在教学中巧妙处理突发情况时使用的应急性教学口语。掌握好应变语的技巧，培养自己敏捷的思路和机智的语言，对保证活动的顺利进行至关重要。

应变语的技巧，可以通过语气、语调、语速、重音的变化，也可以通过调整句式，增加重音和委婉句来适应教学中的变化。遇到意外情况，教师要有宽容精神，要因势利导，言语要和蔼，切不可因为觉得自己下不了台而一味地责备幼儿，使幼儿在压抑的情绪中学习。

【示例】

（1）计算活动中，教师不小心把贴绒降落伞碰掉了。孩子们立刻发出“咦——”的声音，有的还大声喊：“降落伞飞下来了！”教师一点儿不慌，灵机一动，对孩子们说：“你们数一数，有几个降落伞落下来了？还有几个在黑板上贴着？一共有几个降落伞？”

（2）观察活动中，当教师引导幼儿观察公鸡头部时，公鸡突然扇动翅膀，幼儿的情绪也随之高涨起来，注意力全部集中到公鸡的翅膀上去了，而且高兴得欢呼起来。这时教师灵活地加以引导：“啊！公鸡看到这么多的小朋友在看它，高兴得拍起翅膀来了。公鸡想：小朋友，我的头上很美丽，谁能看到我头上有什么呢？”于是幼儿的注意力又很快转移到原来的观察顺序上了。

【评析】案例（1）和（2）都成功地运用了应变语。教师临阵不慌，用因势利导的办法转换话题求得转机，既满足了幼儿的好奇心，又解决了课堂混乱的问题，使自己设定的目标顺利完成。

【示例】（3）复习“4”的概念。

（1-7　复习“4”的概念）

【课堂实训】

（1）假如你在教学时，突然两个孩子吵架了，一个哇哇大哭，你该如何应变？

（2）你忘了关手机，正在讲课时，突然手机响了，你该如何应变？

（3）面对下面的场景，你如何作答？

教师讲完《白雪公主》的童话故事后，请幼儿分析谁是善良的，谁是凶恶的。

幼儿甲："善良的是白雪公主、七个小矮人、王子，还有猎人。皇后是最凶恶的。"

幼儿乙："我觉得白雪公主不太好。"

教师："白雪公主什么地方不好呢？"

幼儿乙："白雪公主贪吃，爱听好话。她假如不贪吃，她就不会吃那个有毒的苹果。她假如不听那老太婆说：'你真漂亮啊！'她就不会把那带子戴在头上，也就不会被勒死了。"

教师："你很会动脑筋，你也说得很有道理。"

（其他小朋友也举手了）

幼儿丙："老师，七个小矮人是很勤劳，也很善良，但是他们很笨。"

教师："笨在哪里呢？"

幼儿丙："他们明明知道皇后要来害死白雪公主，他们干吗还要到森林里去，让白雪公主一个人呆在家里呢？"

七、结束语训练

结束语是指教学将要结束时要说的话，主要是归纳总结教学内容，便于幼儿加强记忆，巩固知识、技能。

结束语要简洁、明了、清晰，切忌虎头蛇尾、简单重复。说时要把语速放慢些，语气肯定，语调要有侧重，表达出强调的语意来。

【示例】

（1）"今天咱们玩了'小马运粮'的游戏，学会了怎么助跑，跨跳。下次咱们再玩'追尾巴'游戏，练习在指定地点散开跑。小朋友喜欢玩吗？好，我们下节课再玩。"

（2）"童童今天专心画画儿，画得特别好，老师奖她一朵小红花。"

（3）"我们认识了猫，猫的头上有两只圆圆的、亮亮的眼睛，有……猫是个'捕鼠英雄'。老师编了首儿歌，小朋友想听吗？

小猫小猫'喵呜'叫，
亮亮的眼睛胡子翘，
走起路来轻悄悄，
老鼠见了逃不掉！"

（4）舞蹈课学了《我是勇敢的小号手》后，教师说："今天大家跳舞很认真，有精神，个个像小号手一样。今后再跳这个舞的时候，在做吹号的动作时，头要稍微昂起一些，这样就更像小号手了。"

（5）"小朋友，今天我们认识了肥皂。肥皂有几种样子？"（有方方的）"对，这块方方的肥皂是洗衣服的肥皂。"（有扁圆的）"对，这块扁圆的是洗澡的香肥皂。肥皂和水在一起搓动会有什么出来？"（有泡泡出来）"对。肥皂泡泡出来了，脏东西就洗掉了。肥皂是我们的好朋友，我们的手脏了，要用肥皂洗干净；衣服脏了，妈妈也要用肥皂给我们洗干净。我们每个小朋友都要爱清洁、讲卫生。"

（6）教师通过"请小朋友帮助数字娃娃们找邻居"的活动形式，引导幼儿掌握了6、7、8的相邻数后小结："小朋友们已经知道了6的相邻数是5和7，7的相邻数是6和8，8的相邻数是7和9。数字娃娃们非常感谢小朋友给它们找邻居，为了表示谢意，它们送给小朋友每人一个漂亮的花篮，让小朋友带回家去。但是花篮里的三朵花只有两朵有数字娃娃的签名，你们看看，还有一朵应该是哪个数字娃娃。请你们帮她签上名，签好了，再带回家去。"

【评析】

案例（1）中，教师归纳总结本节课内容，同时留下问题，引发幼儿思维，并且引出下节课。

案例（2）中，教师在结束语中加入评价，对表现好的幼儿给以鼓励。

案例（3）中，教师用儿歌作概括小结，符合幼儿的接受水平，能使幼儿自始至终保持浓厚的学习兴趣。

案例（4）中，教师以幼儿在课内的表现为依据，对他们的成绩作小结，既找出共性，又找出了个性，提出了要求，清晰明了。

案例（5）中，结束语主要归纳了肥皂的形状、种类和功能，并告诉小朋友讲卫生、爱清洁的道理。语言简明、形象，能给幼儿留下较深的印象。

案例（6）中，小结简要总结了本次活动主要应掌握的知识，又用小朋友喜欢的花篮设计了一个迁移情节，使幼儿既得到了礼物，又巩固复习了所学知识，可谓一举两得。

【课堂实训】

设计下列教学内容的结束语。

（1）小班　番茄红了。

（2）中班　夸夸我的家。

（3）大班　我会看日历。

实战演练

思考与练习四

1. 用儿童化的表达方法，向幼儿描述下列物体或现象。

（1）蜻蜓　　（2）黄瓜　　（3）拖把　　（4）下雪

2. 讲述故事《花瓣儿风车》，注意语言要生动形象，富有儿童情趣。

3. 朗读儿童诗《夏天爱什么》，注意节奏及韵脚的吐字归音。

4. 讲述故事《害羞的小甲虫》，要求音量适度。

（1-8　花瓣儿风车）　（1-9　夏天爱什么）　（1-10　害羞的小甲虫）

5. 朗读故事《藏起来的火苗》，注意音量、语速、语调等。

6. 讲述故事《唱歌比赛》，注意轻重和快慢。

7. 给下面的教学内容设计导入语。

（1）小班　吹泡泡

（2）中班　奶奶过生日

（3）大班　认识 7

（1-11　藏起来的火苗）　（1-12　唱歌比赛）　（1-13　奶奶过生日）

8. 下面的提问语设计得是否合适？请修改不合适的提问语。

（1）有位老师将小猫、小狗、小兔的图片排成一列，问小朋友："你们看，小猫站在第几个位置上？"

（2）活动开始前，教师伸出两只握成拳的手对小朋友们说："你们猜一猜，我的左手里藏的什么东西？右手里藏的什么东西？"

（3）教师让小朋友听完一首曲子后问："这首曲子好不好听？你们听了这首曲子是不是很高兴？"

（4）教师教幼儿认识国旗后，提问："为什么说祖国是母亲？"

9. 设计评价语。

（1）两个幼儿学做踏步舞蹈动作，一个做得又快又好，另一个却怎么也学不会。对这两个幼儿，你怎样评价？

（2）中班幼儿洗手绢劳动结束后，请你评论一下劳动情况：谁洗的方法对，谁洗得干净，谁节约用水。

10. 为下面的活动设计讲解语。

（1）3+2＝5

（2）古诗《悯农》

（3）认识纸

（4）"爬"的动作

11. 根据下面的语言材料设计过渡语。

达达感冒了。

感冒的症状。

达达不吃药，把感冒传染给大家。

感冒了应该怎么办？

12. 面对这样的场景，你如何作答？

教师讲了《东郭先生和狼》的故事以后，有个小朋友抢先说："东郭先生心肠好，看见狼可怜，就救了狼，救别人的人是好人。"另一个小朋友说："狼是害人的东西，救了它，不能说是好人，东郭先生是坏人。"

13. 你如何处理下面活动中出现的意外问题？请设计应变语。

在看图讲述活动中，教师引导幼儿看图后讲出小红在人行道上拾到一支钢笔，将它交给岗亭内的民警叔叔等情节。接着教师提问："民警叔叔拿到钢笔后对小红是怎样说的？"一个幼儿答道："民警叔叔摇摇手对小红说：'这支钢笔不是我的。'"

14. 请为散文诗《画房子》设计导入语、提问语和结束语。

（1-14　画房子）

真题再现

一、填空题

1. 幼儿教师教学用语的基本特点是（1）语音____________，词汇规范通俗；（2）表述简明，用语________；（3）________，开启心智；（4）口语适度________。

2. 幼儿教师教学用语的基本要求是（1）音量________；（2）语速________；（3）语调________；（4）用词________，表意准确贴切。

3. 导入语的类型有________、________、提问交流式、表演导入式、教具演示式、实验式、情景式、游戏式等，其中很多方法经常综合运用。

4. 提问语要具备启发性、________、辅助性、提示性、趣味性等特点。

5. 结束语要________、明了、清晰，切忌虎头蛇尾、________。

二、材料分析题

下面是某幼儿园小班张老师的教学片段：

（张老师的铃鼓响起来了，孩子们回到座位上）

教师：我们都是机器人。

幼儿：一不许动，二不许笑，三不许露出大门牙。

教师：小朋友们，我们先来看看电视上播放的是什么。

（老师按下播放键，电视里出现了新华书店的宣传片）

教师：小朋友们去过这个地方吗？

幼儿：去过。

教师：这是什么地方呀？

幼儿：新华书店。

教师：你们真棒，你们看新华书店里有许多许多的书，是不是？这些书都是分门别类放在一起的，咱们一起来看看有哪些种类呢？

（教师指着“教育类”这块牌子问幼儿是哪个区，大多数孩子都不识字，都没有反应）

教师：你们可能不认识这些字，那我们让咱们班的“识字大王”江江来帮帮我们，你们说好不好？

幼儿：好！

（江江站起来念出字后，老师放弃了与孩子们一起探索书的种类，自己看着电视屏幕一类接着一类给孩子们认真讲解，教孩子认字，孩子们在下面念着、听着）

请结合材料，评析张老师的教育用语。

三、采用诗歌《春风》设计一个具体的语言活动方案（包含导入语、提问语和结束语）。

（1-15　春风）

（1-16　幼儿教师资格证考试测试题参考答案）

02 第二章
幼儿教师教育用语训练

幼儿正处于接受启蒙教育的时期，教师正确地运用教育口语，对于他们初步确立道德观念、培养良好的道德情感、形成良好的行为习惯、促进其健康成长，具有极为重要的意义。

本章导学

学习目标

1. 明确幼儿教育用语的基本特点和实施原则。
2. 掌握幼儿教育用语的主要技能技巧。
3. 熟练运用恰当的教育口语对幼儿进行教育。

内容树图

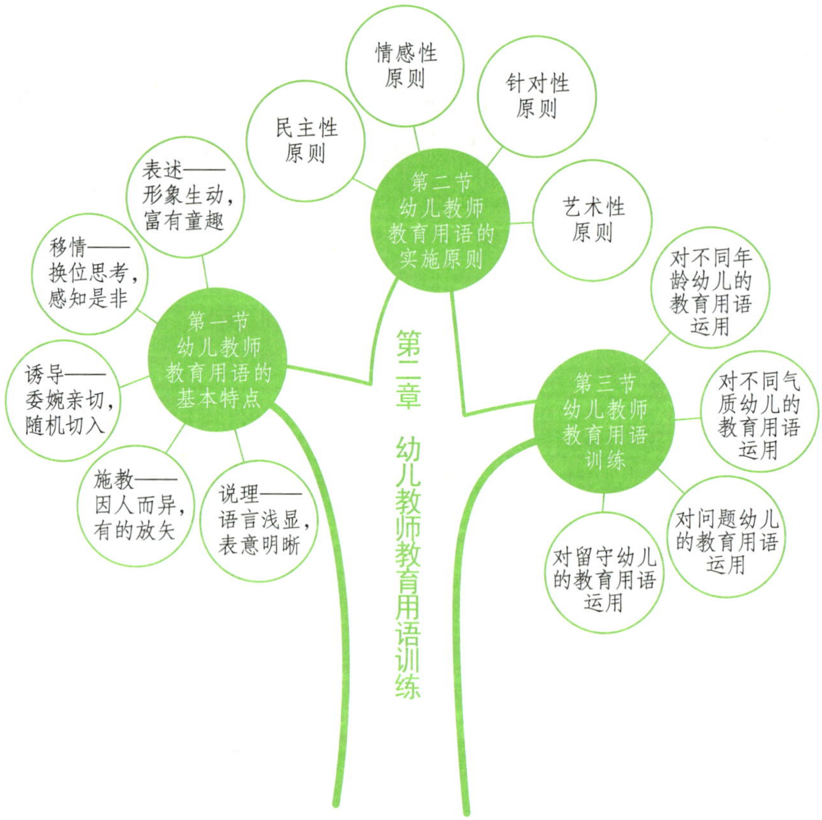

知识精讲

第一节　幼儿教师教育用语的基本特点

教育用语是指幼儿教师对幼儿进行思想品德教育、行为规范教育过程中所使用的具有说服力、感染力的日常工作用语。幼儿正处于接受启蒙教育的时期，教师正确地运用教育口语，对于他们初步确立道德观念、培养良好的道德情感、形成良好的行为习惯、促进其健康成长，具有极为重要的意义。幼儿教育口语的主要特点有五个方面。

一、说理——语言浅显，表意明晰

幼儿思想单纯，在早期教育中适当向他们说一点道理，可以使他们先入为主地树立起正确的道德准则。对幼儿进行教育，必须按照幼儿的认知特点进行，德育内容和方法手段必须直观、形象、具体，采用以事实说话的方法，这样才容易被幼儿理解和接受。幼儿教育要以正面语言教育为主，也就是用平实、直白、具体的、孩子能够听懂的话进行交谈，不要说反话。

【示例】

（1）“小强站队最快，听到老师说‘集合’后，他第一个就站好了。”

（2）“我们班有很多小朋友真能干，他们学会了穿衣服、脱衣服，还学会了系鞋带。王冰、胡英小朋友不但自己穿好了衣服，还能帮助其他小朋友，他们真是好孩子。像这样的小朋友在我们班啊还有好多。过两天，老师还要表扬进步大的小朋友，要给这些能干的小朋友每人戴上一朵小红花。”

（3）“玩具放在柜子里，又整齐又好看！下次我们再玩这些玩具的时候，马上就可以知道它们在哪里，多好！”

（4）“苗苗吃饭真快呀，一碗饭吃了一个小时就吃完了。”

【评析】

示例（1）中教师表扬小强，其他幼儿的情绪为之一振，纷纷站到了自己的位置上。

示例（1）与（2）中教师表扬的人和事都是具体的，容易为幼儿接受、理解和效法的。

示例（3）中教师为幼儿描述了一个可理解的具体形象，让他们看到自己劳动的价值和成果，从而认识劳动的意义。

示例（4）中教师说反话，造成幼儿的困惑和思维的混乱，起不到好的教育效果。

二、施教——因人而异，有的放矢

幼儿道德认知的发展存在个别差异性的特点，教师应在了解幼儿的基础上，有针对性地进行教育，尝试寻找最佳的适合每个幼儿的教育方案。在教育活动中，教师应根据教育对象的个体差异、群体差异，随着教育内容、教育时机、教育场合的不同使用有针对性的教育语言，只有这样才能引起幼儿的注意并产生效果。

【示例】

（1）某幼儿园的孩子们普遍厌食，午餐吃得不香，教师就选择在孩子们吃饭时，经常用一把尺量窗台上花草的“身高”。

教师：“哎呀！这花儿、这草儿又长高啦！”

幼儿：“老师，花儿、草儿怎么长得这么快呀？”

教师：“你们不是天天给它们浇水吗？它们喝呀、喝呀，喝得足足的。瞧，老师还给它们撒营养土哩，花草就吃得饱饱的。吃得饱，喝得足，当然就长得快了。小朋友想不想长快点、长高点呀？”

幼儿：“我们长得太慢了，想长快点儿……”

幼儿：“我也想长高点儿……”

教师：“那你们就要多吃点儿饭，吃得饱饱的，还有喝汤，咱们同花儿草儿比一比，看谁长得快、长得高！”

孩子们都大口地吃饭了。

【评析】幼儿自检能力薄弱，某些不良的习惯不是一下子可以改正的，这就要求教师多次嘱咐，反复强化。这位幼儿教师针对孩子们厌食的现状，选择在幼儿吃饭的时候，用一把尺子给花草量“身高”。时机选择得巧妙，充分体现了这位教师教育的机智。尤其是她经常这么做，就成了一种不断强化的信息暗示。她抓住孩子们想快点长高的渴求心理，运用类比方法，强调“吃得饱饱的”“喝得足足的”的重要性，这种浅显易懂的教育口语，当然会让幼儿接受，因此也就收到良好的教育效果。

【示例】(2) 抱门帘

(2-1　抱门帘)

三、诱导——委婉亲切，随机切入

教育诱导是指对幼儿进行德育时，针对不同教育对象，坚持利用科学的道理和正面的、先进的事例，进行启发诱导，使其在思想和行为习惯方面沿着正确的方向发展。教师在诱导时要坚持摆事实、讲道理，循循善诱、以理服人，坚持以表扬、鼓励为主，以批评为辅，坚持以积极因素克服消极因素，调动幼儿的自觉性和积极性。

【示例】

(1) 教师手里拿了个新玩具，小朋友都来抢，嘴里嚷着“给我!”“给我!”教师见机行事，说：“噢！你们都想帮我的忙，是吗？你们来拿玩具想跟谁玩?”

(2) (有个幼儿吃完香蕉把皮丢在地上)

教师甲：“是谁把香蕉皮扔在地上？是谁干的？是想让人踩在上面栽个大跟头吗？谁丢的？站出来!”

教师乙：“丢在地上的是什么呀？哦，是香蕉皮。香蕉皮是软的，丢在地上，人往上一踩会跌倒的。我们小朋友是讲卫生的孩子，恐怕是香蕉太好吃了，一下子忘了把香蕉皮丢进垃圾桶了吧？现在这位小朋友想起来了没有？来，我们把它捡起来，丢进垃圾桶里。以后可别忘了，我们都别忘了呀!”

(3) 冬天到了，孩子们不大愿意到户外做操。

教师：“小朋友们，你们想听听老师讲小动物怎么做操吗？小动物早上起来也做操啊!”

幼儿：“小动物怎么做操呀?”

教师：“就拿小猫来说吧，它一跳出窝，就把身子弓起来，然后呢，把胸口贴在地上，就像我们做的这个动作‘腹背运动’。鸭子一出笼，头一件事是张开长长的翅膀，猛力地扇、扇、扇，鸭子做得像我们早操里的哪一节呀?”

幼儿：“是这样的。做‘扩胸运动’。”

教师：“做得很好。还有小鸡，一出笼就连蹦带跳，一窜老高，小鸡做的是我们早操里的哪个动作呀?”

幼儿："是这样的。做'跳跃运动'。"

教师："经常运动，才会有好的身体。小猫、小鸭、小鸡都懂这个道理，我们小朋友，比这些小动物强多啦，咱们不怕冷，天天坚持做操，做得可好啦！大家说是不是呀？"

幼儿："我们不怕冷，天天做操！"

教师："都是好孩子，我们出去做操喽！"

【评析】

案例（1）中，教师见机行事，有意识地把幼儿的思想引导到积极的方面来，调动了幼儿潜在的积极性。

案例（2）中，教师甲说话单刀直入，一连串的质问显得咄咄逼人，溢于言表的严厉可能会引起幼儿抵触。教师乙既指出了危害性，也启发幼儿"站"出来自己纠正错误，但话说得委婉得多，用"恐怕是""一下子忘了"表达了对这偶发情况的谅解，使批评达到了应有的效果。

案例（3）中，这是一个随机诱导的成功例子。教师迂回切入，将孩子们熟悉的动物习性与儿童做操巧妙地联系起来，并且融入了自己的教育意图。她对幼儿因为怕冷而不愿做操的行为没有一句指责，而是由浅入深、由表及里地启发幼儿，由说明事理到指导行为、由点拨到激励，含而不露地使诱导成为一种和谐地、快乐地接受教育的过程。

四、移情——换位思考，感知是非

教育的过程是理性的启迪、感情的交流并引起深刻共鸣的过程。幼儿一般凭感觉认识事物，对幼儿说话，要调动他们的情感体验，然后将其迁移到事理上来，就是运用移情让他们换位思考，感知是非、爱憎、美丑，这是教育口语表达的常用技巧。

【示例】幼儿园的玩具经常被小朋友们破坏掉。有一天，一位教师看到一个洋娃娃被扯坏，就把娃娃抱在怀里，嘴里还说着什么。

幼儿：（奇怪）"老师，你在说什么呢？"

教师："我在和洋娃娃说话啊。"

幼儿："洋娃娃说什么了？"

教师：（又听）"洋娃娃说，它最大的愿望就是能够每天和小朋友们一起做游戏，给大家带来快乐。可是有人把它的腿呀、胳膊呀都折断了，它很疼，它再也不能陪大家玩了，所以洋娃娃伤心地哭了……"

幼儿：（眼圈儿红了，低下了头）"老师，我们再也不破坏玩具了。"

【评析】这位教师的教育口语巧妙之处在于，她让幼儿去体验一个洋娃娃被任意破坏以后的“痛苦”，用洋娃娃希望和小朋友一起“玩”，给小朋友们带来快乐的想法，激起幼儿的内疚和自责。教师无一句正面的批评，但移情却让年幼无知的幼儿分清了是非，立即对自己的行为作出否定的评价。

五、表述——形象生动，富有童趣

教师在教育中应该创设一个充满童真童趣的幼儿世界。只有运用形象生动、富有童趣的口语对幼儿进行教育，才能拉近和幼儿之间的距离，潜移默化地启迪他们理解和领悟。富有童趣的话一出口，就能够抓住幼儿的心。

【示例】

(1) 游戏快要结束了，但有个别小朋友仍在摆弄玩具，教师很着急。面对这相同的情景，不同的教师用语不同。

教师甲：“小朋友，游戏结束了，快把玩具放回原处！”

教师乙：“玩具小鸭走累了，该休息了，让我们看看哪一只先回家，好吗？”

(2) 午餐时，幼儿边吃饭边说话，总是安静不下来，教师：“咦，我们教室里好多‘小蚊子’，嗡嗡嗡嗡的，多吵呀！打扰我们吃饭了，快把它们请出去。”幼儿听了都不好意思地悄悄笑了，便安静吃饭了。

(3)“熊猫端来一把椅子，没等他说请坐，小黑熊已经坐在床上了……”

(4) 教幼儿叠衣服时，教师告诉幼儿：“扣子找扣眼交朋友，袖子找袖子交朋友，衣服弯弯腰，帽儿点点头，衣服叠好啦，娃娃笑哈哈。”

【评析】

案例 (1) 中，教师乙的话比教师甲的话更受小朋友欢迎，效果更好。因为教师乙把指令性的话变成游戏的方式说出，吸引幼儿从一种游戏到另一种游戏，使他们在愉快的情绪中服从了教师的命令。

案例 (2) 中，这位教师的语言生动形象，富有童趣，易于被幼儿接受。

案例 (3) 中，教师用故事告诉幼儿去别人家做客时，随便坐在主人的床上是不礼貌的行为。

案例 (4) 中，教师用节奏明快、朗朗上口的儿歌使幼儿轻松地学会了叠衣服的本领，不仅提高了幼儿的自理能力，还带给他们美的感受。

【课堂实训】

试用教育用语的特点分析下面教育失败在哪里。

某老师：“对付”孩子的午睡有两招。第一招：摔门！摔门的震撼足以压下他们的哄吵。然后是第二招：吼：“某某某你干吗呢？”“好，我看谁还没睡？”“我看谁还在说话？”……

第二节　幼儿教师教育用语的实施原则

儿童教育专家多萝茜·洛·诺尔特有一段经典名言：

如果一个孩子生活在批评之中，他就学会了谴责。
如果一个孩子生活在敌意之中，他就学会了争斗。
如果一个孩子生活在恐惧之中，他就学会了忧虑。
如果一个孩子生活在怜悯之中，他就学会了自责。
如果一个孩子生活在讽刺之中，他就学会了害羞。
如果一个孩子生活在忌妒之中，他就学会了嫉妒。
如果一个孩子生活在耻辱之中，他就学会了负罪感。
如果一个孩子生活在鼓励之中，他就学会了自信。
如果一个孩子生活在忍耐之中，他就学会了耐心。
如果一个孩子生活在表扬之中，他就学会了感激。
如果一个孩子生活在接受之中，他就学会了爱。
如果一个孩子生活在认可之中，他就学会了自爱。
如果一个孩子生活在分享之中，他就学会了慷慨。
如果一个孩子生活在承认之中，他就学会了要有一个目标。
如果一个孩子生活在诚实和正直之中，他就学会了真理和公正。
如果一个孩子生活在安全之中，他就学会了相信自己和周围的人。
如果一个孩子生活在友爱之中，他就学会了这世界是生活的好地方。
如果一个孩子生活在真诚之中，他就学会了头脑平静地生活。

你的孩子生活在什么之中呢？

这些话告诉我们：教育环境，直接影响着幼儿个性发展方向，并决定着他们能否健康成长。而教师的教育语言是构成教育环境的一个重要方面，因此教师在运用教育语言时，绝不能随心所欲，张口就来，应当遵循一些基本原则。

一、民主性原则

幼儿虽然年龄小，阅历有限，但他们是一个个独立的个体，有独立的人格和意识，他们对事物也会有自己的想法和观点。著名教育家陶行知的《小孩不小歌》里写道：“人人都说小孩小，谁知人小心不小。你若小看小孩子，便比小孩还要小。”这首诗歌充分体现了陶行知相信儿童、尊重儿童、理解儿童的教育思想。作为幼儿教师，应尊重幼儿的人格，保护幼儿的自尊心，坚持正面教育，教育中要善于发现幼儿的优点并及时给予表扬，比如“你做得真棒”“小手真能干”“这真是个聪明的主意”“我知道你会成功的”“我相信你”“你能帮我，真好”“再试试看，你能行”等。幼儿喜欢听到关心、信任和鼓励的话语，绝不能因为幼儿年幼无知而随意讽刺、挖苦、责骂、命令、强制、否定幼儿，如“你什么事情都做不好”“你太笨了”“我已经说过好几遍了”“我说话你听见没有？长脑子没有？带耳朵没有”，更不能恐吓和体罚幼儿，“再不听话，把你关到小黑屋里去”“你今天别想回家”“看我不罚你站”，否则不仅影响幼儿现时的个性发展和进步，而且对其长远的健康人格的形成也将造成不利影响。

在教学活动中，教师要关注幼儿，认真倾听幼儿的心声，引导他们说出自己想说的事，并使自己成为幼儿学习的支持者、合作者和引导者，从而促进幼儿进步，让幼儿健康快乐地成长。

【示例】

（2-2　教育案例）

二、情感性原则

热爱幼儿是对幼儿进行教育的前提，也是保障幼儿身心健全发展的重要条件。著名教育家苏霍姆林斯基说：“一个好的老师意味着什么？首先意味着他是这样的人，他热爱孩子，感到跟孩子交往是一种乐趣，相信每个孩子都能成为一个好人，善于跟他们交朋友，关心孩子的快乐和悲伤，了解孩子心灵，时刻不忘自己也曾是个孩子。”教师对幼儿的关心和爱护能使幼儿得到情感上的满足，产生积极的情绪体验，增强自信心、安全感。幼儿喜欢什么样的教师？用幼儿的话说就是：“小朋友哭了，马上给他擦眼泪的”“经常给小朋友系鞋带的”“不厉害的”“不发脾气的”“不打人的”“不把小孩拉出来的”……一句话，爱孩子的教师最受幼儿的欢迎和喜爱。

教师对幼儿的爱不仅基于感情，也基于一种社会责任。教师应做到爱每一个幼儿，对待幼儿态度温和、宽容、不偏爱，对所有的幼儿一视同仁，特别是不歧视那些有缺点或接受能力较差的幼儿，尊重幼儿的人格，保护幼儿的合法权益，做幼儿的老师，也做幼儿的朋友，为幼儿创设一个良好的成长环境。

【示例】教师指导幼儿做“蚂蚁搬家”的游戏时，有的小朋友能按要求完成，有的不能。教师说：“小冬、小力，你看你们动作那么慢，像两只笨狗熊一样，让你们拿颗豆再跑回来，怎么总不记得呢？笨死了！那几个小朋友，东张西望干什么呢？就没见过像你们这么不听话的孩子！”

【评析】教师的话伤害了幼儿的自尊心，可能造成幼儿的自卑、抵触和厌学，不利于幼儿身心的健康发展。

三、针对性原则

教育口语有一定的针对性，作为幼儿教师来讲，必须掌握用不同语言与不同年龄班的幼儿沟通的能力。因此我们不仅要了解小、中、大三个年龄班教育口语的特点，同时还要了解不同个性幼儿的特点，并学会用恰当的话语与他们沟通。

幼儿道德认知的发展还存在个别差异性和反复性的特点。教师应根据幼儿的年龄、性格诸方面的因素恰当选用教育口语。如表扬这一教育手段对幼儿的发展能起到积极作用，但针对幼儿的年龄、家庭背景等的不同，表扬的方式也应当不同。如有的幼儿需要教师的口头表扬胜过物质奖励，而有的幼儿则相反。同时，幼儿约束自己行为的能力差，知道不能做的事，却常常在行动上一再犯错。教师应在了解幼儿的基础上，有针对性地进行教育，尝试寻找最佳的适合每个幼儿的教育方案。

【示例】

（1）午睡时，教师念儿歌：“我有一朵小红花，小朋友们都爱它，请你快快闭上眼，小红花飞到你胸前。”说“飞到你胸前”时，教师就把小红花贴在好好午睡的幼儿胸前。教师一遍一遍地说，想得到小红花的幼儿就会赶快闭上眼睛，渐渐地幼儿们都安静地睡着了。

（2）教师指着桌面上一列长长的火车问：“这列火车是谁搭的？”没有人回答。教师又说：“搭这列火车的人举手。”有六个幼儿举手。教师指着其中的一个幼儿问：“是你搭的这列火车吗？”“不！我只搭了火车头。”教师又依次问了其他五个幼儿，他们都讲述了自己搭了火车的某一部分。教师听完后，表示醒悟地说：“怪不得！我本来很奇怪，谁本领这么大，这么短的时间就搭了这么长、这么漂亮的一列火车，原来是六个人一起干的，所以搭得又好又快！”

【评析】

案例（1）中，幼儿不好好午睡，教师如果在幼儿睡前大声训斥幼儿，容易造成幼儿情绪压抑，从而影响入睡的质量。

案例（2）中，教师没有讲大道理，短短的几句话就让幼儿清楚地领悟到了教师想告诉他们的道理，并使幼儿感受到表扬不只是戴小红花，更有成功的喜悦与合作的快乐。

四、艺术性原则

意大利著名美学家克罗齐认为，语言自身便是一种艺术。幼儿教师正是和这种艺术天天打交道的语言工作者，是不断探索这种艺术奥秘的教育工作者。幼儿教师在教育中要善于选择和运用规范准确的话语，用清亮甜美的嗓音、悦耳动听的语调、丰富自然的感情、机智灵活的讲述，向幼儿传授知识、培养能力、启迪智慧。

当教师具备了先进的教育观念和丰富的知识内存，掌握了娴熟的教育技巧和语言运用能力后，就能实现教师的人格美和语言美的互相渗透与和谐统一，教师的言语表达便会具有极强的艺术魅力，使幼儿为之动脑，为之动情。

【示例】拖椅子（小班）

教师：“小椅子是我们的好朋友，它天天和我们在一起。大家想想，小椅子有什么用？它天天和我们在一起做什么？”

幼儿：“我们上课要坐在小椅子上的。”

幼儿：“我们玩过娃娃家的时候，小椅子可以作床，还可以作公共汽车。”

幼儿：“我们吃饭的时候要坐在小椅子上的。”

幼儿：“我们春游回来的时候，腿很酸，人很累的，坐在小椅子上就很舒服。”

教师：“你们看，小椅子多好啊！假如没有小椅子，我们的腿酸了，也只能站着吃饭了。小椅子是我们的好朋友，我们一定要爱惜它。那么，你们想想，怎么关心小椅子啊？”

幼儿（齐声）：“拿小椅子的时候轻一些，放的时候也要轻一些。”

教师：“对呀，这样小椅子的脚就不会被拖坏了，腿也不会折断了，这就说明你们和小椅子是好朋友了。来，我们一起念儿歌《小椅子》：‘小椅子，我会搬，两手抓住放胸前。一个挨着一个放，整整齐齐真好看。’”

【评析】教师的语言不在于高深，重要的是理解幼儿，和他们有共同语言，巧妙疏通，循循善诱，不失教育的契机。

【课堂实训】

看下面两篇小幽默，分析这位教师的教育口语有何不妥。

（2-3　幽默示例：《颜色》《干的好事》）

第三节　幼儿教师教育用语训练

幼儿教师要注意了解不同年龄、不同个性的幼儿的特点，学会用恰当的话语与他们沟通，尝试寻找最佳的适合每个幼儿的教育方案。

一、对不同年龄幼儿的教育用语运用

学会根据不同年龄班幼儿的思维特点选择恰当的教育口语。

（一）对小班（3~4岁）幼儿的教育口语运用

小班幼儿神经系统和发音器官的发育尚不完善，认知能力差，理解能力差，掌握词汇少，思维处于具体、形象、简单的初期，因此，教师在对小班幼儿说话时应特别抓住具体、形象这两个特点，做到以下五点。

1. 词语简单易懂，多用单句、短句

对小班幼儿说话时，所用词语应浅显易懂，可多用具体、形象的叠音词，如“高高的”、“大大的”、“红红的”，句子多为简单的短句。在向幼儿提问时，要问得非常具体，答案最好就是一句话，最多不要超过两句话，其备选的答案也应该是单一的。

【示例】

（1）“小白兔身上长着白白的、软软的皮毛，摸起来毛茸茸的。”“小鸡长着圆圆的头，圆圆、黑黑的眼睛，尖尖的嘴。”

（2）“小白兔的眼睛是什么颜色的？”

（3）“谁知道，刚才老师讲的故事叫什么名字？”

【评析】

案例（1）中，描述用语浅显、易懂，叠音词的运用更使语句富有韵律美。

案例（2）、（3）的问题简单、具体，适合小班幼儿回答。

2. 表扬或批评的内容具体，有情感色彩

小班幼儿的情感非常容易受暗示，教师的情绪、情感在很大程度上影响着幼儿的认知，并引导着他们的行为。幼儿往往通过观察教师的情绪来判断自己行为的对或错，因此，教师在表扬或批评幼儿时要加进自己的情感色彩，语言要具体，例如：

（1）“今天小明吃饭时没说话，老师特别高兴！”

（2）“今天芳芳自己穿好了衣服，老师觉得你很棒！”

（3）“今天小明洗手的时候没有玩水，老师可喜欢他了！”

(4)“今天小涵在外边玩游戏的时候打了小红一下，老师可不喜欢爱打人的孩子！小涵，以后不打了，好吗?”

3. 态势语稍多，语气稍夸张

小班教师在讲故事的时候要有丰富的态势语，恰当的态势语能够辅助教师的口语表达，也能够帮助幼儿加深理解教师所教的内容。比如在讲到狐狸出坏主意的时候，教师的眼睛要有滴溜儿一转的动作；在讲到大灰狼被小动物们痛打的时候，教师要抱着头，做出浑身疼痛的样子；在讲到“今天天气真冷呀”时，教师不仅要在“真”字处适当拉长音，还要手抱双肩，做出冻得缩紧全身的样子。

4. 语言拟人化

小班教师的语言拟人化成分较多，与这一阶段幼儿具有泛灵特点有关。小班幼儿认为猫、狗、大树、房子都和人一样会说人话，具有人的灵性。

【示例】

(1)“请你们听一听，现在是什么乐器在唱歌?”

(2)“今天小鸡到咱们小一班来做客，小朋友快欢迎它。”

(3)“象宝宝的妈妈在哪儿呢?”

【评析】这三个例子都具有拟人化特点，非常符合小班幼儿的心理特点。

5. 语速慢、多重复

小班教师在说话的时候，语速要稍慢，语调要柔和，且重复的次数稍多，这与小班幼儿接受能力较差相适应。

(二) 对中班(4~5岁)幼儿的教育口语运用

中班幼儿的思维仍处于具体、形象思维阶段，教师的语言依然要具体、形象。但是，中班幼儿相对于小班幼儿而言有了一些进步，主要表现为知识、经验丰富了一些，语言的接受能力和表达能力比以前都有所增强。和小班教师相比，中班教师的话语有了如下变化。

1. 句式多样化，语言表达的内容丰富了

由于幼儿认知能力的提高，教师表达的自由度加大了。教师不仅可使用单句，而且可使用多种句式，用词也更加多样化，语言表达的内容随之更丰富了。

【示例】

(1)“假设你正在过小桥，迎面走来了一个人，你该怎么办?”

(2)“现在我们来玩一个游戏。你们身后有许多小旗子，请你们辨认一下哪些是国旗。每个人拿一面国旗到老师这里来。”

【评析】案例(1)中，有陈述句，又有疑问句，还有假设复句。案例(2)中，有陈述句和祈使句，并且有三重指令。

2. 提问的内容稍宽泛，答案有多种

因为中班幼儿的思维能力比小班幼儿的思维能力有所提高，所以中班教师在提问时就不必非要像小班教师那样提备选答案单一的问题，而可提备选答案有多种的问题，同时幼儿在回答问题时也会从多种角度进行思考。

【示例】

（1）教师："叶子都有什么用？"

幼儿甲："菜叶能吃。"

幼儿乙："树叶能挡太阳。"

幼儿丙："茶叶能泡水喝。"

幼儿丁："有的叶子是药，能治病。"

（2）教师："苍蝇、蚊子都传播疾病，我们应该怎样预防？"

幼儿甲："消灭苍蝇和蚊子。"

幼儿乙："吃东西之前把手洗干净。"

幼儿丙："别吃苍蝇爬过的东西。"

幼儿丁："别让蚊子叮着。"

【评析】 案例（1）和（2）中的问题设计比较巧妙，具有激发幼儿思维的功能，因此幼儿的回答既具体，又多样。

3. 语言重复次数减少

中班教师在给幼儿布置某项任务或提出某种要求时，不必像小班教师那样反复叮嘱，只需说一遍或两遍就可以了。

（三）对大班（5~6 岁）幼儿的教育口语运用

大班幼儿的思维水平虽然仍处在形象思维阶段，但是由于神经系统的发育越来越完善，他们已经具备了初步抽象思维的萌芽，语言接受能力和表达能力都有所增强，也积累了一定的词汇量，与此相对应，教师的话语有如下特点。

1. 语言中出现一些类概念的词

大班幼儿对事物的类别有了初步认识，这时教师要教他们一些表示类概念的词，如水果、蔬菜、电器、交通工具、塑料制品、家禽、家畜等。

2. 复句增加

大班幼儿对事物及其关系有了进一步理解，教师在教育口语表达中可适度增加复句的数量及难度。

【示例】

（1）"因为陈杰小朋友是个好孩子，所以大家都喜欢他。"

（2）"刚才许多小朋友讲述了自己最喜欢的人，有的说喜欢爸爸，有的说喜欢妈妈，有的说喜欢奶奶，这些小朋友讲得都很好。”

【评析】示例（1）是因果句，示例（2）是并列复句。

3. 语言更简洁

教师在小班需要说得较具体的话，在大班可说得较概括、简洁。

（1）“今天小东表现不错。”

（2）“5 的相邻数是几？”

（3）“家畜有什么共同的地方？”

【评析】案例（1）只用了“表现不错”这种概括性较强的话，而没有说他具体哪方面表现好，但是幼儿仍能正确理解。案例（2）和（3）语言简洁，没有附加说明。

值得一提的是，虽然大班幼儿和小班幼儿比起来思维水平和理解能力有所提高，但总体来说，幼儿的水平仍然是较低的，教师的教育语言仍然要符合幼儿形象思维的特点。

【课堂实训】

（1）设计小、大班的表扬语、批评语各两句。

（2）设计一组引导小班幼儿认识大红苹果的提问语。

（3）设计一组引导中班幼儿比较长颈鹿和梅花鹿不同点的提问语。

（4）在讲完《小马过河》的故事后，设计一组问题，检查幼儿是否听懂了这个故事（大班）。

二、对不同气质幼儿的教育用语运用

在现实生活中我们看到，有的幼儿活泼外向，有的幼儿沉静内向，有的幼儿做事马马虎虎、粗枝大叶，而有的幼儿则认认真真、很有耐心，这些都是由不同的气质决定的。

按照心理学分类，气质可划分为四种类型：多血质、黏液质、胆汁质、抑郁质。针对不同气质的幼儿，我们需要用不同的教育口语。

（一）对多血质幼儿的教育口语运用

多血质（活泼型）幼儿敏捷好动，神经过程平衡而灵活，容易适应环境，易于接受新鲜事物，反应迅速。他们能较快地适应新环境，上课喜欢积极举手发言，争强好胜，愿意与人交往，但他们做事时注意力好转移，容易粗心大意、虎头蛇尾，具有明显的外倾性。

教师在对这一类型的幼儿说话时，不需要用暗示法，话要说得非常具体、明白，点到问题的核心；证据要肯定，不容置疑；目光要直视他们，适当增加态势语，不然，他们很可能对教师的话听不进去。

【示例】

(1)“欣欣，你上课的时候怎么总是玩自己兜里的小玩意儿？今天你回答老师的问题出错了吧？以后上课不许玩东西了，听见了吗？”

(2)“强强，你不应该把娃娃摔在地上，娃娃摔坏了，大家就不能玩儿了，下次不要这样做了。”

【评析】案例(1)和(2)中教师的几句话说得具体、明白，能够引起多血质幼儿的注意。

(二)对黏液质幼儿的教育口语运用

黏液质（安静型）幼儿的神经过程均衡，灵活性差，反应比较迟缓。他们的突出特点是安静、稳重、均衡、坚强，他们自制力强，一般较内向，能够约束自己，遵守纪律，善于忍耐，情绪不易外露，他们容易形成墨守成规、谨小慎微等心理品质。这样的幼儿在班里注意力集中，做一件事情能坚持较长时间，但与同伴的交往能力差，经常是一个“圈外人”，具有内倾性。

教师对这一类型的幼儿说话时，要多鼓励，少批评；要用悦耳、活泼的语调，面带微笑的表情，鼓励和引导他们多参加集体活动。同时，注意启发他们多角度、多侧面地思考和解决问题的能力，使他们思维活跃，性格开朗起来。

【示例】

“刚才三位小朋友编的故事结尾都不错。强强，现在请你把你编的故事结尾给我们讲一讲。其余的小朋友自由编故事的时候，老师都听见了，强强想的那个办法特别好，来，强强，勇敢一点啊。”

【评析】这位教师用肯定、鼓励的语气请强强到前面来给大家讲自己编的故事结尾，收到很好的效果。

(三)对胆汁质幼儿的教育口语运用

胆汁质（兴奋型）幼儿的神经具有较高的兴奋性和较弱的抑制过程，在行为上表现为不均衡性。这种幼儿直率、热情，在生活中精力旺盛，对新鲜事物勇于探索，思维灵活，但爱发脾气，任性，易冲动，好挑衅，心境变化强烈，具有外倾性。

对这类幼儿，教师要特别注意自己的教育方法和语言，在和他们说话时，音量要低，语言要婉转，语气要柔和，尽量做到既触动他们，说服他们，又不致触怒他们。

【示例】

“萍萍，你刚才摔了娃娃，把小娃娃摔疼了，你快给她揉揉吧！（幼儿揉揉娃娃）你轻轻地对她说：‘对不起，我以后不摔你了，我要好好抱着你。’”

【评析】 这位教师用拟人的手法、婉转的语气教育幼儿要爱护玩具，而不是简单地说：“萍萍，到老师这里来承认错误！”

（四）对抑郁质幼儿的教育口语运用

抑郁质幼儿的神经类型是弱型的，不能忍受太大或太小的神经紧张。他们情绪体验丰富，对事情很敏感，感情细腻，性情孤僻，优柔寡断，行动迟缓怯懦，一般不愿在大家面前表现自己，但他们做事较踏实、细心，坚持性发展较好，具有内向性。

教师在对这类幼儿说话时，一定要十分注意自己的语气和语调，要做到语气亲切，语调柔和，说话时可用亲切和蔼的目光看着他们，或轻轻地拉着他们的手，使他们觉得教师是一个可以依赖的、喜欢他的人。教师要多用肯定性评价帮助他们树立起自信心，同时注意培养他们敏锐、机智的特性，千万不要在公开场合批评他们。

【示例】

教师：“阳阳，今天你拼的汽车真是像极了真汽车，老师打算明天把它放在陈列角里，让大家看看，你同意吗？”（摸摸孩子的头发）

幼儿：（点头）

教师：“你同意了？阳阳真是好孩子。”

【评析】 这位教师注意用征求意见的口吻和幼儿商量事情，这充分体现了他对幼儿的尊重，同时还用适当的身体接触和肯定性评价，使幼儿感到亲切。

【课堂实训】 假设四种气质的幼儿犯了同一种错误，比如在桌上乱画，请针对他们的气质特点分别设计一段教育他们的话。

三、对问题幼儿的教育用语运用

（一）对有不良行为的幼儿的教育口语运用

有不良行为的幼儿是指有攻击性行为（打人、骂人）、破坏性行为（破坏公物、破坏纪律、扰乱他人正常活动）以及偷窃、撒谎行为的幼儿，这种行为如果不在幼儿园阶段予以纠正，随着他们年龄的增长，会给社会带来严重危害。

教师在和这类幼儿说话时，要音量适中，距离中等，语速可稍快；要多和他们讲道理，说危害，道理要讲得简洁明了，不要讲得太多、太深，更不要用成人化语言，以免幼儿产生抵触心理。另外，教师还可以通过品德教育的小故事教育他们。

【示例】

(1)“以后不要再打人了，要不然小朋友就真的不喜欢你、不和你一起玩了。”

（2）“毛毛，别说骂人的话，实在太难听了。”

（3）“那些画书上的小动物多可爱呀，现在你把画书撕坏了，你看不到它们了，小朋友也看不到它们了。”

【评析】案例（1）和（3）都是从结果角度讲道理。案例（2）则明确表明了教师的态度。

（二）对注意力不能集中的幼儿的教育口语运用

注意力不能集中的幼儿，是指那些不能在一段时间内专注于某项活动的幼儿。对这类幼儿，教师应善用直表语的技巧，儿童化口语，反复提醒他们一件事做完了再做另一件事，也可用比喻、比拟等修辞方法，形象生动地告诉他们做事不专心的害处，还可以将自己融入他们中，和他们一起做事，带动他们把事情做完。

【示例】

（1）“你看你画的这只小猫，怎么只有猫头呀？小猫可不高兴了。它说：‘我的身子呢？’你快把它画完吧。”

（2）教师：“这本图画书你看完了吗？”

幼儿：（眼睛看着教师摇头）

教师：“来，你再看一遍，这回要仔细看，看明白了讲给我听。”

【评析】案例（1）中，教师用小猫生气的拟人手法提醒幼儿做事要专心，要坚持把事做完。这样说，幼儿便易于接受。案例（2）中，教师采用布置任务的方法，运用指令语要求幼儿把图画书看仔细。

（三）对情感过于依恋的幼儿的教育口语运用

这类幼儿一般有爱哭、缠人、迷恋单一玩具、吮手指等行为特点。他们一般不爱说话，不愿与别人交往。对这类幼儿，教师一方面要多和他们亲近，满足他们的合理愿望；另一方面，教师又要引导他们多参加集体活动，以培养他们活泼开朗的性格。在和这类幼儿说话时，教师与他们的距离可近些，语气要柔和些，音量不要太大，让孩子感到教师是爱他们的，从而听从、采纳教师的建议。例如：

（1）“玲玲不哭了，老师再给你一张纸就是了。”（该幼儿此时正在为想再要一张纸而哭泣）

（2）“红红的新裙子真漂亮，快去让别的小朋友看看。”（该幼儿缠着老师）

（四）对性格孤僻的幼儿的教育口语运用

性格孤僻的幼儿在集体活动中过分拘谨、羞怯，不爱讲话，不愿跟别人一起游戏。形成孤僻性格的主要原因是缺乏自信心，缺乏主动性。

对这类幼儿，教师要以鼓励为主，抓住点滴进步给予及时的表扬，哪怕他们一时没有做好也不要急于批评。教师可从他们感兴趣的话题入手与他们交谈。对他们擅长的方面，教师要给他们展示的机会，让他们产生成功感。同时，教师也可让他们多与其他小朋友亲近和交流，从而引导他们走出自己的小圈子。例如：

（1）“来，丽丽，你来帮老师拿这个东西。”

（2）“欣欣挺棒的，你来回答这个问题。”

（3）“贝贝今天特别勇敢，老师可高兴了。”

四、对留守幼儿的教育用语运用

留守幼儿是指父母双方或一方到其他地区工作，孩子留在户籍所在地，并因此不能和父母双方共同生活的6周岁以下的未成年人。留守幼儿的临时监护大致有三种类型：一是隔代监护型（大多数），即由祖辈——爷爷奶奶或外公外婆托管的方式；二是亲朋监护型（小部分），即由亲戚或朋友——叔婶、姑舅或要好的朋友托管的方式；三是单亲监护型（小部分），即由单亲——母亲或父亲托管的方式。这些临时监护人一般把被监护人的人身安全和吃饱穿暖放在最重要的位置，而对于他们的学习成绩好坏、行为习惯养成、心理和精神上的需要却很少关注，任其发展。亲情的缺失和隔代抚养的缺陷使留守幼儿感到自己是不被家人关心爱护的，是被遗忘的，缺乏安全感。这类幼儿往往性格内向、自卑、抑郁、孤僻、偏激、怪异、暴躁、懒惰、消沉、冷漠、自私和不愿意合作等。

对于这类幼儿，教师要多给予他们关心和呵护，多与他们亲近和交流，多引导他们参加集体活动。教师还可以通过家长园地、家访、微信、与留守幼儿监护人个别交谈等方式了解幼儿在家里的表现，让监护人担负起教育的职责，比如让幼儿讲一讲在幼儿园里发生的事情，这样既锻炼了幼儿的语言表达能力，也宣泄了幼儿的情感。教师还可以鼓励留守幼儿多与他人交往，鼓励其他性格开朗的幼儿和他们交流、游戏、玩耍，并教会留守幼儿与他人相处的经验和方法，比如可以让幼儿到别人家去玩，又可以让别的幼儿来自家玩耍。幼儿有了玩伴，可以聊天、谈心、游戏，宣泄消极情绪。对留守幼儿日常行为习惯方面的问题，教师要耐心地教育，避免简单、粗暴地对待他们，以免给他们稚嫩的心灵带来伤害。教师应多创造时间和机会与幼儿交流，说话时要面带笑容，语气亲切柔和，音量不要太大，可以拉拉他们的小手，摸摸他们的头，让幼儿觉得你是喜欢他们的，是可以依赖的人。

【示例】

（1）“苗苗，今天我们学了《三只蝴蝶》的故事，回家讲给爷爷奶奶听好吗？”

（2）“典典，今天是你的生日，你请哪些小朋友到你家做客呀？”

（3）教师：“天天，晚上你最喜欢看什么电视节目呀？”

幼儿：“动画片《西游记》。”

教师：“哦，那看完电视，你要早点睡觉，早上早点来幼儿园，老师在这等你。”

【评析】

案例（1）中，教师给幼儿布置了一个任务：回家给爷爷奶奶讲故事。这样既复习了学习内容，锻炼了幼儿的口头表达能力，又为祖孙交流提供了话题。

案例（2）中，教师引导幼儿交朋友，和小伙伴一起玩耍、游戏、分享，可以避免幼儿生活单调、乏味、无趣。

案例（3）中，教师引导幼儿养成良好的作息习惯，早睡早起，按时到校。

【课堂实训】

为下面的现象分别设计一句话，对幼儿进行教育。

（1）娟娟能管好自己，但爱告状。今天，她又向教师报告：“梅梅和芳芳打架了！”

（2）邓明把座位下的小纸片捡起来扔进了垃圾桶。

（3）孩子们在玩乘车的角色游戏时，军军把当作钱的小卡片揣进了兜里。

（4）玩角色游戏时，孩子们总是争着扮演好人或有趣的角色，如老师、妈妈、司机，而不愿扮演孩子、乘客。

（5）美术活动中用橡皮泥捏苹果，大家都捏完了，晨晨才把橡皮泥搓圆。

实战演练

思考与练习五

1. 论述教育用语应具备的特点。

2. 设计教育口语。

三个中班小朋友在玩开汽车游戏。聪聪开着汽车把乐乐的汽车撞翻了。乐乐立刻大声对聪聪说：“不准撞我的汽车！”聪聪没有反应，他再次发动了“袭击”。这时，乐乐对聪聪嚷道：“不准撞我的汽车！我要生气了！”聪聪还是不说话，他笑眯眯地招呼壮壮一起去撞乐乐的汽车。壮壮犹豫了一会儿，接受了聪聪的“邀请”。于是，聪聪和壮壮一起去撞乐乐的汽车。乐乐看到心爱的汽车被撞翻在地，气愤地拽过壮壮的胳膊，闭着眼睛就咬。这时教师恰巧过来，看到这一情景。

3. 教育用语的运用应遵循哪些原则？

4. 一位教师与幼儿谈话，只是告诉幼儿应当做什么，而不是指出他不应当做什么。比如说“请轻轻地搬椅子”，而不说“别把椅子碰得叮咚响”；说“请把积木放在筐子里”，而不说“别把积木放在地上”。分析这位教师的教育口语体现了哪种原则以及为什么。

5. 有些教师对那些调皮、不听话或犯了错误的幼儿，不耐心地进行正面教育，而是施以恐吓，使孩子缺乏安全感，由此产生强烈的不安。“再不听话，我们游戏时就不带你去。”“再哭，把你关到卫生间去。”“再打人，叫警察叔叔抓你。”“你又打人了，走，到某某班去。”“看见没有，你们不听话，我也要把你们送到别的班上去。”这些话吓得孩子们一个个瞪大眼睛望着，大气也不敢出，生怕灾难落到自己头上。分析以上教育口语违反了哪些原则。

6. 分析这位幼儿教师说的话问题在哪里。

（1）“张小伟，你又干了什么坏事？到老师这里来承认错误！”

（2）“你又捣乱了，真讨厌，我看你是狗改不了吃屎！”

7. 以“我爱吃的水果”为题，设计教师与小朋友的对话，然后分角色练习。

思路提示：我吃过的水果—我爱吃的水果（形状、颜色、味道）—吃水果的好处—吃水果时的注意事项。

真题再现

一、填空题

1. 幼儿教师教育用语的基本特点是：（1）____________语言浅显，表意明晰；（2）施教________，有的放矢；（3）________委婉亲切，随机切入；（4）________换位思考，感知是非；（5）________形象生动，富有童趣。

2. 幼儿教师教育用语的实施原则是：（1）________；（2）________；（3）针对性原则；（4）艺术性原则。

3. 小班幼儿认为猫、狗、人树、房子都会说人话，这与这一阶段幼儿具有________的特点有关。

4. 小虎精力旺盛，爱打抱不平，但是做事急躁、马虎，喜欢指挥别人，稍不如意，便大发脾气，甚至动手打人，事后虽也后悔，但遇事总是难以克制。根据小虎的上述行为表现，小虎属于________的气质类型的幼儿。

5. 对于性格孤僻的幼儿，教师要以________为主，抓住他们的点滴进步及时表扬。

二、选择题

1. 绘画时，菲菲在纸上画了一个黑色的太阳。对此，李老师恰当的做法是（　　）。

A. 批评菲菲的画不合常理　　　　B. 耐心地询问菲菲的想法

C. 替菲菲把太阳涂成红色　　D. 要求菲菲重新画红太阳

2. 平时嗓门很大的小强，在回答老师提问时声音却很小。老师批评说："声音这么小，难道你是蚊子吗？"话音刚落，全班哄堂大笑。该老师的做法（　　）。

A. 合理，有助于促进幼儿自主学习　　B. 合理，有助于激发幼儿主动反思

C. 不合理，没有体现对幼儿的尊重　　D. 不合理，歧视幼儿的生理缺陷

3. 涂鸦活动中，贝贝笔下的陆老师奇丑无比，有同伴讥笑贝贝，陆老师对有些不高兴的贝贝笑着说："宝贝，你把我的头发画得卷卷的挺好看的。"陆老师的行为体现了她能（　　）。

A. 公正待生　　B. 正面激励

C. 严于律己　　D. 严慈相济

4. 老师在组织规则游戏时，发现有孩子开小差，老师应采取的措施是（　　）。

A. 点名批评，制止这种行为　　B. 继续游戏，完全视而不见

C. 大发雷霆，把幼儿赶出活动室　　D. 轻拍幼儿，提醒幼儿集中精力

5. 老师组织集体游戏时，发现嘉嘉独自一人专注地看着落在地上的小水珠，老师走过去对嘉嘉说："还是先跟大家一起玩吧，游戏后再观察，然后把看到的告诉老师和小朋友，好吗？"该老师的做法（　　）。

A. 保护了幼儿自主探究的兴趣　　B. 忽视了游戏活动的目标

C. 忽视了幼儿仔细观察的需求　　D. 培养了幼儿的动手能力

三、材料分析题

一天午餐过后，小朋友们都在认真地看书。突然，林老师听见了轻轻的抽泣声，发现小熙正双手捂着脸，伤心地哭着，旁边的浩浩四处张望，眼里掠过一丝不安。林老师走过去把小熙搂到怀里，轻轻地拍着她，问："小熙，怎么了？"小熙指着浩浩说："他打我！"小熙说完"哇"一声哭起来。林老师帮她整理好衣服，并夸夸她的裙子，摸摸她的小辫，安抚了好一会，她才平静下来。林老师问浩浩："怎么回事啊？"浩浩委屈地说："我想拉她跟我一起去搭积木，她就哭了。"小熙说："他弄疼我了。"林老师对小熙说："浩浩不是故意的，你就原谅他吧。"林老师把浩浩和小熙的小手拉到一起，鼓励他们一起去搭积木。分析林老师的教育语言体现了哪些原则。

（2-4　幼儿教师资格证考试测试题参考答案）

03 第三章 幼儿教师其他工作用语训练

初步掌握幼儿教师在教育、教学以外的工作语境中口语运用的基本技能。

本章导学

学习目标

1. 理解幼儿教师其他工作用语的特点和要求。
2. 初步掌握幼儿教师在教育、教学以外的工作语境中口语运用的基本技能。
3. 创设情境，自觉进行其他工作用语训练。

内容树图

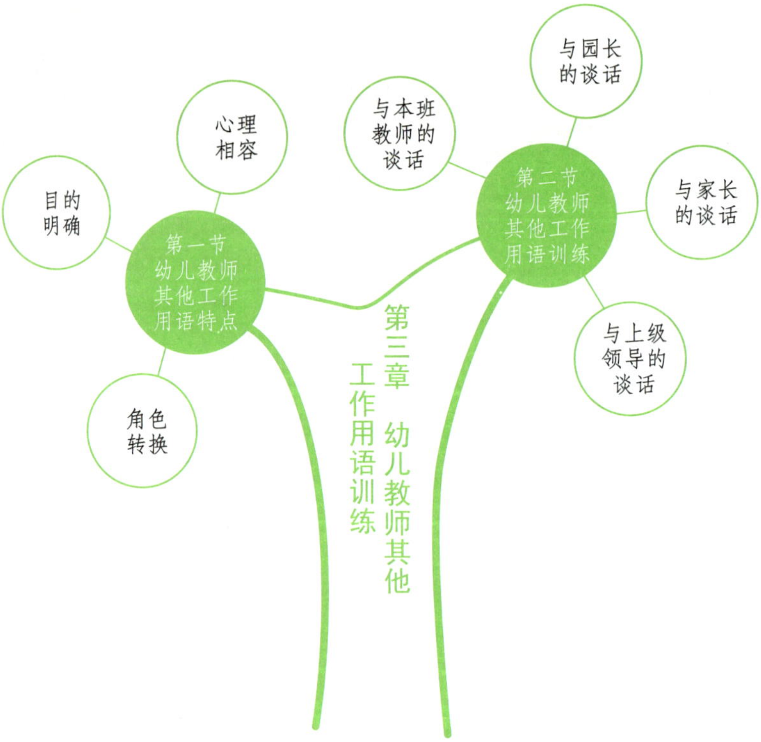

知识精讲

第一节 幼儿教师其他工作用语特点

幼儿教师其他工作用语，是指幼儿教师同非教育对象，如家长、上级、同事以及社会各界人士进行工作交往时所用的用语。教师在与这些成人交往时，双方都会从自己的角度提出自己的所见、所闻、所想，是一种双向互动的动态语言实践，虽然彼此关系已不是教育者与被教育者的关系，但是，教师的语言仍然要文明、得体、规范，要十分注意维护教师的形象和尊严。

一、角色转换

有的教师在与幼儿的交往中习惯用一种教导式、权威式的口吻说话，如果教师用这种口吻同非教育对象说话，就显得太不尊重对方。所以，教师一定要进行角色转换，从教师的地位转换到和对方平等的地位。在口语交际中既要体现教师的学识修养，又不能给对方以好为人师的感觉。

【示例】在某次全国性学术研讨会的小组讨论中，一位老专家用方言讲话，有位青年教师提出异议。

青年教师：（眼睛望着窗外）“我最讨厌谁不说普通话了！”

老专家：（不语）

在座者：（十分尴尬）

【评析】青年教师的语言有失礼貌和尊重。设想青年教师用另一种说法，也许情况就大不一样了。

青年教师：（目光恳切地看着老专家）“老师，我们很想听清您的高见，可惜我们听不懂您的方言。您能慢慢地用普通话说吗？”

在座者：“对，您慢慢讲吧，我们都想听听。”

二、目的明确

教师在其他工作语境中的谈话，不同于日常生活中的随意性表达，既然是工作语境，说话的目的就要明确些，话题就要集中些，并随时注意调控。尽管说话的内容和表达方式可以因人、因时、因地、因事而异，但都必须服从一定的工作目的，保证交际任务的完成。

【示例】　两位教师关于怎么看幼儿午睡的谈话。

教师甲："这两天午睡的时候小冬老是睡不着，别人都睡着了，只有他还在那儿玩儿。"

教师乙："是吗？我看午睡的时候他能睡着。"

教师甲："那怎么我看午睡的时候他就睡不着呢？"

教师乙："是不是你看午睡的时候老批评他？"

教师甲："他不睡我还不批评他？"

教师乙："那你总是出声和他说话，他当然睡不着了。"

教师甲："你说，他不午睡，下午怎么也不显困？要是我呀，我可得美美地睡上一觉。"

教师乙："你睡不睡咱们另说，咱们还是说说怎么才能让他睡着吧。你看午睡的时候别和他说话，也别批评他，只要静静地坐在他旁边，坐一会儿他就睡着了。"

【评析】眼看教师甲说话要跑题，教师乙便及时把话题拉了回来，最终还是落在了怎么能使小冬午睡睡着这个话题上。教师乙说话目的性强，紧紧围绕谈话中心。

三、心理相容

教师其他工作中的口语交际对象众多而复杂：年龄有长幼之分，知识水平、思想水平有高低之分，处境、心情有好坏之分，等等。这就要求教师在其他工作语境中进行口语交际时，要考虑不同对象的可接受性。为达到与交际对象心理相容的目的，必须先通情，后达理。要注意选择对方易于接受、乐于接受的言谈策略。还要注意口语技巧：选词用语可有深浅之分；表达方式可有曲直之分；口语风格可有雅俗之分，却不能有书卷气。

【示例】一位幼儿教师与幼儿家长的对话。

家长："你们幼儿园怎么不教识字？"

教师："我们不主张把识字作为幼儿园的教学内容，我们园的工作重点是前学习能力的培养。"

家长（不解地自语）："学习能力怎么还分前后？"

【评析】有的幼儿教师书卷气较强，往往爱说一些专业用语，使非幼儿教育专业的家长听不懂，教师和家长彼此没有共同语言，无法沟通，谈话自然无法进行。

第二节　幼儿教师其他工作用语训练

教师在幼儿园的其他工作用语主要有：与本班教师的谈话、与园长的谈话、与家长的谈话和与上级领导的谈话。这些谈话的对象都是成人，内容大多是工作方面的，因此训练时只要把握基本原则，运用一般口语技能即可。依据谈话对象的不同，应注意以下要求。

一、与本班教师的谈话

每个幼儿班内教师之间的关系是工作搭档的关系，他们每天频繁地接触，因此，与本班教师谈话时要注意尊重、支持对方，要彼此协调。因为在对幼儿的教育方面，需要教师的一致、和谐、整体化。只有相互尊重，配合默契，才能取得好的教育效果。用语要求音量不要太大，用词要恰当，语气要委婉，语速要适中，要有必要的间歇，可以多用一些商量的话："……你看怎么样?""……这样行不行?"尽量少用绝对的话，如"我肯定……""绝对是……""……没错"等。

【示例】某小班教师讨论接待新幼儿入园第一天的活动安排。

教师甲："开学那天咱们先给幼儿演一个木偶剧吧。"

教师乙："行，你看演哪个合适?"

教师甲："就演咱们新编的那个《小白兔爱上幼儿园》。"

教师乙："好吧，咱们明天把木偶台借来。"

教师甲："看完木偶剧，让幼儿到小小动物园去看看小兔子，怎么样?"

教师乙："最好咱们事先准备一些小桶，小桶里放好菜叶子，这样幼儿还可以顺便喂喂小兔子，在草地上也能多玩一会儿。"

教师甲："在草地上玩儿的时候，可以让他们互相接触、认识一下。"

教师乙："咱们准备一些小兔子头饰，让他们戴上。回班的时候他们一边走，还可以跳几下，学学小兔子。"

【评析】这两位小班教师在讨论班里工作安排时相互尊重，配合默契，并注意补充对方的意见，较多地采用商量的语气，人称用"咱们"，把工作安排得既合理，又完善。

【课堂实训】

（1）三人一组模拟教师讨论本班来园、进餐、自由游戏时的常规要求。

（2）三人一组模拟教师讨论本班（大、中、小班）10 月份教学内容的安排。

（3）三人一组模拟教师分析本班个别幼儿（一名口吃，一名爱打人，还有一名不合群）问题形成的主要原因，并提出施教的建议。

二、与园长的谈话

教师与园长的工作性谈话，包括请示、汇报等内容。谈话的目的是争取园长的认可、理解、信任和支持。与园长谈话要选择恰当的时机，用语要注意谦敬、坦诚、简明。

【示例】 一位小班教师请园长批准他们班先于其他班开一次家长会。

教师：“园长，我们班打算在这周五召开一次家长会。”

园长：“这学期的家长会全园各班都计划在期中召开，你们班不是也在计划里写着在期中开吗？怎么提前了？”

教师：“本来是打算在期中开，可是这次我们班测查之后，有不少问题需要幼儿家长密切配合解决，想早一些召开家长会，提醒家长注意。”

园长：“解决幼儿教育中出现的问题，宜早不宜迟。”

教师：“那，园长您同意了？”

园长：“嗯，不过发通知和其他有关的事你们班自己解决。”

教师：“好吧。”

【评析】 这位教师在和园长谈话的时候，创造了和谐的谈话气氛。当园长问到为什么要提前召开家长会时，她能耐心地说明原因，而不是一听园长不同意就不耐烦或不高兴。

【课堂实训】

（1）模拟向园长汇报本班各个活动区的安排（设哪些活动区，每个活动区安排在什么位置，在活动区中怎样摆放活动材料）。

（2）模拟向园长汇报本班新年联欢活动的设想。

三、与家长的谈话

家长是教师教育幼儿的主要合作者，与家长的谈话在教师其他工作口语中占有重要地位。教师对家长的谈话，包括在家长会上的讲话、日常接送的交谈、家访（包括电话、微信家访）、接待家长来访等。谈话的主要目的是与家长互通情况，争取配合，达成共识，家园共育。

由于幼儿家长年龄、性格、经历、修养、思想观念各不相同，因此谈话时要首先了解、分析谈话对象，针对不同情况选择谈话契机；其次要取得家长信任。

教师找家长谈话，常常是反映幼儿做得差的问题，家长心理上都难以接受。教师真诚热情的态度，可以赢得家长的喜爱。谈话时，应首先肯定幼儿的长处，以表扬为主，取得家长信任后再冷静、客观、委婉地说出幼儿存在的问题。教师切忌采用告状式的谈话方法，这样会让家长误以为教师不喜欢甚至讨厌自己的孩子，从而觉得自己的孩子在班里会受到不公正待遇而产生抵触情绪。遇到护短的家长，一定要避免与家长争执，应该保持平和的心态，有理有据，坦率地谈出自己的看法，让对方心服口服，着眼点应是共同商讨教育孩子的良策，而不是命令家长如何做。不要扮演教育孩子的权威者，采用指示命令的口气，引起家长的反感。这样既维护了教师的形象，又争取了谈话的主动和家长的信任。对于家长不符合教育要求的观点、行为，教师能针对幼儿的实际问题，向家长提供一些可行性的建议，如“你看这个问题，我们是否可以尝试这样做……”“我们试试这种方法？”等。

【示例】一位大班教师和家长的对话。

教师：“最近一段时间毛毛挺有进步的。”

家长：“是吗？他都有什么进步？”

教师：“吃饭和午睡比原来好了，吃饭比原来吃得香，午睡的时候也能较快地入睡。”

家长：“那我太高兴了。老师，多费心了。”

教师：“不过，在做其他事情的时候，他的动作还是慢。”

家长：“这是他的老毛病。”

教师：“他在家里的时候也是这么慢吗？”

家长：“可不是吗。不过，这么小的孩子慢就慢吧，我们从来不催他。”

教师：“暑假以后孩子该上小学了，上小学可得动作快啊。写作业、参加考试都有时间限制，动作慢会影响他的学习成绩的。”

家长：“是吗？这个问题我还真没想过。”

教师：“动作快不是短时间内能练出来的，从现在开始就该注意锻炼。”

家长：“怎么锻炼？”

教师：“比如早晨起床穿衣服的时候，你可以和他比赛，看谁先穿完；洗脸、走路等你都可以和他比一比。要从生活中练起，坚持不懈，孩子的动作一定会快捷麻利的。”

家长：“行，我回家一定按老师说的去做。”

【评析】这位教师在与家长谈话中首先肯定幼儿优点和进步的方面，然后用“不过”指出幼儿存在的问题，特别用“暑假以后孩子该上小学了”引导家长重视孩子动作慢的缺点，并争取家长对教师工作的支持，共同教育幼儿。这样的谈话起到彼此交流、互为补充的作用。

有些幼儿家长地位较高，有时不太尊重幼儿教师。与这些家长交谈，教师要以不卑不亢的态度，将自己置于与家长平等的地位上，让他们感到，无论地位多高，在教师面前，他们都只是孩子家长。

【示例】 一位幼儿教师初访某幼儿家庭，见客厅里有两位年纪相仿的成年男子。她凭与学生容貌相似的程度，向其中一位说："我是××的老师。如果没有猜错的话，您就是××的父亲。"对方点头称是。另一位则指着孩子的父亲插言道："他还是我们的总经理。"教师微微一笑，答道："这一点，我早从《幼儿登记表》中知道了。不过，我这次来，可是来找孩子的父亲的。"

【评析】 这就是巧妙的回答，把自己置于与孩子家长平等的地位上。接下来，教师侃侃而谈，毫不拘谨，博得了家长的敬意。

【课堂实训】

（1）假设你班上有一个说话口齿不清的幼儿。你怎样和他的家长讨论对他的教育问题？

（2）模拟劝说家长让幼儿在家里增强独立性的谈话。

（3）假设一位家长向你反映幼儿回家后拉肚子，怀疑幼儿园饭菜不卫生。你怎么处理？

四、与上级领导的谈话

上级领导是指幼儿园的上级主管部门领导，教师和他们谈话的结果可能会给本园带来较大的影响，因此必须认真对待。不论是领导约谈，还是向领导汇报，语气都要谦和，音量不要太高，语速要适当，语言必须简洁且层次清楚，抓住问题的核心与本质进行阐述，特别要注意答问相符，不要啰嗦。汇报工作时还应做到分层次汇报，既全面，又重点突出。

【示例】 教师请乡长批准扩大幼儿园操场的谈话。

教师："乡长，幼儿园的操场面积太小了，需要扩大一些。"

乡长："我看面积不小了，怎么还要扩大？"

教师："您看是面积不小，可是哪能装得下两三百个孩子同时做操和做游戏呢？"

乡长："我那天看见小孩子做操了，还可以嘛。"

教师："您看做操的时候还可以，可是玩起来就嫌面积小了。"

乡长："孩子们不要同时出来玩嘛。"

教师："现在已经是分班轮流出来玩了，主要是孩子们的活动量大，他们需要跑起来。”

乡长：……

教师：“跑起来才能达到充分运动的目的，对学生的呼吸系统和骨骼的发育是有很大好处的。”

乡长：“嗯，我考虑一下。”

教师：“再说，院子里也还需要添一些大型玩具。”

乡长：“什么大型玩具？”

教师：“攀登架、秋千、摇船什么的，既能增强孩子们的体质，又能锻炼孩子们的胆量。”

乡长：“想不到你对幼儿教育还那么有研究。”

教师：“乡长，您同意了？”

乡长：“原则上同意了，但是还要在乡政府会议上讨论、通过后才能执行。”

教师：“我先代表孩子们谢谢您。”

【评析】这位教师用简洁、谦和的语言和乡长谈话，请他批准扩大幼儿园的操场，为孩子们的健康成长创造更好的环境。

【课堂实训】

（1）模拟教师和上级领导谈话，请他们参加“六一”儿童节庆祝会。

（2）模拟教师和乡长谈话，请求拨款给幼儿园建一个“娃娃游戏村”。

实战演练

思考与练习六

1. 设想你是一名刚入职的青年教师，怎样与不同身份、年龄的同事交谈，并给对方留下良好的第一印象？自己设计话题，在班上分角色演练，同学们评议。

你谈话的对象是：

（1）老年教师

（2）比你年长但学历比你低的中年教师

（3）与你同龄的青年教师

（4）幼儿园门卫、司机、电工等

（5）园长、保教干事、主班教师等

2. 模拟两位教师商量本班“六一”联欢的事宜。

3. 假设你是一名小班教师，在开学后的第一次家长会上你准备讲什么？

4. 分别扮演教师和家长，背对背地坐在教室两端，设计一件事进行电话家访，要求言简意明。

真题再现

一、选择题

1. 豆豆在幼儿园经常尿床，老师恰当的做法是（　　）。

A. 了解豆豆尿床的原因，和家长共同商量办法

B. 提醒其他小朋友，不要像豆豆一样尿床

C. 适当地批评豆豆，以帮助豆豆养成良好的习惯

D. 要求家长把豆豆带去治疗，治好后再带回幼儿园

2. 下列关于家访的做法不恰当的是（　　）。

A. 忌指导，对家教问题不要给家长建议

B. 忌独白，与家长交流不要唱独角戏

C. 忌教训，不要居高临下苛责教训家长

D. 忌揭短，不要当着幼儿的面向家长告状

3. 妈妈到幼儿园接斌斌时，发现斌斌的手背被小朋友抓破了，就马上向园长投诉当班的丁老师。为此，丁老师心里很不舒服，第二天一到教室就训斥了斌斌。丁老师的行为（　　）。

A. 合理，教师可以表达自己的真实情感

B. 不合理，教师应完全接受家长的意见

C. 合理，教师不可能对每一个孩子监管到位

D. 不合理，教师应具备较强的情绪调试能力

4. 幼儿园派夏老师外出学习。夏老师回来后，园长要求她给全园老师做一次讲座，分享她的学习体会。夏老师应该（　　）。

A. 只与园长分享学习体会

B. 婉拒分享学习体会的要求

C. 积极主动与全园老师分享

D. 挑选不重要的内容与全园老师分享

5. 在小班的家长会上，有两个家长质问带班的李老师：“为什么不教孩子拼音和写字？再不教的话，我们的孩子就转园。”对此，李老师恰当的做法是（　　）。

A. 接受意见，适当增加拼音和写字的内容

B. 听取意见，耐心向家长分析不教拼音和写字的原因

C. 尊重家长，推荐校外辅导机构

D. 不予理会，尊重家长的转园自由

二、填空题

1. 幼儿教师的其他工作用语有：与________的谈话、与________的谈话、与家长的谈话和与上级领导的谈话。

2. 教师其他工作用语的特点：(1) ________；(2) 目的明确；(3) ________。

3. 与家长交谈的时候，切忌使用________的谈话方式。

4. 教师向上级领导汇报工作的时候应该做到_______汇报，既全面，又_______。

5. 林老师对小熙的外婆说："小熙这孩子什么都好，就是太内向，回家您好好跟她说说吧。"林老师应该与家长互通情况后，积极争取家长________，共同商讨教育孩子的良策，而不是把教育的责任完全推给家长。

三、材料分析题

中班的睿睿很任性，处处以自我为中心。音乐课上，李老师教小朋友们唱《两只老虎》，大家都跟老师唱，只有睿睿故意把"两只老虎"的歌词改成"两只花猫"。其他小朋友听了，也随着睿睿唱"两只花猫"。李老师警告睿睿："如果再改歌词，你就到小班去！"但睿睿没有听李老师的话，继续改歌词，甚至把调子拖得很长。李老师火了，站起来走到睿睿跟前，大声吼道："你给我出去！"睿睿哭着走出教室，李老师没有理会，继续教小朋友们唱歌。就这样，睿睿站在教室门口哭个不停，直到下课。回家后，睿睿把这件事告诉了家人。第二天，奶奶来送睿睿时，找李老师理论。李老师说："就是你们这些家长太溺爱孩子，孩子才那么任性！我们对他进行教育，难道不对吗？"

评析：李老师这样跟家长说话合适吗？

（3-1　幼儿教师资格证考试测试题参考答案）

主要参考文献

[1] 国家语言文字工作委员会普通话培训测试中心. 普通话水平测试实施纲要[M]. 北京：商务印书馆，2006.

[2] 湖北省语言文字工作委员会，邢福义. 普通话培训测试指要（修订版）[M]. 2版. 武汉：华中师范大学出版社，2011.

[3] 国家教育委员会师范教育司，教育部师范教育司. 教师口语（修订本）[M]. 北京：语文出版社，2003.

[4] 孟庆惠，刘伯奎. 教师口语：表述与训练[M]. 上海：华东师范大学出版社，1994.

[5] 苑望. 幼儿教师口语[M]. 北京：高等教育出版社，2012.

[6] 李珉. 普通话口语交际[M]. 2版. 北京：高等教育出版社，2012.

[7] 人民教育出版社中学语文室. 现代汉语知识[M]. 北京：人民教育出版社，1999.

[8] 王勤. 幼儿文学作品精选[M]. 武汉：华中师范大学出版社，2013.

[9] 陈雪芸. 幼儿教师口语训练教程[M]. 北京：北京师范大学出版社，2014.

[10] 吴雪青. 幼儿教师口语[M]. 上海：华东师范大学出版社，2012.

[11] 陈泽铭，王先达. 优秀幼儿教师教育艺术99例[M]. 上海：华东师范大学出版社，2011.

[12] 李莉. 口语交际过程中的心理障碍及其克服方法[J]. 玉溪师范学院学报，2006（6）：23-26.